HEYNE BÜCHER

SACHBUCH

Gerry Rhodes / Sue Thame

Die Farben des Menschen

Was Farben über unsere Persönlichkeit verraten

Aus dem Englischen von Uta McKechneay

Deutsche Erstausgabe

WILHELM HEYNE VERLAG
MÜNCHEN

HEYNE SACHBUCH
Nr. 19/5

Titel der englischen Originalausgabe:
THE COLOURS OF YOUR MIND

Printed in Germany 1988
Umschlagzeichnung: Christian Dekelver, Stuttgart
Umschlaggestaltung: Atelier Adolf Bachmann, Reischach
Innenzeichnungen: Gecko Ltd.
Satz: Satz&Repro Grieb, München
Druck und Bindung: Ebner Ulm

ISBN 3-453-02974-7

Inhalt

Vorwort

Beim Schreiben dieses Buches waren wir uns öfter im unklaren, welchen Weg wir gehen sollten. Sollten wir ein Kapitel besser schreiben oder aber ein besseres Kapitel schreiben – das Thema also unter einem völlig anderen Aspekt angehen? Sie sollten einmal sehen, welche Berge von Material wir zusammengetragen haben! Haben Sie je ein Exemplar von G. K. Chestertons *The Coloured Land* zu Gesicht bekommen? Es heißt, seine getreue Sekretärin habe all die Jahre die Aufzeichnungen, Notizen und Manuskripte, die er weggeworfen hatte, wieder aus dem Papierkorb geholt. Aus diesem »Abfall« wurde dann nach seinem Tode dieses herrliche Buch zusammengestellt. Chesterton selbst hätte das Material nicht für druckreif gehalten. Da können wir nur hoffen, daß wir nicht auch die besten Sachen weggeworfen haben!

Eins steht für uns fest: Wenn man etwas besser machen will, setzt das einen Denkprozeß in Gang. Wir halten das Denken für zweckgerichtet. Es verfolgt eine ganz bestimmte Absicht. Es spiegelt daher auf ganz besondere Weise die Motivation wider: Zum einen ist es Glücksache, ob einem ein Vorhaben gelingt oder nicht. Es hängt aber auch davon ab, ob man die nötigen Informationen zur Verfügung hat und natürlich auch von der Fähigkeit bzw. Unfähigkeit des einzelnen – doch jeder kann alles versuchen, sogar ein Buch schreiben! Wir haben uns daranbegeben und uns zunächst einmal klargemacht, welche Richtung wir dabei einschlagen müssen. Wie weit sollten wir gehen, um die höchst-

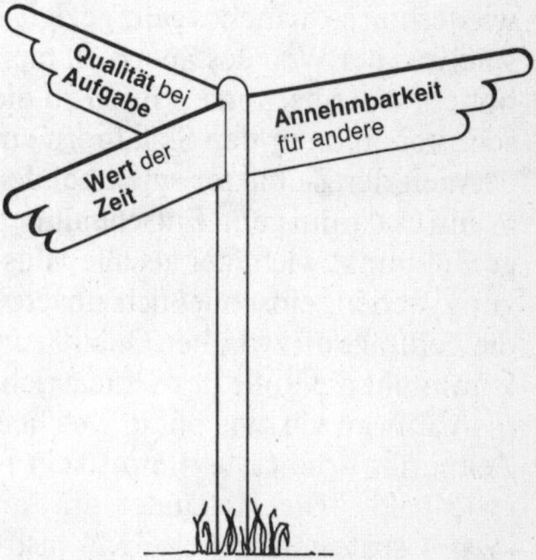

mögliche Qualität zu erreichen? Das ist immer eine schwierige Frage, wenn man etwas Erstklassiges, Vollständiges zustandebringen will. › Nur das Allerbeste ist gut genug ‹ klingt zwar sehr verlockend, aber ob man das auch schafft? Wir kämpfen ständig darum, bessere Dinge noch besser zu machen. Das ist uns ein echtes Bedürfnis. Diesem Thema kommt auch in unserem Buch große Bedeutung zu, denn wir versuchen hier, den Menschen praktische Hinweise zu geben, wie sie auf jedem nur denkbaren Gebiet mehr leisten können.

Dabei stellt sich uns die Frage, wie die Leute darauf reagieren, wenn man darauf besteht, daß sie immer perfekter werden. Hier ist ja nicht von einem Hesketh-Motorrad oder einem Rolls-Royce die Rede. Als Berater müssen wir ständig Qualität gegen Annehmbarkeit durchsetzen. Dagegen ist ja auch nichts einzuwenden, es ist nur ziemlich schwierig. Wir haben uns bei diesem Buch bemüht, die Leute auch hier nicht mit Fachausdrücken zu überfordern – wenn dies die einzige Möglichkeit gewesen wäre, etwas ganz exakt zu definieren. Im allgemeinen haben wir uns an dieses ungeheuer komplexe Thema › Geist und Verstand ‹ herangepirscht, als lernten wir auf einem Idiotenhügel Skifahren. Das bedeutet, daß wir auf die denkbar einfachste Art und Weise an die Dinge herangegangen sind, und daß wir die gleichen Punkte von grundverschiedenen Warten aus betrachtet haben. So ein Skibaby braucht viel Übung und wiederholt so manches ganz gezielt, um einmal bei diesem Beispiel aus der Welt des Sports zu bleiben. Nun können wir nur hoffen, daß unser erstes Buch zu diesem Thema die › Fortgeschrittenen unter den Skifahrern ‹ nicht abschreckt.

Auch der Zeitfaktor spielt bei dem Buch eine große Rolle. Wenn es darum geht, Entscheidungen zu treffen, ist der richtige Zeitpunkt wichtiger als alle Hilfsmittel, die uns zur Verfügung stehen, einschließlich unserer Energie! So entscheidet die Zeitfrage oft zwischen Qualität und Annehmbarkeit. Damit kommt ihr die Rolle des Schiedsrichters zu. Wieviel Zeit kann man aufwenden, wie oft, in welchen Abständen, zu welchem Zeitpunkt – die Liste nimmt kein Ende. Eine Variante heißt › wie bald ‹. Die Holländer drücken das etwas anders aus: › wann spätestens ‹. Bei GKN instruierte man alle Manager dahingehend, daß sie sich immer fragen sollten, wann eine Entscheidung spätestens zu treffen sei. Das hat etwas für sich. In England ziehen wir es oft vor, eine wichtige Entscheidung hinauszuschieben, damit wir keine falsche Entscheidung treffen. Währenddessen treffen die Amerikaner ihre Entscheidung, stellen fest, daß sie sich falsch entschieden haben, treffen nun die richtige Entscheidung und sind schon längst zum nächsten Projekt übergegangen, bevor wir auch nur die ersten Schritte unternommen haben. Das sagt man uns jedenfalls nach.

So haben wir uns jahrelang gefragt, wann wir das Werk spätestens herausbringen sollten. Sollten wir noch ein weiteres Jahr Erfahrungen sammeln und abwarten, wie sich die Dinge während dieser Zeit entwickeln, sollten wir noch ein paar hundert Manager unsere Methode ausprobieren lassen, um noch Verbesserungen anbringen zu können? Dann fiel uns der berühmte Ausspruch von Alex Osborn wieder ein, dem tatkräftigen Förderer der Kunst des Brainstorming:

»Es ist besser, eine Idee in die Tat umzusetzen als immer weiter an ihr herumzufeilen.«

Das hat uns überzeugt. Wenn das Buch in einem Jahr herauskommt, werden wir uns selbstverständlich sofort wünschen, es auf den neuesten Stand bringen zu können und alle Erkenntnisse in das Buch aufzunehmen, die wir inzwischen gewonnen haben. Aber da ergeht es einem wie beim Kauf eines Computers: Man kann immer noch ein weiteres Jahr warten, damit man auch wirklich ein Gerät bekommt, das den neuesten technischen Errungenschaften entspricht. Aber wer so denkt, kauft sich wahrscheinlich nie einen Computer. Wir hoffen, daß es die Leute kaum erwarten können, dieses Buch zu lesen!

Wenn es sich so verhält, so verdanken wir das auch in gar nicht so geringem Maße unserer Kommissionsbeauftragten Helen Fraser, die tatsächlich zu uns kam, um unsere Ideen in einer Sitzung zu erleben. Sie hat uns durch ihre Unterstützung sehr geholfen. Auch Nadia Lawrence, unserer Verlegerin, sind wir sehr zu Dank verpflichtet. Wir müssen auch Bob Garrett danken. Durch ihn, der die Farbmethode selbst in der Praxis anwendet, wurde uns Ermutigung und auch Kritik zuteil.

Am meisten verdanken wir jedoch den Mitarbeitern an dem Projekt bei Philips in Eindhoven. Sie haben uns geholfen, das Grundprinzip der Farben zu entwickeln. Wir können nicht beschreiben, wie erregend, aber auch frustrierend sich diese Teamarbeit auswirkte. Wir haben einander ungeheuer unterstützt, obwohl jeder auch »seine eigenen Brötchen gebacken« hat. Dabei sind Freundschaften entstanden, die jetzt schon zehn Jahre währen. Die ursprünglichen › Drei Musketiere ‹ waren Dr. Hans Horeman, Dr. Niek Wijngaards und Jerry Rhodes. Sie bildeten sozusagen den Kern des Projekts. Später kamen dann noch Floris Timmer und Jan Ferdel Smit hinzu, die mehr als irgend jemand sonst dazu beigetragen haben, bei den Wissenschaftlern und dem Entwicklungsteam von R & D Ergebnisse zu erzielen.

Wir sind jedoch nicht nur Philips sehr zu Dank verpflichtet, sondern auch in hohem Maße den Kunden, die es uns gestattet haben, die Methode jahrelang im Management zu erproben, weiterzuentwickeln und zu testen. Darunter vor allem Cliff Jacobsen, Reiner Olsson, Brian McNicol und Alan Collinge, alle bei Shell International. Darüber hinaus danken wir auch Ron Jackson, Ian Malcolm und John Cheese von der National Westminster Bank. Folgende Leute haben uns gezwungen, die Farbmethode einen großen Schritt weiterzuentwickeln, indem sie schier Unmögliches von uns verlangten: Ben Thompson McCausland von der London Life, David Steel bei Dunlop (inzwischen bei Marconi), Jim Lynch von der Barclays Bank, Graham Smith vom National Health Service, George Skomorowski von Kimberley-Clark und Jane Skinner von der Universität Aston.

Wir haben auch sehr viel davon profitiert, daß wir mit unseren hausinternen Coaches zusammengearbeitet haben, die die Geheimnisse der Farben an ihre eigenen Organisationen weitergeben. Wir sind auch den Hunderten von Teilnehmern von Thinking Intention Profile sehr zu Dank verpflichtet, die uns gestattet haben, ihre TIP-Fragebögen in den Computer einzuspeichern, um genaue Analysen erstellen zu können.

Und nun kommen unsere Freunde an die Reihe, all die Männer, Frauen und auch Kinder, die sich uns, im Namen derjenigen, die keine Manager, sondern ganz gewöhnliche Menschen sind, bereitwilligst als Versuchskaninchen zur Verfügung gestellt haben. Wir möchten auch ganz besondere Freunde nicht unerwähnt lassen - wie Ger und Dorothy Rietman in Holland, die oft bis tief in die Nacht hinein mit uns debattiert haben. Und nicht zu vergessen Rennie Fritchie, der echte Begeisterung zeigte, was die Farbmethode angeht. In unserem eigenen Land wäre noch Helen Levy zu erwähnen, die mit ihrem Layout und im Hinblick auf die Illustrationen sehr zum Gelingen des Buches beigetragen hat. Ihre Fähigkeit zu staunen und ihr Humor, ihre kritische Einstellung waren uns eine große Hilfe. Schließlich müssen wir noch unsere Familie loben, die sich damit abgefunden hat, daß wir uns anläßlich der letzten Überarbeitung des Buches sogar über die Weihnachtsfeiertage eingeigelt haben. Beim Lesen dieses Buches werden sie dann hoffentlich begreifen, warum uns dieses Opfer soviel Freude gemacht hat.

Jerry Rhodes und Sue Thame
Cecil Park, Pinner/Middlesex
HA5 5HH, England
Januar 1987

1. KAPITEL
DENKEN

Das Unsichtbare

Ist es nicht erstaunlich, daß man so viele sehr wichtige Dinge, die allergrößten Einfluß auf unser Leben haben, gar nicht sehen kann? So zum Beispiel die unsichtbare Kraft der Liebe, des Muts, des Mitgefühls. Menschen meistern scheinbar unüberwindliche Widrigkeiten durch ihren Glaubens, ihre Hoffnung und ihre Entschlußkraft – zum Beispiel, als es den Vereinigten Staaten darum ging, bis spätestens 1970 einen Menschen auf den Mond zu schicken.Der Glaube an die Freiheit, Gleichheit und Brüderlichkeit entfacht Revolutionen, bei denen die ganze Gesellschaftsordnung auf den Kopf gestellt wird. Durch Erkenntnisse wie die Relativitätstherorie tun sich neue Welten auf. Wir sehen die *Ergebnisse* dieser unsichtbaren Kräfte, doch es bleibt uns verborgen, wodurch sie *entstehen.* Da sich das alles zunächst einmal im Kopf abspielt, wir diese Kräfte zwar erleben, nicht aber sehen können, machen sie uns manchmal angst. Sie werden oft verdrängt oder abgestritten und kaum je verstanden. Aber in unserer Zeit ändert sich alles. Die unsichtbaren Kräfte einer neuen Revolution, der Informationstechnologie, verlangen unserem Verstand immer mehr ab. Dadurch werden wir alle angestachelt, uns der Geistesmacht gegenüber, die sich rasend schnell über unseren ganzen Erdball ausbreitet, aufgeschlossen zu zeigen. Wir fordern Sie auf, mit uns zusammen diese unsichtbare Welt des Geistes zu erforschen.

Eines der Hauptprobleme, das uns dazu angespornt hat, gründliche Recherchen zu betreiben, ist die weitverbreitete Meinung, das › Denken ‹ sei abstrakt. Es habe mit dem wirklichen Leben kaum etwas zu tun. Man brauche es allenfalls in der Schule, im Büro, für Schreibarbeiten, und es nutze ansonsten kaum etwas. Wann immer Sie sich um ein besseres Denkvermögen bemüht haben, so ist das vermutlich im Zusammenhang mit dem Schulunterricht, dem Gymnasium, der Universität, der Erwachsenenbildung, vor allem aber für irgendwelche Prüfungen geschehen. Vielleicht hat es in diesem Falle nicht den Anschein, als wirke sich das Denken übermäßig auf die Fähigkeiten aus, sich seinen Lebensunterhalt zu verdienen, eine Familie zu erhalten oder eine gute Beziehung mit einem Partner, Freund oder Kollegen aufzubauen.

Der Gedanke, daß das Denkvermögen dazu beitragen könnte, eine gute Ehe zu führen, in seinem Beruf etwas zu leisten oder in gesellschaftlicher Hinsicht seinen Mann zu stehen, mag so manch einem fraglich erscheinen. Die Folgen einer solchen Erziehung haben die meisten Menschen dazu gebracht, das Denken in die Kategorie › das ist nichts für mich ‹ oder ›da kann ich nichts machen ‹ einzuordnen. Es ist eines unserer Ziele, diese Vorurteile wenigstens teilweise zu zerstreuen. Wir wollen das genaue Gegenteil dieser Einstellung unter die Lupe nehmen und behaupten, daß das Denken die Wurzel all dessen ist, was wir tun. Selbst unsere Beziehungen basieren auf dem Denken.

Persönlichkeitsmodelle

Seit ein paar Jahren ist es Mode, die Persönlichkeit durch eine Vielzahl beliebter Klassifikationen zu analysieren. So können einem zum Beispiel viele Leute sagen, ob sie extravertiert oder introvertiert sind. Fast alle Menschen wissen, unter welchem Sternzeichen sie geboren sind und welche Charaktereigenschaften man mit diesem Sternzeichen in Verbindung bringt. Zwillinge sind dementsprechend quecksilbrig und flatterhaft, Krebse launisch, Skorpione leidenschaftlich. Durch die Transaktionsanalyse (T.A.) wurde die Welt damit überschwemmt, daß man Eltern, Erwachsenen und Kindern typische Merkmale nachsagte. Diese allseits beliebten und gebräuchlichen › Stenogramme ‹ im Hinblick auf die Persönlichkeit ermöglichen es uns, einander allgemeinverständlich mitzuteilen, wie wir »funktionieren«. Das ist in unserer schnellebigen Zeit sehr wichtig, da die Leute ständig ihre Stellungen wechseln und von einem Ort zum anderen ziehen. Diese eher volkstümliche Art der Analyse haben Leute wie Freud mit seinen Begriffen »Ich« › Über-Ich ‹ und › Es ‹ fachlich untermauert. Daraus entstanden Berufswahl- und Einstellungstests wie der Persönlichkeitstest von Myers Briggs, welcher auf Jungs Persönlichkeitsmodell basiert. Seit den 50er Jahren haben sich Beratungsmethoden herauskristallisiert, die wie z. B. die Eheberatung, klinische Theologie und die Gruppenberatung. Damit soll bei den Leuten die Fähigkeit ausgebaut werden, ihre Verhaltensweisen zu erkennen und zu erfassen, wie sich diese auf andere Menschen auswirken, insbesondere auf diejenigen, die ihnen am nächsten stehen – damit sie Mittel und Wege finden, die negativen Effekte abzubauen. Es gibt Bücher in Hülle und Fülle, die die Leute mit der Nase darauf stoßen, wie man besser verkauft, ein besserer Manager bzw. eine bessere Führungskraft wird, wie man sich besser im Leben zurechtfindet, wie man eine glückliche Ehe führt usw. All diese Bücher beruhen auf irgendeinem Persönlichkeits- oder Verhaltensmodell. Diese Modelle bestimmen mit ihren jeweiligen Fachjargons die Art und Weise, wie zwischenmenschliches Verhalten beschrieben wird. In ihrer Gesamtheit liefern sie einen wertvollen Beitrag zum Verständnis der menschlichen Interaktionen.

Denkmodelle

Wenn es im krassen Gegensatz dazu hingegen um das Denken geht, so gibt es kaum solche populären Ausdrucksmöglichkeiten! De Bonos These vom lateralen Denken bietet uns die Möglichkeit, über die Kreativität zu sprechen, den schöpferischen Teil des Geistes. Auch Hudsons konvergente und divergente Lösung von Problemen hat dazu beigetragen. Ebenso die Erkenntnisse Ornsteins im Hinblick auf die Funktionen der linken und der rechten Hirnhemisphäre. Diese Forschungsergebnisse versetzen die Menschen in die Lage, ihre Denkprozesse bewußter zu analysieren. Doch mit diesen drei Beispielen ist die Liste bekannter Denkmodelle auch schon fast erschöpft. Wollte man hingegen gebräuchliche Persönlichkeitsmodelle auflisten, so ergäbe das eine mehrseitige Liste. Wir möchten mit dem Buch *Die Farben des Menschen* Verständnis für den Geist und das Denken anhand von Modellen wecken. Das ist nämlich noch ein weites Feld.

Wenn man die Menschen für diese Verstandesdinge interessieren will, gilt es noch alle möglichen Hindernisse abzubauen. Womöglich ist das Descartes anzulasten, der die irrige Ansicht vertrat, Körper und Geist seien getrennte Einheiten. Das hat dazu geführt, daß man zwischen › Denkern ‹ und ›Tatmenschen ‹ unterschied – zum Schaden einer jeden Gruppe. Die › Denker ‹ sehen sich als höhere Wesen, die in der Gesellschaft den wichtigsten Beitrag leisten (meistens mit höheren Gehältern und höheren Nebeneinkünften). Die ›Tatmenschen ‹ hingegen verachten die › Denker ‹ und betrachten sie als Parasiten, die von dem Reichtum zehren, den sie mit ihrer Hände Arbeit schaffen – ob nun im Bergwerk oder sonst irgendwo ganz unten. In Wahrheit liegen die Dinge natürlich ein wenig komplizierter.

Im allgemeinen glaubt man, daß sich die Inspiration auf einen bestimmten geistigen Niveau bewegt. Das Denken liegt dann auf der nächstniedrigeren Ebene; dieser Ebene wird die intellektuelle Urteilskraft zugeschrieben. Gefühle und Emotionen sind eher fleischlicher bzw. sinnlicher Natur und dem Verstand gegenüber zweitrangig. Das würde zumindest jeder intelligente Mensch behaupten. Die Tat wird auf den vierten Platz verbannt!

Vielleicht ist das gar nicht einmal so unrealistisch, denn man könnte Abb. 1.1 so auslegen, als zeige sie eine Art Hierarchie,

INSPIRATION – göttliche Geschöpfe, die uns leiten

DENKEN – Akademiker und Profis

GEFÜHL – Frauenarbeit: »emotionelle Schwerarbeit«

TUN – gedankenlose Arbeit

Abb. 1.1 Geistiges Niveau

ähnlich dem Klassensystem unserer Gesellschaft, verschiedenen militärischen Rängen, der Entscheidungsgewalt im Staatsdienst oder der Art, wie ein Herstellungsbetrieb seine Leute einstuft. Solche Hierarchien findet man in allen geschichtlichen Epochen sowohl bei der Kirche als auch beim Staat. Das währt schon über zweitausend Jahre. In manchen Ländern scheint dieses hierarchische System die Kluft zwischen Denken und Tat so vertieft haben, daß bestimmte Arbeiten von denjenigen, die zu gebildet sind, nicht in Erwägung gezogen werden können. So geschehen im goldenen Jahrhundert in Spanien vor ein paar hundert Jahren, als zu viele Menschen studierten und sich dann für alles zu schade waren. Das wiederholt sich heute in Großbritannien, wo die › besten Leute ‹ nicht im Traum daran denken, in die Industrie zu gehen. Sie streben die höheren Positionen im Staatsdienst an. Das Geschäftsleben bzw. eine kaufmännische Tätigkeit gelten nur dann als zumutbar, wenn sie an die höheren Weihen der Finanzen heranreichen. Die Nähe zum Markt gilt dagegen als unfein. Und wie steht es mit der Gefühlswelt, die sich auf die Pflegeberufe verlagert hat? Berufe wie der der Krankenschwester, Fürsorgerin und Kindergärtnerin werden in der Hauptsache von Frauen ausgeübt.

Die Auffassung von den › zwei Kulturen ‹ scheint in mancherlei Form aufzutreten. Der Grundstein dazu wird in Schulen und Universitäten gelegt. Dort beharrt man stur darauf. Die meisten der dort ständig Tätigen hatten nie das Glück, sich in der Welt außerhalb von Schulen und Universitäten bewähren zu müssen. Kindern und jungen Menschen wird dort eingeredet, daß bei der Erziehung und Ausbildung nur Prüfungen und akademische Grade zählen. Noch viel schwerer wiegt, daß sie gezwungen werden, zwischen den Künsten und Wissenschaften einen Unterschied zu machen – als sei das eine dem anderen überlegen. In Deutschland bemüht man sich mit mehr Erfolg darum, die Integration von Kunst und Wissenschaft in den Schulen zu fördern. Vielleicht rührt es daher, daß die Industriebosse in Deutschland zu den gebildetsten Menschen gehören.

Diese Unterteilung des menschlichen Verstands bewirkt,

daß Leute Stellungen anstreben, die die verschiedenen Teile angeblich widerspiegeln. Diese Auffassung ist augenscheinlich zu simpel. Trotzdem fesselt sie die Leute und regt die Phantasie an. Es ist ganz verkehrt, das Denken als einen Prozeß zu betrachten, den in der Hauptsache diejenigen bewältigen, die besonders klug sind oder es schon weit gebracht haben. Auch die allereinfachste Aufgabe bzw. Tätigkeit setzt einen Denkvorgang voraus, wenn der Betreffende seiner Aufgabe wirklich gerecht werden will. Eben dieses Denkvermögen unterscheidet den guten Arbeiter vom schlechten, den geschickten Handwerker vom gleichgültigen, den tüchtigen Manager vom unbrauchbaren. Jeder muß denken – insbesondere in unserer fortschrittlichen Zeit, und jeder sollte sich bemühen, sein Denken zu verbessern und seine Denkfähigkeit zu steigern.

Bei unseren Untersuchungen haben wir einen Gedankengang verfolgt, der uns in die Lage versetzt hat, das Denken in einem ganz anderen Licht zu sehen. Wir haben uns zunächst einmal gefragt, wie man das erreicht, was man erreichen will. Natürlich durch das, was man tut. Warum sollte man aber so und nicht anders handeln, wenn man nicht davon überzeugt wäre, daß man die gewünschten Ergebnisse am besten auf diese Weise erzielt? Und auf die Gedanken bzw. zu den Schlüssen kommt man durch einen Denkvorgang. Man benutzt seinen Verstand, um alle nur erdenklichen Informationen zu verarbeiten.

Mit Abb. 1.2 wollen wir versuchen, zumindest drei Dinge zugleich zu zeigen. Zunächst einmal natürlich, daß zwischen Denken und Tun eine starke Ursache-Wirkung-Beziehung besteht. Zweitens ist uns daran gelegen, aufzuzeigen, daß zwischen Denken und Gedanken ein großer Unterschied besteht. Drittens geht uns darum, den Lesern klarzumachen, daß das Denken, so definiert, sehr viel mehr beinhaltet als die Machenschaften unseres Intellekts. Mit dieser Abbildung wird die Behauptung aufgestellt, daß alles, was man tut oder sagt, auf einem Denkvorgang beruht. Aber wie steht es dann mit Emotionen und Gefühlen? Und wo bleibt die Intuition? Was ist mit der Inspiration des Genies, der Sensibilität des Malers, Dichters oder Musikers?

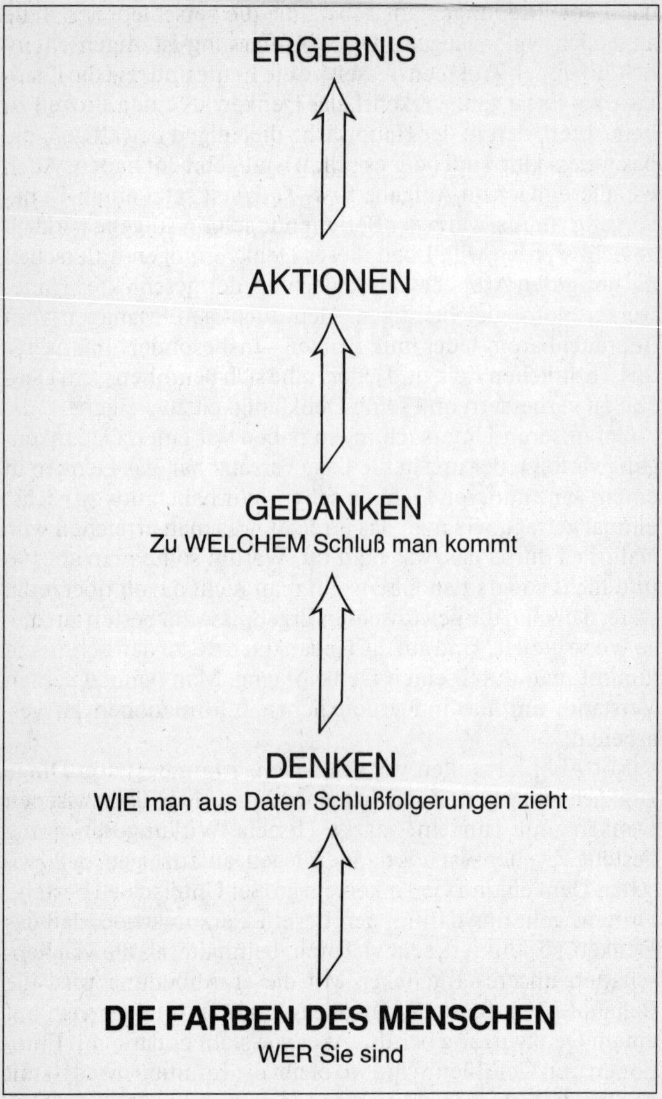
ERGEBNIS
AKTIONEN
GEDANKEN
Zu WELCHEM Schluß man kommt
DENKEN
WIE man aus Daten Schlußfolgerungen zieht
DIE FARBEN DES MENSCHEN
WER Sie sind

Abb. 1.2

In Abbildung 1.2 werden alle geistigen Attribute mit »Denken« bezeichnet. Anstatt Gefühle, Inspiration und intellektuelles Denken wie in Abbildung 1.1 getrennt auf verschiedene Ebenen zu verlegen, werden sie jetzt alle integriert und auf die gleiche › Denk ‹-Ebene verlagert. Sobald man ihnen den gleichen Status verleiht, man also immer von der gleichen Basis ausgeht, kann der Mensch wirklich seine ureigene Wahl zwischen ihnen treffen und braucht nicht durch die Auffassung gehandikapt zu sein, daß das eine dem anderen über- oder unterlegen sei. Mit anderen Worten: Sie bestimmen selbst, wie Sie Ihren Verstand einsetzen wollen. Sie können unvoreingenommen wählen zwischen dem Einsatz von Gefühlen, dem Intellekt, den Sinnen oder der Phantasie etc. Das bedeutet augenscheinlich, daß das »Denken« eine viel größeren Bereich umfaßt, als angesichts der einschränkenden Definitionen normalerweise eingeräumt wird.

Die Sprache der Farben

Wir haben versucht, in unserem Buch eine andere Perspektive des Geistes aufzuzeigen. Diese beruht auf einer Ausdrucksweise in bezug auf das Denken (im weitesten Sinne). Es gibt inzwischen viele schwerwiegende Gründe dafür, warum möglichst viele Menschen begreifen sollten, daß sie täglich – und zwar von morgens bis abends und bei allem, was sie tun – ihren Verstand benutzen. Sie müssen lernen, ihr Denken zu verbessern und zu steigern, damit sie alles besser machen können. Dazu ist ein Strukturrahmen vonnöten, eine neue Sprache, mit deren Hilfe jeder seinen Mitmenschen klarmachen kann, wie er an eine Aufgabe herangeht. Wenn man weiß, was jemand vorhat, ist die Chance größer, daß man begreift, was er sagt. Dann kann man ihm helfen, einen besseren Beitrag zu leisten – selbst wenn er auf der anderen Seite steht! Was die Menschen tun, versteht man entschieden besser, wenn man weiß, auf welchen Denkvorgängen ihr Verhalten beruht.

Im Zusammenhang mit den Farben gibt es eine allgemeingültige Sprache, die über das Verhalten hinaus bis zu dem Denken vordringt, das uns motiviert. Die Farben helfen Ihnen dabei herauszubekommen, was im Kopf eines Menschen wirklich vorgeht – nicht zuletzt in Ihrem eigenen! Der große Vorteil der Farben besteht darin, daß sie wie alle nützlichen Lebenshilfen leicht zu lernen sind. Sie werfen auch ein völlig neues Licht auf die »Persönlichkeit« und erlauben es erfreulicherweise, einen Blick hinter die üblichen Klischees zu tun, die normalerweise der Interpretation von Verhaltensmustern dienen. Das liegt daran, daß mit ihnen eine neue › Sprache ‹ einhergeht, die sich von der, welche die meisten Psychologen benutzen, grundlegend unterscheidet. Da die tiefer gelegenen Schichten des Verhaltens unsichtbar sind, ist eine Sprache wie die der Farben nötig, mit deren Hilfe man über das sichtbare Verhalten hinausgehen und dessen tiefere Bedeutung interpretieren kann. Mit gutem Recht benutzen Wissenschaftler Mittel oder Instrumente, um in Schichten vorzudringen, die das Auge nicht erreicht – z. B. ultraviolette Strahlen oder Thermographie. Ebenso können die Farben etwas über die Bedeutung von Handlungen aussagen, die man anders nicht durchschaut.

Mit Hilfe der Farben wird das Denken jedermann zugänglich gemacht. Die Farben erhellen das Unsichtbare mit ihrer Leuchtkraft und enthüllen Denkprozesse in all ihrer Schönheit und Komplexität. Sie ermöglichen es uns, das Denken ganz für sich genommen zu unterscheiden, also nicht nur im Kontex irgendeines anderen Spezialgebiets, so daß alles ohne jede geheimnisvolle Form der Osmose aufgenommen werden kann. Mit Hilfe der Farben können wir das allgemeingültige Denken identifizieren, welches den verschiedenen Jobs und Disziplinen gemeinsam ist. So kann man übertragbare Fähigkeiten in einem viel größeren erkennen. Es wird Zeit, daß man das Denken als eigenständiges Thema und Gebiet behandelt! Ein immer größerer Prozentsatz von Menschen wird inzwischen für seine geistigen Fähigkeiten und nicht mehr für Muskelkraft bezahlt, und die Firmen machen sich gegenseitig Konkurrenz, um die besten Köpfe in ihre Reihen aufnehmen zu können. Gute Köpfe sind noch immer Mangelware. Sie können Spitzengehälter verlangen und beziehen sie auch. Da bleibt noch viel zu tun, um die Entwicklung voranzutreiben und der Nachfrage gerecht zu werden.

Unser spezieller Farbkode hat uns in den letzten zehn Jahren bei unserer Arbeit im Zusammenhang mit dem Thema Denken ganz enorm geholfen. Die vielen Männer und Frauen, die sich mit den Farben befaßt und sie im Berufsleben angewandt haben, bezeugen, daß es unabdingbar ist, das Denken in einen unmittelbaren Zusammenhang mit dem effektiven Tun zu bringen. Mit Hilfe dieses Buches können das jetzt noch viel mehr Menschen erkennen.

Wie man dieses Buch am besten nützt

Manche Leute legen Wert auf Bücher, in die sie sich richtig vertiefen können, mit deren Begriffswelt sie sich auseinandersetzen können, ohne dabei durch allzu viele Beispiele und Illustrationen aus dem Konzept gebracht zu werden. Manche Leute lesen nur auf dem Weg zur Arbeit und zurück nach Hause. Ihnen ist am besten mit einem Buch gedient, das sie aufschlagen und jederzeit wieder weglegen können. Wieder andere Menschen ziehen Bücher vor, die ihnen etwas abverlangen – nämlich aktive Mitarbeit. Da sitzen sie dann mit dem Bleistift oder dem Kugelschreiber in der Hand, machen ein Quiz, füllen Fragebögen aus, lösen Rätsel, spielen Spiele, zeichnen Bilder etc. Andere Leser wiederum wollen humorvolle, witzige Bücher.

Es ist äußerst schwierig, all diesen Anforderungen in einem einzigen Buch gerecht zu werden, doch wir haben uns darum bemüht.

1. Womit anfangen?

Eine grundlegende These besagt, daß es unerläßlich ist zu wissen, was in einem selbst vorgeht. Wir raten Ihnen also dringend, anhand von Kapital zwei und drei so schnell wie möglich festzustellen, wie Sie denken, d. h. wie der Denkprozeß bei Ihnen abläuft. Dann haben Sie eine gute Ausgangsbasis, um das Buch für Ihre eigenen Zwecke auszuwerten. Eines müssen wir jedoch betonen.

Auf welche Denkart Sie auch stoßen – es handelt sich in jedem Fall um einen Schnappschuß, eine Momentaufnahme, entstanden unter ganz unwissenschaftlichen Bedingungen. Lassen Sie sich nicht von dem Bild hypnotisieren, das Sie dabei von sich bekommen. Es handelt sich dabei ja nur um einen Hinweis, aber nicht um eine hieb- und stichfeste Wahrheit. Nutzen Sie diesen Hinweis, damit die Farben für Sie ganz persönlich an Bedeutung gewinnen. Gehen Sie die Kapitel durch, und je mehr Sie begreifen, worum es hier geht, umso mehr werden Sie in der Lage sein, dem Schnappschuß Leben einzuhauchen.

2. Markieren Sie den Farbkode mit Buntstiften

Die Farben, die auf Ihr Denken zutreffen, machen Ihren Verstand für Sie selbst viel transparenter. Die Farben sind ein Kode oder eine Sprache, die erfunden wurden, um zu bewirken, was die Farbkodierung bei einem komplexen Gewirr von Leitungsdrähten bewirkt, bei denen es ungeheuer wichtig ist, welche mit welchen anderen verbunden sind. Farben machen alles besser kenntlich. Versuchen Sie von Anfang an, Ihre Hemmungen zu überwinden, die Sie davon abhalten wollen, die jungfräulichen Seiten dieses Buches zu verunzieren. Benutzen Sie farbige Filzstifte zur Markierung, sobald Sie Ihren Farbkode herausgefunden haben.

Aber um Himmels willen NICHT SCHON VORHER!!! Markieren Sie die Abbildungen farbig, und heben Sie die Farben im Text hervor.

Sie werden sicher feststellen, daß das nicht nur Spaß macht, sondern daß Sie sich auf diese Weise auch sehr schnell in die Materie einfinden. Farben können nämlich ungeheuer hilfreich sein. Die Farben liefern Ihnen sozusagen einen maßgerechten Werkzeugkasten, mit dem Sie sich identifizieren können. Wenn Sie Ihren geistigen Werkzeugkasten eintauchen, finden Sie das geeignete Werkzeug schnell. Sie werden feststellen, daß die Farben weit mehr aussagen als ein simples › Stenogramm ‹. Wenn Sie wissen, was sie bedeuten, gewinnen Sie ganz neue Einsichten und begreifen, was es damit auf sich hat. Versuchen Sie es mal mit Filzstiften!

3. Lassen Sie sich nicht aus dem Konzept bringen, verlieren Sie den Faden nicht

Das ganze Buch durchzieht eine fundierte und klar gegliederte Argumentation. Wenn Ihnen das verstandesmäßig liegt, können Sie die hier vertretenen Auffassungen mit Ihrer Auffassung vom Wesen des Denkens koordinieren. Das Vorstellungsniveau unserer Argumentation muß dabei allerdings gewahrt bleiben. Sie werden jedoch feststellen, daß die Betonung hierbei weder auf der begrifflichen Beweisführung noch auf den grundlegenden Untersuchungen im Hinblick auf die Farben liegt. Es geht vor allem darum, wie man am besten damit umgeht.

Wenn Sie vor allem unterwegs, zum Beispiel auf dem Weg zur Arbeit lesen, so hilft Ihnen die Tatsache, daß das Buch hinreichend in Abschnitte unterteilt ist, so daß es nicht viel ausmacht, wenn Ihre Fahrt nicht lange genug dauert, um das Kapitel zu Ende lesen zu können. Bemühen Sie sich jedoch, jeden Fragebogen an einem Stück und ohne Unterbrechung zu bearbeiten. Andernfalls sind die Resultate vielleicht nicht so hoch einzuschätzen, die Auswertung bleibt fragwürdig.

4. Machen Sie die Übungen der Übung halber

Dieses Buch enthält viele Übungen für Leser, die so etwas mögen. Wenn Sie dafür aber nicht zu haben sind und die Übungen unter den Tisch fallen lassen, so hindert Sie das trotzdem nicht daran, den Sinn des Buches zu erfassen und sich die darin vertretenen Standpunkte zu eigen zu machen. Bedenken Sie jedoch, daß ein Fitneß-Buch Ihr Wohlbefinden nicht gerade steigert, wenn Sie es lediglich lesen. Sie wissen selbstverständlich mehr, wenn Sie ein solches Buch gelesen haben, doch dieses Wissen verhilft Ihnen nicht dazu, daß Sie sich fitter fühlen. Dafür müssen Sie schon etwas TUN. Da Ihnen dieses Buch den Weg weist, wie Sie fitter werden können, was Ihr Denken angeht, trifft das Gesagte auch auf dieses Buch zu. Auch hier heißt die Devise: Sie müssen etwas tun, um Ihr Denkvermögen weiterzuentwickeln. Dazu gehört, daß Sie Ihre Denkgewohnheiten einmal gründlich überdenken, neue aus-

probieren und diese dann auch praktisch anwenden. Und jetzt möchten wir Sie in die richtige Stimmung für diese Übungen bringen. Versuchen Sie es doch gleich einmal damit:
Notieren Sie auf einem Blatt Papier oder in Ihrem Tagebuch eine Reihe von Dingen, die Sie zu Hause bzw. im Zusammenhang mit Ihrer beruflichen Tätigkeit tun. Teilen Sie sie in vier Kategorien ein:
Das tue ich am liebsten ..., Das tue ich gar nicht gern ..., Das kann ich am besten ..., Das kann ich gar nicht gut ...

Bemühen Sie sich um Ausführlichkeit, führen Sie in jeder Kategorie fünf oder sechs Beispiele an. Überprüfen Sie noch einmal, ob Sie auch wirklich eingetragen haben, was Sie am besten können. Hier ist nicht gefragt, ob Sie irgend etwas besser können als Ihre Kollegen. Es ist gefragt, was *Sie* am besten können – am besten von allem, was Sie tun. In der letzten Rubrik sollten Sie auflisten, worin Sie am schlechtesten sind bzw. was Sie gar nicht können. Dabei stellen Sie vielleicht fest, daß Sie nicht unbedingt gern tun, was Sie am besten können, und daß Ihnen eine Tätigkeit, die zu Ihren Schwachpunkten zählt, nicht unbedingt zuwider ist. Legen Sie diese Übung auf Eis und greifen Sie darauf zurück, wenn Sie bei Kapitel fünf angelangt sind. Wenn es nämlich heißt »Prüfen Sie Ihren Denkstil«. Dann sind Sie in der Lage, Ihre Vorlieben und Abneigungen, das, worin Sie am besten und worin Sie am schlechtesten sind, mit den Farben und Ihrer Denkart in Verbindung zu bringen und Zusammenhänge zu erkennen.

5. Probieren Sie die Darstellungen und Modelle aus

In den ersten Kapiteln wird ein Denkmodell beschrieben. Außerdem wird eine Vielzahl von Begriffen aufgeführt, die damit in Verbindung stehen. Diese ermöglichen es Ihnen, eine ganze Reihe von geistigen Tätigkeiten in einer völlig neuen Sprache zu benennen.

Der Mitte des Buches können Sie entnehmen, wie Sie sich das Gelernte zunutze machen können – vor allem im Zusammenhang mit anderen Menschen. Sie werden sehen, was es mit den Modellen und der Sprache der Farben tatsächlich auf sich hat.

Wenn Sie dann bei den abschließenden Kapiteln des Buches angelangt sind, möchten Sie garantiert herausbekommen, wie Ihnen die Farben dazu verhelfen können, daß Sie sich Ihre Arbeit besser einteilen bzw. noch mehr leisten. Schwierige Aufgaben können in verschiedenen Farben graphisch dargestellt werden, und dadurch wird klarer, wie Sie diese Aufgaben am besten angehen. Da › Darstellungen ‹ mehrere komplexe Ebenen beinhalten, können wir das Thema hier nicht gründlich behandeln, aber Sie sollten zumindest in groben Zügen wissen, wie Sie dabei vorgehen können. Machen Sie auf einer ganz simplen Ebene den Anfang, und erwarten Sie nicht gleich allzuviel, wenn Sie die Angelegenheit auf diese Weise in Angriff nehmen. Insbesondere in Kapitel ncun wird aufgezeigt, wie Sie vorgehen können.

6. Anwendung

Aufgeweckte lernbegierige Leser müßten eigentlich im Hinblick auf ihre Denkfähigkeit Einsichten gewinnen, durch die sie sich veranlaßt sehen, so manches an der Art zu ändern, in der sie die tägliche Arbeit bisher bewältigt haben. Sie können das Gelesene mit Ihren eigenen Erfahrungen vergleichen. Im Anschluß daran können Sie die Leistungsnormen höherschrauben, die Sie sich gesetzt haben. Sie können einfache Tests mit Ihren Bekannten durchführen. Sie werden sehen, daß Sie das bald vertiefen können und Ihnen das immer besser gelingt. Wenn Sie das Buch dann ausgelesen haben, verspüren Sie hoffentlich den Wunsch, es noch einmal zu lesen. Vielleicht empfehlen Sie es auch Freunden und Kollegen. Und es wäre schön, wenn Sie sich auch weiterhin mit der Methodik befassen würden, die den Farben zugrundeliegt.

7. Grundlagen der Forschung

Wir haben das Buch sprachlich so einfach wie möglich gehalten und eine Menge Beispiele aufgeführt, um unsere Gedankengänge zu verdeutlichen. Das Werk basiert auf gründlichen Recherchen mit der pragmatischen Zielsetzung, den Menschen dazu zu verhelfen, daß sie besser denken lernen – sowohl im Beruf als auch im Hinblick auf zwischenmenschliche Beziehungen. Sie dürfen sich jedoch von der Einfachheit keinesfalls zu der Annahme verleiten lassen, dieses Buch sei ein Schnellkursus zum Aufmöbeln Ihrer Denkfähigkeit. Die *Farben des Menschen* sind das Ergebnis der Arbeit vieler Jahre auf zahlreichen vielschichtigen Ebenen - auf einen einfachen Nenner gebracht. In diesem Buch finden Sie nur die erste und zweite Ebene des Denkmodells. Im zehnten Kapitel berichten wir kurz über die Grundlagen der Recherchen und über die anderen Ebenen.

8. Das Buch ist folgendermaßen aufgebaut

a) Fertigkeit im Denken ist etwas Unsichtbares, das man nicht erkennen kann, doch alle anderen Fertigkeiten hängen davon ab.
b) Man muß sich der natürlichen Quellen des Geistes bewußt sein, um bei seinem Tun eine effektive Steigerung zu erreichen.
c) Ein Modell wie das der Farben, das die Anatomie des Geistes aufzeigt, macht seine verschiedenen Funktionen verständlich. Es ist zwar nur eine bildliche Darstellung, aber es dient dem wichtigen Ziel, das ganze Gebiet der geistigen Tätigkeit zu veranschaulichen, das ansonsten unnötigerweise verschwommen und abstrakt dargestellt wird. Mit Hilfe dieses Modells wird einem vieles bewußter.
d) Dieses Gewahrwerden ist der erste Schritt auf dem Weg zu einem bewußt kontrollierten, zielgerichteten und stark verbesserten Denken.
e) Indem wir zwischen der Art und Weise zu denken und den Denkinhalten unterscheiden, kann jeder dasselbe Modell für Denkprozesse benutzen, dieselbe Sprache oder denselben Kode, um die Gedanken des anderen zu verstehen und zu erklären. Dieses Buch maßt sich nicht an, Ihnen vorzuschlagen, was Sie denken sollen. Es bietet Ihnen lediglich Anregungen, wie Sie denken sollten. Wenn Sie sich über die Farbskala im klaren sind, die Ihnen offensteht, wird es ein Genuß, sich frei zu entscheiden, was Sie tun wollen.

f) Die Menschen neigen dazu, die Aufgaben so zu sehen, wie es ihrer eigenen Denkart entspricht. Nur wenn sie ganz bewußt erkennen, daß ihre Art zu denken ihr Wahrnehmen beeinflußt, können sie die Art und Weise, wie sie normalerweise mit Dingen wie Zeit, Informationen, Werten und Ideen umgehen, darauf abstimmen, was ihnen die gestellte Aufgabe tatsächlich abverlangt.
g) Es gibt keine ideale Art zu denken. Menschen mit verschiedenen Denkarten, die wissen, wodurch sie sich unterscheiden, können in einer komplexen Situation weit mehr ausrichten als Menschen, die sich einbilden, über die »ideale« Denkart zu verfügen.

2. KAPITEL

ENTDECKEN SIE DIE FARBEN IHRES DENKENS

Nach der Lektüre des ersten Kapitels ist Ihnen der Kern der Sache sicher klar und Sie wissen, wie wir die Frage des Denkens angehen wollen. Im wesentlichen ist es so, daß Sie durch die Farben Zugang zu Ihrem Geist und Verstand gewinnen. Sie erfassen, wie er in Wahrheit arbeitet. Sie gewinnen sogar Einblick in das Denken anderer Menschen. Die Noten in der Musik und die Zahlen in der Mathematik sind international. In unserem Fall tritt der symbolische Farbkode des Geistes an die Stelle der Sprache, denn er überwindet Sprachbarrieren, geht über Fachrichtungen hinaus. Wir möchten Ihnen jetzt Zugang zu diesem Kode gewähren, damit Sie ihn sich einverleiben, sich mit ihm vertraut machen und ihn nutzbringend anwenden können. Wir schubsen Sie also gleich ins Wasser, und zwar da, wo es am tiefsten ist. Wir geben keine Erklärungen mehr ab und entschuldigen uns auch nicht. Wir möchten, daß Sie die auf Ihren Geist bzw. Verstand zutreffenden Farben, Ihre Art zu denken, sofort herausfinden und definieren. Wir hoffen nur, daß Sie noch nicht allzuviel in dem Buch herumgeblättert haben, da Sie dann vielleicht nicht mehr ganz so unbefangen an den Fragebogen herangehen können, auf den Sie gleich stoßen werden. Aber wenn Sie schon ein ganzes Stück gelesen haben, sollten Sie versuchen, die Fragen so aufrichtig wie möglich zu beantworten.

Sie stellen Ihren Farbkode am allerschnellsten fest, wenn Sie die Fragebögen in diesem und im nächsten Kapitel ausfüllen. Wenn wir »live« arbeiten, wenden wir normalerweise einen sorgfältig ausgearbeiteten Fragebogen an, damit wir ein detailliertes Lebensbild erhalten, eine ganz individuelle Charakterisierung eines jeden Menschen. Aber da wir Ihnen unser übliches Feedback zu den Ergebnissen nicht liefern können, haben wir extra für dieses Buch eine einfachere Methode erarbeitet. Wir sagen Ihnen nur das Wesentliche - was Sie wissen müssen, um anfangen zu können. Wenn Sie dann weiterlesen und immer besser verstehen, worum es uns in diesem Buch geht, haben Sie wiederholt Gelegenheit, etwas über Ihre Art zu denken zu erfahren. Nehmen Sie sich jetzt den folgenden Fragebogen vor.

Tragen Sie die Farben Ihres Denkens ein

Bevor Sie die Fragen beantworten, lesen Sie am besten die folgenden Anweisungen, damit Sie ganz genau wissen, wie Sie vorgehen müssen.

Sie müssen das, was Sie gern mögen und Ihnen Freude macht, unbedingt in der richtigen Reihenfolge aufführen. Sie dürfen nicht angeben, wovon Sie nur glauben, daß Sie es aufführen *sollten.* Dann zeigt sich, was Sie wirklich mögen und was Ihnen liegt, und nicht das, wozu Ihre Erziehung oder Ihre Stellung Sie zwingt.

Ganz gleich, wie die Fragen auch formuliert sein mögen - achten Sie darauf, daß Sie nicht antworten, was Sie tatsächlich tun. Stellen Sie sich auch nicht so hin, wie die anderen Sie sehen. Das sind völlig verschiedene Dinge, da dürfen Sie nichts durcheinanderbringen. Vielleicht möchten Sie diese Übung bzw. diese Eintragungen später noch drei- oder viermal von verschiedenen Warten aus machen und sich vielleicht so geben, wie Ihr Partner Sie sieht. Die Ergebnisse könnten Sie dann miteinander vergleichen.

Ein paar Ratschläge mit auf den Weg

- Machen Sie die Eintragungen, bevor Sie lesen, wie der Farbkode interpretiert wird. Wenn Sie voreilig sind und sich erst über den Farbkode informieren, könnte dies Ihre Selbstwahrnehmung beeinflussen und Sie würden die Fragen nicht mehr unvoreingenommen beantworten. Dann fallen die Antworten möglicherweise nicht zuverlässig aus.

- Beantworten Sie alle Fragen hintereinander und nehmen Sie sich dafür nicht mehr als eine Viertelstunde Zeit.
- Grübeln Sie nicht endlos. Reagieren Sie ganz spontan. Was Ihnen auf Anhieb einfällt, ist vermutlich am zuverlässigsten. Jede der jeweils drei Antworten unterscheidet sich von den beiden anderen. Sie dürfen daher auch nicht allzu leichtfertig an die Fragen herangehen. Sie müssen darauf achten, daß Sie nicht auf die »professionelle« Seite in Ihrem Inneren hereinfallen, die Ihnen suggerieren möchte, für welche der drei Möglichkeiten Sie sich entscheiden ›sollten‹. Bei diesen Fragen geht es nämlich darum, was Sie *gern tun* und nicht darum, was Sie gern tun sollten.
- Falsche Antworten gibt es nicht. Alle Antworten sind richtig, sofern sie der Wahrheit entsprechen und auf Sie zutreffen.
- So manch einer fühlt sich bei dem Gedanken vielleicht unbehaglich, durch diese Fragen klassifiziert zu werden, und es widerstrebt ihm, dabei mitzumachen. Aber bringen Sie sich nicht um die Chance, später über den fertig ausgefüllten Fragebogen zu verfügen, denn Sie müssen sich im weiteren Verlauf des Buches darauf beziehen können. Der erste Eindruck, die ganz spontane Reaktion, läßt sich nicht wiederholen.
- Scheuen Sie sich nicht, in das Buch zu schreiben. Durch Ihre Markierungen und Kommentare wird das Buch doch viel persönlicher, und es nutzt Ihnen so auch viel mehr. Sie machen es damit zur Ihrem ureigenen Übungsbuch. Später wollen wir Sie auch noch dazu animieren, mit Buntstiften bzw. Filzstiften zu arbeiten. Obwohl man uns immer eingetrichtert hat, daß man einen so geheiligten Gegenstand wie ein Buch nicht verunstalten darf, scheren wir uns ausnahmsweise einmal nicht darum, denn wir finden, daß es für uns sehr von Nutzen ist. Bücher sind genau wie Werkzeug dazu da, daß man sie benutzt. Das ist viel wichtiger, als sie in einem Schutzumschlag oder einer Buchhülle in einwandfreiem Zustand zu erhalten. Wenn es Ihnen auch jetzt noch widerstrebt, unseren Ratschlag zu beherzigen, gibt Ihre Farbtabelle später vielleicht Auskunft darüber, warum das so ist.

Die Farbentabelle

Es folgen achtundvierzig Statements, aufgeteilt in sechzehn Dreierblocks.

Jeder Block umfaßt drei Statements. Die sind als Einheit anzusehen und zusammen zu beantworten.

Für jeden dieser Dreierblocks haben Sie zehn Punkte zur Verfügung. Verteilen Sie diese Punkte auf die drei Antworten bzw. Möglichkeiten.

Wir nennen Ihnen ein paar Beispiele dafür, wie Sie Ihre Punkte verteilen können:

Wenn der Extremfall eintritt, daß Ihnen eine der drei Möglichkeiten hundertprozentig zusagt, die anderen beiden hingegen ganz und gar nicht, so muß die Einstufung folgendermaßen aussehen:

10 0 0

Wenn Ihnen aber alle drei Möglichkeiten ungefähr zusagen, sollten Sie die zehn Punkte wie folgt verteilen:

3 4 3

Wenn eine der drei Möglichkeiten stark auf Sie zutrifft, die anderen beiden aber auch ein wenig, so könnten Sie die Punkte so verteilen:

6 2 2

Sollte der Extremfall eintreten, daß Ihnen eine Möglichkeit in tiefster Seele zuwider ist, die beiden anderen Ihnen aber sehr entsprechen, so müßten Sie die Punkte so verteilen:

0 5 5

Sie müssen jede Möglichkeit in jedem Block bewerten. Teilen Sie die zehn Punkte so auf, wie es Ihnen richtig erscheint.

Fangen Sie jetzt bitte an

Punkte

	Punkte
Block eins	
Wenn ich mir aussuchen könnte, mit was für Problemen ich mich herumschlagen muß, würde ich mich am liebsten für Folgendes entscheiden:	
1. einer Sache auf den Grund gehen, die schiefgelaufen ist	______
2. mir verschiedene Möglichkeiten ausdenken, die zu einem Ergebnis führen können.	______
3. aus einer Reihe von vorgegebenen Möglichkeiten den besten Ausweg wählen	______
Block zwei	
Bei Versammlungen bzw. Sitzungen oder Besprechungen stellt es mich am meisten zufrieden, wenn ich	
4. jemanden überzeugen kann, ihn also dazu bringe, daß er seine Meinung ändert und sich mir anschließt.	______
5. nachdem ich mir genau überlegt habe, wie ich den anderen meinen Standpunkt klarmachen will, auch die Chance bekomme, ihn gut darzulegen.	______
6. eine Eingebung habe, die die Art, wie ich die Frage angehe, einzigartig und völlig konkurrenzlos macht.	______
Block drei	
Ich möchte mich ganz ehrlich zu dem Einfluß äußern, den ich am liebsten hätte:	
7. Ich möchte die Menschen dazu bringen, daß sie sich mir anschließen bei dem, was ich für das Beste halte.	______

	Punkte
8. Ich möchte hin- und herüberlegen und ganz neue Ideen und Gesichtspunkte aufs Tapet bringen, die durch ihre Originalität richtungsweisend sind.	____
9. Ich möchte dafür sorgen, daß die Leute die reine und ungeschminkte Wahrheit erfahren, so unparteiisch und unvoreingenommen wie nur irgend möglich.	____
Block vier	
Wenn ich eine Sache angehen soll, so ist es mir dabei am allerwichtigsten,	
10. daß ich eine genaue Aufstellung aller Fakten und Zahlen zur Verfügung habe, die ich brauche, um mich mit der Angelegenheit gründlich befassen zu können.	____
11. daß die Fragestellung klar gegliedert, verständlich und – vor allem – in sich logisch ist.	____
12. die Mutmaßungen und Zwänge aus der Vergangenheit beiseite zu räumen, damit die Leute ein offenes Ohr für Neuerungen bekommen.	____
Block fünf	
Wenn ich etwas kaufen möchte,	
13. halte ich immer Ausschau nach besonders günstigen Angeboten und tollen Überraschungen.	____
14. informiere ich mich zunächst einmal ganz systematisch darüber, was es alles gibt. Dann erst entscheide ich mich.	____
15. so tue ich das erst, wenn ich ganz genau weiß, was ich mir davon erhoffe und verspreche.	____

Punkte

Block sechs

Wenn ich zusammen mit anderen etwas Wichtiges plane, so gefällt mir dabei am besten,

16. ganz allein die schwierige Wahl zwischen den Dingen zu treffen, die wir tun oder unterlassen sollten. ______
17. mir vorzustellen, was dabei alles schiefgehen könnte und was man stattdessen machen könnte. ______
18. die Listen zu erstellen und für die Vorbereitungen alles bis ins kleinste Detail zu arrangieren. ______

Block sieben

Mit einer strittigen Frage oder irgendeinem anderen Problem werde ich am besten fertig,

19. indem ich nach einem Ausweg suche, der so scharfsinnig und so originell ist, daß er auf ganz neue Dimensionen hinweist und die anderen es gar nicht fassen können. ______
20. indem ich versuche zu beweisen, daß ich eine von der Vernunft diktierte hieb- und stichfeste Lösung anzubieten habe, und indem ich allen zeige, daß das die ideale Lösung ist. ______
21. indem ich untersuche, welche Informationen wir gemeinsam haben und worin wir uns nicht einig sind. Vielleicht genügt es schon, sich um eine passendere Ausdrucksweise zu bemühen. ______

Block acht

In Krisenzeiten oder Zeiten, in denen man sehr unter Druck gesetzt wird, bin ich in meinem Element,

Punkte

22. wenn ich mich auf Dinge stürzen kann, die zählen.	______
23. wenn ich den Leuten sagen darf, was sie wissen müssen und ihnen meinen Standpunkt klarmachen kann.	______
24. wenn ich das Thema unter einem ungewöhnlichen Blickwinkel betrachte.	______
Block neun	
Die Fragen, die ich am allerliebsten aufs Tapet bringe,	
25. melden starke Zweifel an der fest etablierten, vermeintlichen Gültigkeit dessen an, was die meisten Leute normalerweise denken.	______
26. sind so beschaffen, daß die Argumentation hieb- und stichfest ist, was die Logik angeht.	______
27. bewirken eine Veränderung der Perspektive, denn ich gehe der Sache auf den Grund, betrachte sie auch von innen her und sehe, was dahintersteckt.	______
Block zehn	
Wenn ich etwas planen muß, beginne ich gern folgendermaßen:	
28. Ich mache eine Bestandsaufnahme und überprüfe alle Daten, derer ich ohne allzu große Schwierigkeiten habhaft werden kann.	______
29. Ich taste mich an die Sache heran, indem ich mich auf meine Vorahnungen und meine Intuition verlasse.	______
30. Ich mache publik, was meiner Meinung nach ganz bestimmt im Verlauf der Planung geschehen wird.	______

Punkte

Block elf

Wenn etwas gründlich schiefgeht und wir untersuchen müssen, woran das wohl liegen kann, sorge ich in erster Linie dafür,

31. daß wir die Dinge auch richtig miteinander vergleichen und zwar nur solche, die wirklich vergleichbar sind. ______
32. daß alle Daten ohne Rücksicht auf Vor- oder Nachteile vollständig zusammengestellt werden. ______
33. daß alle Möglichkeiten offen besprochen werden und nicht nur, was auf der Hand liegt. ______

Block zwölf

Das untrügliche Merkmal eines guten schriftlich vorgelegten Vorschlags oder Planes besteht für mich darin,

34. daß geniale Zusammenhänge erstmalig aufgezeigt werden, mit denen niemand rechnen konnte. ______
35. daß die Lage – um es auf einen Nenner zu bringen – richtig erfaßt wird. ______
36. daß der Vorschlag klar gegliedert und stilistisch so abgefaßt ist, daß diejenigen, für die er gedacht ist, die Zielsetzung erfassen. ______

Block dreizehn

Wenn mich jemand bittet, etwas für ihn zu erledigen, halte ich es damit am allerliebsten so:

37. Ich möchte schnell über den Umfang der Sache aufgeklärt werden – in groben Zügen oder auch ganz detailliert. ______
38. Ich muß mir selbst überlegen, wie ich die unangenehmen Aspekte der Aufgabe angehe. ______

Punkte

39. Ich möchte wissen, was demjenigen, der mich um etwas bittet, dabei am wichtigsten ist. Dann bemühe ich mich, auf das gleiche Ziel hinzuarbeiten. ___6___

Block vierzehn

Wenn ich Informationen zu einem ganz bestimmten Thema sammeln muß, spielt für mich dabei die größte Rolle:

40. daß ich den Kernpunkt herausfinde und benennen kann. ___3___
41. daß ich die Fakten auf unterschiedliche Art und Weise zusammentragen kann – in der Hoffnung, daß sich dadurch neue Gesichtspunkte ergeben, ___4___
42. daß durch gezielte, detaillierte Fragen eingehende Recherchen betrieben werden können ___3___

Block fünfzehn

Wenn ich jemanden von etwas überzeugen muß, richte ich mein Hauptaugenmerk darauf,

43. daß ich mich nicht in etwas verrenne, sondern offen bin für alles, worauf man sich einigen könnte. ___5___
44. daß ich beim Sammeln, Zusammenstellen und Vortragen der Informationen möglichst effektiv arbeite. ___4___
45. daß das Timing stimmt, wenn es darum geht, das Geplänkel einzustellen und die Entscheidung zu fällen. ___1___

Punkte

Block sechzehn

Wenn ich wirklich zur Höchstform aufgelaufen bin,

46. durchschaue ich die mir vorliegende Aufgabe so hundertprozentig, daß sich die Lösung ganz von allein ergibt. ______
47. kann ich mich so ausschließlich auf meine Urteilskraft verlassen, daß ich mich eigentlich nicht mehr genauer zu informieren brauche. Auch weitere Ideen erübrigen sich dann. ______
48. habe ich eine Unmenge brillanter Ideen. Dann lasse ich andere die Details ausarbeiten. Sie können auch die naheliegenden Schlüsse aus den Ideen ziehen und sie in die Tat umsetzen. ______

Tragen Sie Ihre Punkte in die Spalten der nachstehenden Zahlentabelle ein, und zwar genau neben die entsprechenden Nummern der durchnumerierten Fragen. Wenn Sie alles eingetragen haben, addieren Sie die Zahlen in jeder der drei Spalten und schreiben Sie die Summe unter die jeweiligen Spalten. Neben jeder Nummer der Tabelle ist die entsprechende Bewertung einzutragen, auch wenn es eine Null ist.

Punktetabelle

	1 ______	2 ______	3 ______
	4 ______	5 ______	6 ______
	7 ______	8 ______	9 ______
	10 ______	11 ______	12 ______
	13 ______	14 ______	15 ______
	16 ______	17 ______	18 ______
	19 ______	20 ______	21 ______
	22 ______	23 ______	24 ______
	25 ______	26 ______	27 ______
	28 ______	29 ______	30 ______
	31 ______	32 ______	33 ______
	34 ______	35 ______	36 ______
	37 ______	38 ______	39 ______
	40 ______	41 ______	42 ______
	43 ______	44 ______	45 ______
	46 ______	47 ______	48 ______
Summen			
	BLAU	ROT	GRÜN

Die drei Farben

Tragen Sie die Endsummen der drei Spalten in die entsprechenden Farbkästchen ein.

Summen			
	BLAU	ROT	GRÜN

Fertigen Sie mit blauen, roten und grünen Buntstiften bzw. Filzstiften Ihre eigene Farbkarte mit Ihren Zahlen an (Abb. 2.2).

Achten Sie darauf, daß Sie die Farben unbedingt in die richtigen Kästchen eintragen (siehe die drei Beispiele in Abb. 2.1; die Farben sind dort schraffiert dargestellt).

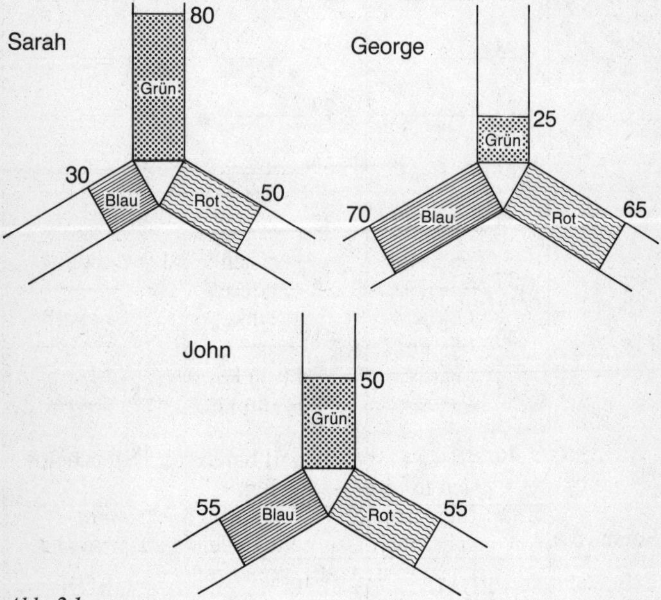

Abb. 2.1

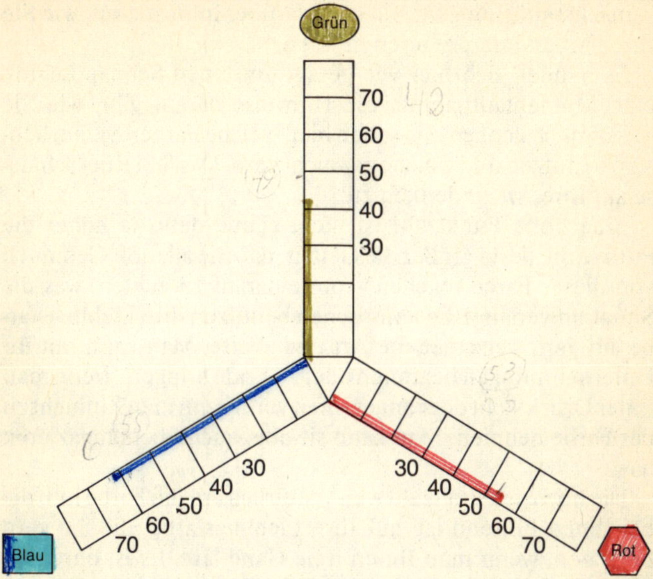

Abb. 2.2

70 und darüber	Sie machen allzuviel Gebrauch von dieser Farbe und verlassen sich auf diese eine zum Nachteil der anderen Farben.
61–69	Oft lassen Sie Ihr Denken von dieser Farbe bestimmen.
50–60	Höchstwahrscheinlich können Sie diese Farbe benutzen, wann immer sich das als nötig erweist.
41–59	Diese Farbe rangiert bei Ihnen wahrscheinlich unter ferner liefen.
40 und darunter	Sie vermeiden diese Farbe höchstwahrscheinlich. Das geht vielleicht sogar soweit, daß Sie sie völlig ignorieren.

Zunächst möchten wir Sie kurz darüber informieren, wie Sie Ihre Farben interpretieren müssen.

Es handelt sich hier wie gesagt um einen Schnappschuß, eine Momentaufnahme, die Hinweise darauf gibt, wie Sie gewöhnlich denken. Sie sehen hier, welche Farben Sie am liebsten benutzen und welche gar nicht gern. Das läßt Rückschlüsse auf Ihre Art zu denken zu.

Eine hohe Punktzahl ist nicht »gut«, denn je höher die Punktzahl, desto größer die Gefahr, daß Sie allzuoft Gebrauch von dieser Farbe machen – ohne darauf zu achten, was die Situation verlangt. Die Menschen benutzen ihre Lieblingsfarbe auf ganz verschiedene Art und Weise. Man kann mit ihr Unternehmungen beginnen oder zu Ende bringen. Wenn man unter Druck steht oder angegriffen wird, kann man Zuflucht zu der Farbe nehmen. Man kann sie aber auch überstrapazieren usw.

Die höchste Punktzahl weist natürlich auf die Farbe hin, die bei Ihnen führend ist, auf Ihre Lieblingsfarbe, die Sie gern benutzen, wenn man Ihnen freie Hand läßt. Es ist durchaus möglich, daß Sie mit Hilfe dieser Farbe am allermeisten leisten, auch wenn es hier beträchtliche Ausnahmen gibt. Wenn die Situation diese besondere Farbe Ihres Denkens tatsächlich erforderlich macht, haben Sie die Trümpfe in der Hand.

Die Bedeutung des Farbkodes

Alles, was Sie mit Ihrem Denken überhaupt bezwecken und ausrichten können, zeigt die simple graphische Darstellung von Abb. 2.3. Die drei Farben repräsentieren die grundlegenden Dimensionen Ihres gesamten Denkprozesses. Einem Kind erklärt man, alles sei »oben oder unter oder daneben«. Das trifft zu, wenn man einfache Gegenstände wie eine Schachtel oder ein Möbelstück beschreiben will, das eine enge Stiege hinaufgetragen werden muß, kommt jedoch auch bei höheren mathematischen Begriffen, der Topologie oder zum Erstellen von Landkarten, Modellen oder Hologrammen zur Anwendung. Die Analogie der Dimension erscheint uns besonders geeignet, denn Sie werden sehen, daß die Farbe, für die Sie sich in einem ganz bestimmten Augenblick entscheiden, für die Richtung steht, die Sie mit Ihrem Denken verfolgen.

Diese einfache Struktur umfaßt natürlich auch tiefer gehende, komplexe Ebenen, zu denen wir Sie ganz allmählich hinführen werden. Doch zu Beginn brauchen Sie sich nur diese drei Farben zu merken, um Ihren Geist zu erforschen. Sie werden sich besser an die graphischen Darstellungen erinnern, wenn Sie sie selbst mit Bunt- oder Filzstiften ausmalen.

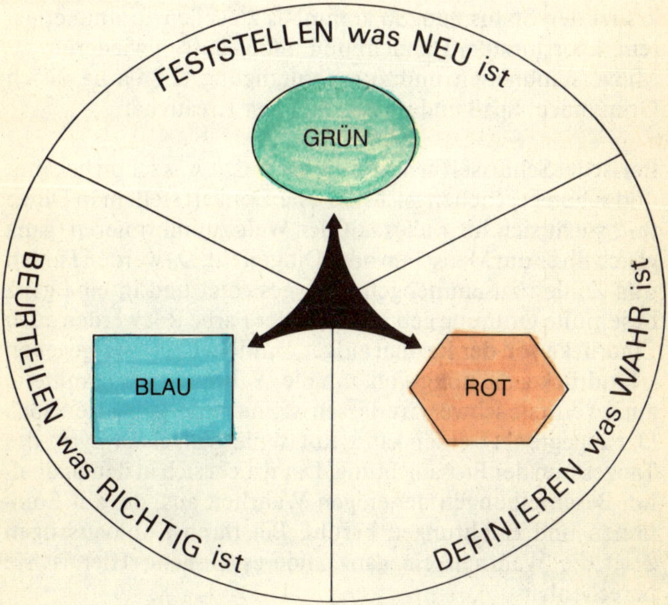

Abb. 2.3 Ganzheitliches Denken

Wodurch sich die drei Farben unterscheiden

Grün ist der Kode für das Unbekannte, die noch nicht realisierte Zukunft, die Möglichkeiten, die sich einmal bewahrheiten können, aber nicht müssen. Wenn man Grün ist, dann ist man kein Tatmensch. Dann benutzt man sein Gehirn, um mit Ideen zu jonglieren, die man verwirklicht oder auch nicht. Alle neuen Ideen entspringen Grünem Denken. Es handelt sich um divergentes Denken. Man ist als Grüner lateral bestimmt, voller Phantasie und Intuitionen, denkt ziemlich formlos, verrückt und sonderbar, weicht von der Norm ab, wirft alle Konventionen über den Haufen, bricht mit Gewohnheiten und spielt mit den Möglichkeiten. Das Grüne Denken orientiert sich nicht an dem Althergebrachten, Etablierten, denn es möchte etwas schaffen, was es noch nicht gibt. Das Grüne Denken durchkreuzt den Status quo. So kommt es zuweilen zu unüberlegtem, überstürztem Handeln und infolgedessen wiederum zu Mißverständnissen und zur Verdrängung der Farbe. Doch Grün macht Spaß und ist ein Quell der Kreativität.

Rot ist der Schlüssel für alles »was wahr ist«, was schon bekannt und schon geschehen ist. Mit dieser Denkart stellt man Dinge fest, sucht sich über alles auf der Welt zu informieren, ganz gleich ob es um Menschen oder Dinge geht. Da werden Fakten und Zahlen zusammengetragen, gesichtet und in eine ganz bestimmte Ordnung gebracht. Bei der Farbe Rot werden auch Eindrücke von der Realität aufgenommen und weitergegeben – Eindrücke, die nötig sind, um die Wahrheit zu übermitteln, auch wenn sie schwer zu erfassen ist und weder gemessen noch klar abgegrenzt werden kann. Rot ist die Wurzel der Lyrik, des Tanzes und der Prosadichtung. Das drückt sich in den bildhaften Beschreibungen derjenigen Wahrheit aus, die auf Emotionen und Erfahrungen beruht. Bei Ihren Kontoauszügen zeigt die Wahrheit ein ganz anderes Gesicht: Hier ist sie berechenbar.

Rotes Denken – Farbe der Kommunikation. Da spricht der Wunsch aus uns, uns einander mitzuteilen, miteinander in Berührung zu kommen, einander zu verstehen und durch den Austausch von Informationen jeglicher Art miteinander umzugehen.

Blau ist der Kode der »Meinungsbildung«, der Entschlußkraft, der Entscheidung. Wer Blau denkt, trifft Entscheidungen, macht aus seiner Meinung bestimmt keinen Hehl und hat auch zu allem eine Meinung. Wenn Sie Blau denken, verleiben Sie sich Informationen in Windeseile ein, entscheiden, was relevant ist, damit Sie sich eine Meinung bilden können und ein Urteil fällen, das Ihr Handeln dann bestimmt. Blau steht für konvergentes Denken. Wer Blau denkt, kreist die verschiedenen Möglichkeiten ein und bewegt sich auf den einzigen Punkt, die einzige Stelle zu, wo eine Entscheidung getroffen werden kann. Persönliche Werte und Überzeugungen sind die Voraussetzung dafür, daß man fähig ist, seine Wahl so schnell zu treffen. Wer Blau denkt, baut sich dazu auch ein Gerüst der Logik auf. Vernunftsgründe spielen eine große Rolle.

Blaues Denken bewirkt, daß etwas geschieht. Blau bringt Rot und Grün zusammen, um sie für seine Zwecke einzusetzen, es entscheidet, welche Ideen und Informationen relevant sind. Blau wägt ab und drängt darauf, zur Tat zu schreiten.

Intention

Jede Farbe beinhaltet einen anderen Aspekt der tiefen Intentionen Ihres Denkens. Die Farben sind zweckgebunden, auf ein bestimmtes Ziel gerichtet. Sie wählen Ihre Farbe danach aus, was Sie mit Ihrem Denken erreichen wollen. Wenn Sie sich für eine Farbe entscheiden, wenden Sie sich sozusagen von den anderen beiden ab, denn Sie streben etwas an, was Ihnen keine dieser beiden anderen Farben bieten kann. Wenn Sie Abb. 2.3 betrachten, können Sie sich vorstellen, daß Sie von der neutralen Position in der Mitte ausgehen. Dann folgen Sie einem der drei Pfeile und gehen nach außen. Das verhält sich immer so, aber den Menschen ist normalerweise nicht bewußt, wie sie ihren Verstand eigentlich benutzen.

Nachstehend stellen wir Ihnen ein paar kurze Fragen, um zu ergründen, was Sie mit Ihrem Denken wirklich bezwecken:

Ist es mein Ziel,
- einen neuen Zugang zu finden?
- eine neue Möglichkeit zu entdecken?
- auf eine neue Idee zu kommen?
- mit den alten Gewohnheiten zu brechen?

Sollte das der Fall sein, so wird Ihr Denken von Grünen Intentionen bestimmt. Diese werden durch das Symbol der Ellipse dargestellt.

Möchte ich feststellen, was vorgeht?
- wissen, was an Informationen zur Verfügung steht?
- herausbekommen, was die Leute wissen?
- mir Fakten und Zahlen einverleiben?

Wenn das der Fall ist, sind Rote Intentionen die Triebkraft. Diese werden durch das Symbol des Sechsecks dargestellt.

Möchte ich mir eine Meinung über die Dinge bilden?
- mir oder sonst irgend jemandem klarmachen, was am vernünftigsten wäre?
- die Ansichten und Meinungen anderer interpretieren?
- die Wirksamkeit oder Qualität abschätzen?

Wenn Sie das möchten, sind Ihre Blauen Intentionen bestimmend, die das Quadrat symbolisiert.

Selbstverständlich können Sie ähnliche Fragen auch anderen Menschen stellen, um sich über deren wahre Absichten klarzuwerden.

Wenn Sie denken, geschieht das immer über eine der drei Farben. Was für Gedanken Ihnen auch durch den Kopf gehen mögen – sie entspringen immer der tiefverwurzelten Absicht, entweder irgendeine neue Idee zu **Realisieren** oder wahre Informationen zu **Beschreiben** oder aber jemanden bzw. etwas zu **Beurteilen**. Wir haben mit Hunderten von Managern zusammengearbeitet und sie in diese Farbenlehre eingeführt. Daher wissen wir, wie die Menschen anfänglich zumeist auf diese Behauptung reagieren. Es gibt immer Leute, die zunächst einmal zu der Ansicht neigen, daß da gar nichts dran sei. Andere wiederum behaupten, es sei sonnenklar und bedürfe keiner Worte. Irgendwas muß also dran sein! Doch die Leute revidieren ihre verschiedenartigen Ansichten gern, sobald sie dann die Farben in die Praxis umsetzen und mit ihnen arbeiten. Natürlich bedeuten die drei fettgedruckten Wörter eine ganze Menge. Betrachten Sie sie bitte als ganz speziellen Jargon, als kurzgefaßte Fachausdrücke, die unseren Zwecken dienen.

Sie werden gleich verstehen, was wir meinen, wenn wir Ihnen sagen, daß zu jeder Farbe eine aktive und eine passive Methode gehört. Wenn Sie Rot denken, ist das Ziel zum Beispiel die Wahrheit. Ob Sie nun selbst die Wahrheit sagen oder darum bitten, daß man Ihnen die Wahrheit sagt – Sie denken Rot. Der Rote Teil Ihres Verstandes tritt damit in Aktion. Ganz gleich, ob Sie nun sprechen oder zuhören, geben oder empfangen, wissen oder feststellen. All das nennen wir kurz Beschreiben (darstellen). Wenn wir es Rot nennen, benutzen wir ganz eindeutig einen Fachjargon, einen Kode.

Wenn das Ziel – im Unterschied zur Gerechtigkeit oder Wahrheit – Klugheit ist, möchte man wahrscheinlich entweder etwas beurteilen oder aber überzeugen, also einen anderen Menschen dazu bringen, daß er sich der eigenen Ansicht anschließt und damit seine frühere Ansicht revidiert. Man kann gar nicht erst damit anfangen, jemanden überzeugen zu wollen, bevor man bereit ist, sich das Richtige zum Ziel zu setzen. So ist es recht und billig, daß beide Denkvorgänge als Blau angesehen werden müssen. Die Bedeutung dieser Tatsache für eine befriedigende Beweisführung und Diskussion ist offensichtlich.

Ähnlich verhält es sich bei dem Versuch, neue Ideen zu realisieren. Wir haben es dabei mit einer Grünen Intention zu tun. Und stoßen wiederum auf zwei Aspekte: die aktive Suche nach Ideen und die augenscheinlich passivere geistige Verfassung, in der wir die Bereitschaft zeigen, zuzuhören, etwas anzunehmen und in der wir Erkenntnisse begrüßen, von welcher Seite sie auch kommen.

	Geben	*Nehmen*
Rot	sagen zeigen	fragen/zuhören sehen/fühlen
Blau	überzeugen	einschätzen
Grün	suchen/forschen	Einsicht zeigen Verständnis begrüßen

Die Leute verwechseln gewöhnlich ›Wahr‹ und ›Richtig‹, genau wie sie Statements und Meinungen, Urteilskraft und wirkliches Wissen, Beobachtungen und Auslegungen durcheinanderbringen. Wir könnten dafür noch beliebig viele Beispiele anführen. Zunächst kommt vielleicht nicht klar heraus, daß das Neue der natürliche Feind des bereits als ›wahr‹ Bekannten ist und sogar noch mehr im Widerspruch zu den fest verwurzelten Vorstellungen steht, auf denen die Urteilsfähigkeit und der gesunde Menschenverstand naturgemäß basieren.

Aufgrund der für die Farbe Grün charakteristischen Art des Denkens unterscheiden sich die aktive und die passive Form zwar voneinander, sind aber immerhin vergleichbar. Wenn man in unserem Sinn etwas realisiert, so versucht man entweder ganz aktiv, einen Plan oder eine Idee in die Tat umzusetzen oder man ›empfängt‹ die Realisierung gleichsam (z. B. wenn einem eine Idee kommt). Ist letzteres der Fall, so handelt es sich nicht nur um passives ›Hören‹ (Warten auf die große Eingebung), sondern man ›hört ganz aktiv zu‹. Sie sehen also, daß Begriffe wie aktiv und passiv diese in verschiedene Richtungen weisenden Methoden nicht ganz genau umreißen. Außerdem fehlt Grün im Gegensatz zu Rot und Blau eine wesentliche Komponente: Grün ist im Umgang mit anderen Menschen nicht versiert. Die Art der Ideen und die Tatsache, daß der Mensch diese Ideen überhaupt hat, bewirken unausweichlich gelegentlich Probleme, wie wir noch sehen werden.

Die Farben versinnbildlichen die grundlegenden Intentionen, die ureigentliche Triebkraft des Denkens. Manchmal spielt sich das ganz bewußt ab, doch meistens ganz im Unterbewußtsein. Sie wirken sich auf die Denkrichtung aus. Diese drei Farben bestimmen auf einer tiefen Ebene alle Denkimpulse. All Ihre Gedanken entspringen diesen drei Farben. Das mag anmaßend oder bombastisch klingen – als bestünde ein Anspruch darauf, daß man während der Grün-Phase eine Eingebung hat, daß man während der Rot-Phase wirklich die Wahrheit sagt oder der Wahrheit auf die Schliche kommt und daß man schließlich während der Blauphase unbedingt im Recht ist. Ganz und gar nicht. Die Farben und das ganze

Modell der Denkvorgänge, auf das wir bei unseren Recherchen gestoßen sind, sagen ja nur etwas über Ihre Ziele aus, nicht aber darüber, ob Sie sie erreichen oder nicht. Die Farben zeigen Ihre innere Absicht, aber nicht unbedingt von außen sichtbare Ergebnisse. Natürlich besteht da ein Zusammenhang, sonst hätte es ja keinen Sinn, sich mit der unsichtbaren Ebene zu befassen, die unterhalb dessen liegt, was wir beobachten können. Der Zusammenhang ist der von Ursache und Wirkung.

Überlegen Sie einmal, was geschieht, wenn Sie sich als Kunde in einem Laden erkundigen, wie etwas funktioniert, was Sie gern kaufen möchten, z. B. eine Stereoanlage. Damit erbitten Sie Rote Informationen. Der Verkäufer gibt Ihnen vielleicht Auskunft, ebenfalls in Rot, und hat nicht die Absicht, Sie hinters Licht zu führen. Trotzdem ist die Auskunft vielleicht unvollständig, ungenau und zumindest irreführend, wenn auch nicht direkt unwahr. Sie überlegen es sich anders und kaufen das Gerät nicht. Villeicht gehen Sie in einen anderen Laden und kaufen etwas anders, um den Fehler bzw. Irrtum erst später zu entdecken.

Der Verkäufer kann sich voll in der Rot-Phase befunden haben, doch vielleicht war er noch jung, neu in der Branche, unerfahren. Deshalb kannte er die Wahrheit nicht, die nötig gewesen wäre, um das zu bewirken, was er sich zum Ziel gesetzt, sich ehrlich vorgenommen hatte. Wir sagen »ehrlich«, weil es unmöglich ist, während der Rotphase unehrlich zu sein. Denn die Farben bestimmen unsere **Intentionen**. Können Sie sich vorstellen, daß Sie wirklich etwas erzählt bekommen wollen, was nicht der Wahrheit entspricht, wenn Sie darum bitten, über eine Stereoanlage informiert zu werden? Möchten Sie vielleicht ein Telephonbuch, in dem lauter falsche Nummern stehen? Das wäre doch absurd.

Wer weiß am besten darüber Bescheid, wie die Stereoanlage funktioniert und was sie leistet? Der Fachmann der Herstellerfirma selbstverständlich. Als Fachmann dieser Firma kann er alles aus dem Gerät herausholen. Er kann die Anlage entsprechend der Akustik in Ihrem Wohnzimmer einstellen, die wiederum auch von den Möbeln abhängt. Er kennt sich mit sämtlichen Details aus und weiß auch, wie das Gerät im Vergleich zu ähnlichen Geräten der Konkurrenz abschneidet. Selbstverständlich kennt er auch die Mängel ganz genau. Wäre er an dem Tag im Laden gewesen, in dem Sie sich erkundigt haben, so hätte er Sie genauestens informiert. Aber nichtsdestoweniger...

Sie denken sich vielleicht, daß die Leute sie manchmal absichtlich in die Irre führen wollen, und daß sie sogar selbst hinters Licht geführt werden möchten. Wir wollen einmal mit der zweiten Möglichkeit beginnen. Es ist in der Tat möglich, daß es so manch einer vorzieht, nichts zu wissen und nichts zu erfahren. Das muß der Arzt erkennen, wenn es sich bei ganz bestimmten Patienten so verhält, das müssen sich die Fachleute bei bestimmten Managern sagen – auch ein Anwalt oder Buchhalter in bestimmten Situationen. Es gibt mehr Menschen als man sich träumen läßt, die ein Porträt vorziehen würden, das sie im besten Licht zeigt. Der gestrenge Oliver Cromwell dagegen, Anführer des Musterheeres der Puritaner, bestand auf einem ganz authentischen Porträt »mit Warzen und allem«. Wenn man die Wahrheit nicht hören will, befindet man sich nicht in der Rot-, sondern in der Blauphase. Man läßt sich von seinen Wertvorstellungen beeinflussen und urteilt dementsprechend. Manchmal sagen Wissenschaftlern die Ergebnisse nicht zu, die sie bei ihren Experimenten erzielen, weil sie nicht bestätigen, was sie sich erhofft hatten. Auf der Suche nach der Realität ist man verloren, wenn man sich etwas Bestimmtes erhofft und versucht, das Ergebnis zu beeinflussen.

Zurück zu dem Fachmann unserer imaginären Firma. Er ist natürlich daran interessiert, daß Sie ein Gerät dieser Marke kaufen. Kann es da nicht sein, daß er Sie belügen will, die Wahrheit ein wenig manipuliert oder zumindest etwas verschweigt, wovon er weiß, daß es sich nachteilig auswirken würde? – So gerät man leicht in ein Dilemma. Aber sobald Befangenheit, Vorurteile, persönliche Interessen, Wertvorstellungen und ganz subjektive Auffassungen deutlich werden, ist die Wahrheit der Rot-Phase in Gefahr. Ein guter Verkäufer weiß das und verhält sich entsprechend – sowohl zu seinem eigenen Besten als auch zum Besten des Kunden. Denn für den Kunden kann das viel problematischer sein als für ihn selbst. Der Kunde ist unter Umständen regelrecht besessen von der Annahme, daß ihm der Verkäufer nur das auftischen wird, was ihm und der Firma zum Vorteil gereicht. Da kommt es leicht zu einer Überreaktion, so daß er dem Verkäufer die Fakten und Zahlen nicht abnimmt, obwohl sie wirklich zutreffen und voll und ganz der Wahrheit entsprechen. Der Kunde glaubt dem Verkäufer vielleicht nicht einmal dann, wenn dieser zum Understatement neigt. Somit befindet sich der Kunde in einer Blauphase, der Verkäufer hingegen wird von der Farbe Rot geleitet – was sich natürlich katastrophal auswirkt.

Doch niemals zeigt sich der Unterschied zwischen Intention und Resultat so deutlich wie beim Grünen Denken. Will man mit Hilfe des Grünen Denkens ein Problem lösen, ist klar, daß das Bestreben, eine Idee zu haben, möglicherweise nicht mit dem Gedankenblitz belohnt wird, den man sich erhofft. Eingebungen kann man eben nicht erzwingen. Nicht ganz so offensichtlich ist das Problem, daß das Ergebnis Grünen Denkens vielleicht gar nicht unbedingt neu ist, daß vielleicht vorher schon jemand auf die gleiche Idee gekommen ist. Vielleicht ist die durch Grünes Denken ausgebrütete Idee auch gar nicht gut. Auch wenn man sich im Geist stundenlang mit einem Problem herumschlägt, kommt im Endeffekt vielleicht nichts Sinnvolles dabei heraus. Sie haben Grün gedacht, weil Sie die Absicht hatten, auf etwas Ungewöhnliches zu kommen, die Dinge aus einem anderen Blickwinkel zu sehen, einen Ausweg zu finden o. ä.

Betrachten Sie Abb. 1.2 im 1. Kapitel noch einmal. Jetzt, da Sie Ihre eigene tabellarische Übersicht haben, erkennen Sie auch die Bedeutung der untersten Ebene, die die Triebkraft der ganzen Kettenreaktion ist. Die Farben Ihres Geistes sind die Wurzeln des Prozesses, der dazu führt, daß Sie zur Tat schreiten und Ergebnisse erzielen.

Die drei Farben sind bei allen Menschen in unterschiedlichen Zusammensetzungen vorhanden, was bewirkt, daß die

Menschen ganz unterschiedlich denken. Jemand, der Rot vorzieht, dem Blau dafür weniger liegt und Grün schon gar nicht, denkt ganz anders als ein Mensch, dem Grün am meisten liegt, Rot dafür weniger und Blau ebenfalls nicht. Das kann von Vorteil sein, kann sich aber auch katastrophal auswirken. Es kommt ganz darauf an, wie gut die Menschen ihre Farben in den entsprechenden Situationen einsetzen. Später werden wir viel mehr darüber sagen, doch jetzt müssen Sie erst einmal genauer wissen, was die Farben bedeuten. Und Sie müssen lernen, Ihre eigenen Zahlen auszuwerten.

Der Richtungskonflikt

Die Intentionen der Menschen bestimmen grundlegend, wie sie die Dinge angehen und wie sie sich anderen Menschen gegenüber verhalten. Wenn sie eine Vorliebe für eine Farbe haben, bestimmt diese Farbe gewöhnlich ihr Denken, ganz gleich, in welcher Situation sie sich befinden. So reagieren sie zunächst einmal. Wenn es wirklich darauf ankommt, bestimmt diese Farbe ihr Denken. Vielleicht ist die Farbe für sie auch schon eine dauernde geistige Haltung – so wie die Menschen eine ganz bestimmte körperliche Haltung annehmen, die typisch für sie ist – man kann ja einen Bekannten schon an seinem Gang erkennen oder an der Art, wie er sitzt oder steht – auch wenn man ihn ansonsten nicht so deutlich sieht.

Abb. 2.3 zeigt, daß die drei Kräfte zur Erlangung von Originalität, Wahrheit und Richtigkeit naturgemäß in ganz entgegengesetzte Richtungen weisen. Die Wahrheit müssen wir an dem messen, was wir bereits wissen, was wir sehen, fühlen und messen können. Sie tritt in Form von Beweisen an uns heran, die sich überprüfen lassen. Oder verifizieren, um es mit einem Fremdwort auszudrücken. Veritas ist das lateinische Wort für Wahrheit. Die Wahrheit muß sich uns in erkennbarer Form präsentieren, damit wir sie benennen, katalogisieren und in eine Schublade unseres Gedächtnisses, unseres Erinnerungsvermögens pferchen können. Dadurch steht Rot im Widerspruch sowohl zu Blau als auch zu Grün, aber auf verschiedene Art und Weise.

Die Grüne Kraft in uns hält immer Ausschau nach neuen, originellen Dingen. Bei Grün gilt es als Pluspunkt, wenn noch nichts bekannt ist. Wenn es schon allseits bekannt und zum Gemeinplatz geworden wäre wie bei Rot, so wäre es ja schließlich nicht mehr neu. Grün bezieht seine neuen Ideen in der Tat zum Teil dadurch, daß es bereits Vorhandenes völlig umkrempelt oder zumindest einen oder mehrere Aspekte in seinem Sinne umwandelt. Wie, Sie wünschen eine ganz neuartige Uhr? Gar nicht weiter schwierig, hängen Sie sie sich einfach umgekehrt um den Hals. Für irgend jemanden ist das dann schon von Nutzen, vielleicht für einen Akrobaten oder eine Krankenschwester (vielleicht wäre es ganz interessant, sich einmal zu fragen, warum nicht mehr Menschen ihre Uhr so tragen. Ist doch irgendwie ganz praktisch – ein ganz neuer Aspekt der Uhren- und Schmuckindustrie).

Die Blauen Kräfte begünstigen Entscheidungen und bringen alles gern zum Abschluß. Blau weiß, was ihm gefällt. Aufgrund dieses Vertrauens in seine Urteilsfähigkeit schiebt Blau alles beiseite und setzt sich über alles hinweg, wenn die Lage kritisch ist und unbedingt gehandelt werden muß. Blau diktiert Rot, welche Fakten wichtig sind und neigt dazu, Daten zu ignorieren, die nicht in dieses Schema passen. »Ich sehe, was ich sehen will und lehne ab, was ich nicht glaube. Die Zahlen können gar nicht stimmen, wenn man sie nicht mit meinem Rezept in Einklang bringen kann. Wenn keine Zeit mehr bleibt, erschöpfend Auskunft einzuholen, werde ich trotzdem meine Entscheidung treffen. Verwirrt mich nicht mit weiteren Fakten. Mein Entschluß steht fest.« Stellen Sie sich einmal vor, wie sich diese hoheitsvolle anmaßende Einstellung auf den Stolz von Rot auswirkt. Die Roten Kräfte bemühen sich ständig um möglichst eingehende Informationen, je mehr desto besser. Rot erklärt sich bereit, die anmaßenden Wünsche von Blau zu erfüllen, ist aber wie jeder gute Bedienstete verstimmt, wenn man das mit soviel Mühe zubereitete Essen einfach stehenläßt, weil die Zeit fehlt, es richtig zu genießen.

Es hat sich schon gezeigt, daß Grün die von den Roten Kräften zusammengetragenenen Fakten ummünzt oder verstümmelt und praktisch davon zehrt. Grün steht auf dem Standpunkt, daß das ja nur gut gemeint ist und einer guten Sache dient. Grün will ja damit eine neue Version der Wirklichkeit erreichen. Das Wort › Realisieren ‹ bedeutet einmal, zu einer neuen Realität zu gelangen, einer Realität, die über das bereits Sichtbare hinausgeht. Diese Einstellung ist unter Umständen der Feind von Blau. Blau hat seine eigenen Wertvorstellungen und unterliegt auch den gesetzmäßigen Grundsätzen in Form von Logik und Vernunft. Blau erklärt sich nur mit Dingen einverstanden, die den Maßstäben der ›Richtigkeit‹ und Korrektheit voll und ganz entsprechen. Dieser junge Emporkömmling namens Grün kann keinesfalls geduldet werden. Man muß ihn kleinkriegen und zum Gehorsam zwingen. »Deine neue Idee ist völlig unbrauchbar, denn sie stellt in Frage, woran wir schon seit Urzeiten glauben.« Es bringt Blau unter Umständen noch mehr gegen Grün auf, daß sich Grün meistens zu nichts verpflichtet fühlt. Denn wenn man eine neue Idee hat, legt man sich ja nicht gern Einschränkungen auf durch die Notwendigkeit, daß die Idee auch *gut* sein muß, weil sie sonst eine Totgeburt oder schon im Keim erstickt ist. Grün operiert also zunächst einmal herrlich frei und ungezwungen und schert sich weder um die Wahrheit (Rot) noch um die Richtigkeit (Blau). Das ist für Rot schon unangenehm genug, doch Blau empfindet das sogar als richtig unmoralisch. Grün wird wiederum oft ungeduldig angesichts der Tatsache, daß Rot auf Realismus und Akkuratesse besteht. Es bedrückt Grün außerordentlich, daß sich Blau gegen jede Neuerung zur Wehr setzt.

Wenn man sich all das vor Augen hält, so hat es den Anschein, als könnten sich die Farben niemals richtig einig werden, niemals auf einen gemeinsamen Nenner kommen. Die Farben sind ja grundverschieden und zielen in entgegengesetzte Richtungen. Wäre der Mensch nicht wunderbarerweise ein geselliges Wesen, so würden wir alle immer nur in verschiedene Richtungen auseinanderstreben, solange wir nicht zufällig einmal zur gleichen Zeit bei der gleichen Farbe landen. Leider befinden wir uns tatsächlich oft in unterschiedlichen Farbphasen. Dann sieht es ganz danach aus, als gäbe es keine Verständigungsmöglichkeit und bei Besprechungen kommt einfach nichts heraus. Aber die menschliche Fähigkeit, Unterschiede zu überbrücken und Aufgaben gemeinsam anzugehen, kann bewirken, daß es zu einer Zusammenarbeit der Farben kommt. Ein harmonisches Ganzes entsteht, eine Einheit, die mehr ist als die Summe der einzelnen Bestandteile. Die dynamischsten und fruchtbarsten Ehen und geschäftlichen Beziehungen können auf diesem Prinzip beruhen. Natürlich muß jeder einzelne erkennen und verstehen, daß der Verstand der anderen ganz anders funktioniert und arbeitet.

Eben dieser Unterschied zwischen all den Farben ermöglicht es Ihnen, ungeheuer flexibel zu Werke zu gehen, vorausgesetzt Sie sind fähig, jede Situation genau richtig einzuschätzen und sich entsprechend darauf einzustellen. Wenn Sie erst einmal begriffen haben, daß Ihr Geist bzw. Ihr Verstand ganz unterschiedlich arbeitet, können Sie sich genauer auf seine Stimmungen, seine Gedankengänge, seine Machenschaften und seine Verwirrtheit einstellen, so daß Sie die Oberhand behalten und alles kontrollieren können. Oder Sie lassen Ihrem Geist freien Spielraum, lassen die Gedanken einfach schweifen - je nachdem, was die Situation erfordert.

Die treibende Kraft

Im allgemeinen haben die meisten Menschen eine Farbe, die die treibende Kraft verkörpert (die höchste Zahl Ihrer Tabelle). In diesem Fall können Sie die anderen Farben als Neben- oder Stützfarben, aber auch als Nachzügler oder zweitrangige und vernachlässigte Farben ansehen (Ihre niedrigste Zahl). (Siehe Abb. 2.4).

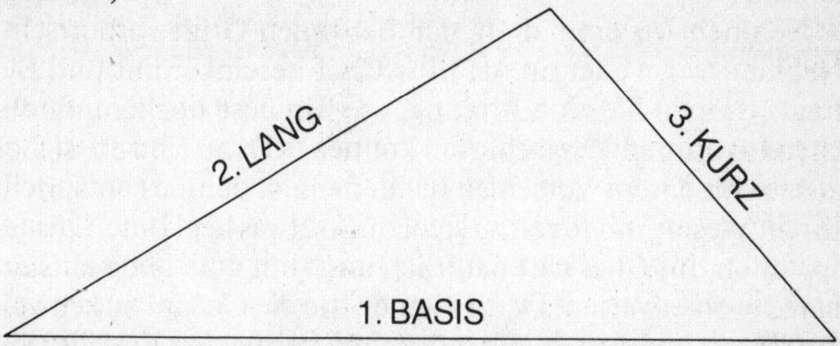

Abb. 2.4 Dreieck der treibenden Kräfte

Die Tragweite der verschiedenen Verhaltensmuster bei den Menschen ist noch gar nicht abzusehen. Später werden wir genauer erklären, wie sich die Farben, die die treibende Kraft eines jeden Menschen sind, auf Ihr Verhältnis zu Ihren Mitmenschen und auf Ihre Arbeit auswirken. Im Grunde genommen sind alle Farben in größerem oder kleinerem Umfang ständig in Aktion. Sie haben in den seltensten Fällen rein Grüne Intentionen, ohne daß Rot und Blau dabei auch eine Rolle spielen. Es ist sehr hilfreich, wenn man die Farben als getrennte Einheiten betrachtet, doch sie sind stets alle vorhanden – sowohl in unserem Kopf als auch bei den Aufgaben, die wir angehen. Keine der Farben fehlt je ganz. Es handelt sich vielmehr um eine Art Kaleidoskop, bei dem die einzelnen Schattierungen fast unmerklich ineinander übergehen. Die Farbebenen überdecken sich oder sind ineinander verwoben.

Aus praktischer Sicht ist es jedoch wichtig, daß man erkennt, welcher der Farben die Hauptrolle spielt, welche die treibende Kraft ist. Man sollte sich auch fragen, in welcher Reihenfolge die beiden anderen Farben auftreten. Und halten Sie sich das Dreieck der treibenden Kräfte stets vor Augen. Es ist ein großer Unterschied, ob Blau die Triebkraft von Rot und Rot wiederum die Triebkraft von Grün ist oder ob Blau an erster Stelle steht und Grün den Anstoß gibt, während Rot das Schlußlicht bildet. Der Geist scheint dieses Kräftedreieck oft ganz spontan zu verwandeln, doch Sie können die Oberhand behalten, so daß die Entscheidung ganz bei Ihnen liegt. Sehr wichtig ist es auch, daß man erfaßt, wie andere Menschen mit ihrem Kräftedreieck verfahren.

Nehmen wir einmal an, daß bei Ihnen Grün vorherrscht. Nehmen wir weiter an, daß Ihr Chef hereinkommt und Sie fragt: »Haben Sie eine Ahnung, wie wir diese hochempfindlichen Instrumente verschicken können?« Dann sind Sie sicher gleich mit einem Vorschlag bei der Hand, denn es entspricht Ihrem Wesen, mit Ideen zu spielen. So etwas liegt Ihnen ausgesprochen. Ihr Chef darf natürlich nicht nur gute und realisierbare Ideen erwarten. Dann können Sie die Gedanken schweifen lassen und haben alle möglichen verrückten Einfälle. Sie sagen sich ganz zuversichtlich, daß Ihnen nur genug einzufallen braucht. Irgend etwas wird sich dann schon in die Tat umsetzen lassen. Wenn Ihr Chef Sie gerade deshalb schätzt, weil Grün bei Ihnen überwiegt, wird er Ihre natürliche Begabung gut zu nutzen wissen.

Aber was geschieht, wenn die Situation eine andere Farbe verlangt? Wenn Ihnen das bewußt ist, werden Sie entsprechend reagieren. Wenn Sie es aber bei der erforderlichen Farbe nur auf eine niedrige Punktzahl gebracht haben, ziehen Sie wahrscheinlich den Kopf ein und gehen der Sache lieber aus dem Weg.

Wenn der Chef also in diesem Fall hereinkommt und Sie bittet: »Verraten Sie mir mal, wie wir gewöhnlich empfindliche Geräte verschicken. Ich muß mir mal überlegen, wie wir das in Zukunft handhaben sollten«, so könnten Sie versucht sein (da Grün bei Ihnen dominiert), ihm Ihre Idee zu offerieren. Er ist jedoch auf Rote Informationen aus. Ihr Chef könnte verärgert sein. Ihre Ideen wären in seinen Augen alles andere als produktiv. Wenn Sie es in Ihrer Tabelle bei Rot nur auf einen niedrige Punktzahl gebracht haben, fühlen Sie sich nicht sonderlich angesprochen, wenn Ihr Chef von Ihnen klare Auskünfte verlangt. Wenn jemand einem anderen niemals das bieten kann, was dieser wünscht, braut sich unweigerlich etwas zusammen.

Jemand, bei dem Blau dominiert, hätte unter den gleichen Umständen vielleicht nur die zweite Hälfte der Frage des Chefs mitbekommen, denn für Blau wiegt weit schwerer, wie etwas sein *sollte*. Wie die Instrumente *tatsächlich* verschifft werden, fällt für Blau nicht so ins Gewicht. Blau wird wahrscheinlich mit einer wohldurchdachten Begründung ankommen und erklären, warum die gegenwärtige Versandart gar nichts taugt, vielleicht auch bestimmte Versandaspekte kritisieren. Er wird womöglich sogar ein besseres Verfahren vorschlagen, das ihm zusagt, ohne die Fakten gründlich zu überprüfen. Der Chef hat in der Tat zwei Botschaften übermittelt, zunächst eine Rote und dann eine Blaue, weil er Fakten haben möchte, bevor er sich entscheidet. Aber Menschen, bei denen Blau dominiert, oder die sich in einer Blauphase befinden, neigen allzuschnell dazu, eine blaue Lösung vorzuschlagen.

Wenn Sie Ihr Dreieck der treibenden Kräfte kennen (oder

das von anderen Leuten), so ist das eine große Hilfe, denn im allgemeinen entwickeln die Menschen großes Geschick im Umgang mit den bevorzugten Farben, weil sie die entsprechenden › geistigen ‹ Muskeln weit mehr benutzen als die übrigen. Das wiederum bestärkt sie in ihrer Vorliebe und bewirkt, daß sie sich noch mehr auf die Farben stützen, die die treibende Kraft in ihnen sind. Und dadurch kann das Ausmaß ihrer Entwicklungsfähigkeit begrenzt werden. Mit welcher Situation sie auch immer fertigwerden müssen – sie gehen immer nach dem gleichen Verhaltensmuster vor. Die Anordnung der Farben, die die Denkintention bestimmen, bleibt ziemlich gleich. Wenn Ihr kleiner Sohn zu Weihnachten nur ein einziges Werkzeug bekommt – nämlich einen Hammer – wird für ihn wahrscheinlich alles, was ihm unter die Augen kommt, zum Nagel!

Wir wissen schon, daß jemand, bei dem Grün dominiert, dazu neigt, in jeder Lage neue gedankliche Verbindungen zu schaffen. Das ist die treibende Kraft in ihm. Ein Grüner würde sagen »Wir könnten das noch hinzufügen...«, »Das ist wie...«, »Ich sehe da eine Möglichkeit. Wir könnten noch...«, »Da besteht eine Verbindung zu...«, »Müssen wir uns wirklich mit diesen Einschränkungen abfinden?«, »Ich möchte wetten, daß es da einen Ausweg gibt«, »Wie wäre es denn, wenn wir die Sache von einem anderen Blickwinkel aus angingen?«, »Wie könnten wir das anders machen.«

Wenn wir genau hinschauen, sehen wir, daß die Macht der treibenden Kraft auch auf die Art und Weise abfärbt, in der die anderen Farben zur Anwendung kommen. Bei einem Grünen Menschen zeichnet die Kraft von Grün vor, wie Blau und Rot zur Anwendung kommen. Selbst wenn so ein Grüner die Wahrheit anstrebt (Rot), so ist der Forschergeist von Grün stets gegenwärtig und wird in das Rote Denken unbedingt mit eingebracht. Grün unterstützt und untermauert Rot, kann es aber auch überdecken und überwältigen.

Ein Beispiel: Sie könnten sagen: »Mitten in unserem Vorort wird ein neuer Supermarkt gebaut...« (Rot) und das Projekt dann mit der Autostraße M 25 um London herum vergleichen (Grün): »Das ist genau das Gleiche. Das Verkehrsaufkommen wird steigen. Alles wird sich dann hier drängeln, was bisher nicht der Fall war. Es wird ein Verkehrschaos geben. Mit der Lebensqualität ist es dann im weiten Umkreis aus.«

Mit einem solchen Vergleich wird die Rote Behauptung sofort mit einer Grünen Idee untermauert. Im Gegensatz dazu hätte jemand, bei dem Rot die treibende Kraft ist, vielleicht lediglich von der Tatsache berichtet und noch ein paar weitere Fakten hinzugefügt (wie groß der Supermarkt wird und wann er fertig sein soll), ohne noch irgendwelche ungewöhnlichen Gedankenverbindungen herzustellen. Die Gedankenverbindung ist offensichtlich ungewöhnlich, denn die schlauen Planer sind nicht darauf gekommen!

In beiden Fällen – sowohl bei dem Roten als auch bei dem Grünen Menschen – muß die Intention, die Triebkraft Rot sein. Es muß also die Absicht bestehen, die Wahrheit zu sagen. Doch der Grüne fügt der roten Aussage noch einen Vergleich hinzu (typisch grün). Sie werden erkennen, daß Grüne alles möglichst anschaulich darstellen, um anderen ihren Standpunkt klarzumachen. Die Roten hingegen halten sich mehr an die augenscheinliche unmittelbare Realität dessen, was sie vermitteln möchten. Wir wissen selbstverständlich alle, daß das eine Frage der Persönlichkeit ist. Vermischen sich die geistigen Gewohnheiten (Prozeß) mit der Lebenserfahrung (Daten) eines Menschen, so entsteht die einzigartige Farbe einer Persönlichkeit.

Prozeß versus Daten

In diesem Buch wenden wir die Begriffe › Daten ‹ und › Prozeß ‹ zuweilen auf eine Art und Weise an, die den Lesern nicht unbedingt vertraut ist. Dazu möchten wir kurz sagen, daß wir mit Daten Ideen, Informationen und Werte bezeichnen, die als »Gedanken« behandelt werden können. Den Begriff Prozeß benutzen wir, um auszudrücken, wie die Daten verarbeitet bzw. behandelt werden. Daten sind also das, *was* man weiß. Prozeß bedeutet, *wie* man an die Daten kommt und wie man damit umgeht. Oder um einen Vergleich aus dem Bereich der Sprache zu gebrauchen: Die Daten lassen sich mit Subjekten, Substantiven und Objekten vergleichen, der Prozeß hingegen mit den Verben. Das macht es leichter, die Daten als etwas zu sehen, das sowohl die Rohmaterialien als auch die Produkte Ihrer Denkfabrik einschließt. Der Prozeß dagegen beinhaltet, was in dieser Denkfabrik des Geistes vorgehen muß, um die Rohmaterialien zu erlangen und sie in die Endprodukte umzuwandeln. Der Prozeß ist es, der »den Wert hinzufügt«. Die Richtungen, Wege und Vorgehensweisen unserer geistigen Fabrik werden von unseren Intentionen gelenkt und angetrieben, die alles mit Farbe beleben, was wir angehen (Abb. 2.5).

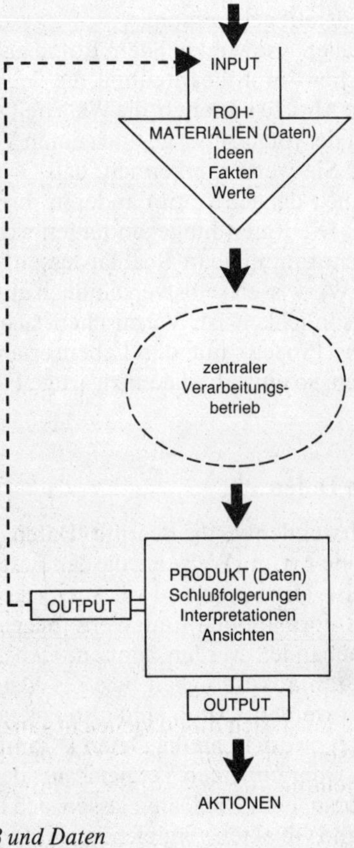

Abb. 2.5 Prozeß und Daten

Viele Menschen werden sich beim Älterwerden der Tatsache bewußt, daß sie ihre Fähigkeiten nicht mehr hinreichend nutzen können. Sie fühlen sich immer eingeengter und unternehmen alle möglichen Schritte, um ihren Horizont wieder zu erweitern.

Manche treten eine neue Stellung an, in der ihr Denkvermögen mehr gefordert wird, und die ihnen neue Wege weist. Ihre Bedürfnisse beziehen sich nicht einfach auf neue Daten (Fernseher verkaufen anstatt Waschmaschinen). Sie wollen die Anforderungen, die an ihren Denkprozeß gestellt werden, wirklich von Grund auf verlagern, so daß sie z. B. vom Verkauf zum Marketing überwechseln oder von der Produktion in die Personalabteilung. Buchprüfer satteln um und üben hinfort eine Beratertätigkeit aus. Oft bleiben diese Leute sogar bei derselben Firma und wechseln nur die Abteilung. Damit ändern sich natürlich auch die Daten, doch das ist nur eine Folge davon, daß sich der Prozeß ändert. Die Triebkraft eines Jobs bzw. einer Stellung kann man durch eine Farbanalyse feststellen. Dadurch eröffnen sich Stellungssuchenden ganz neue Möglichkeiten, ihre Denkfähigkeit richtig einzusetzen und etwas Passendes zu finden.

Ein anderer Aspekt des Stellungswechsels zeigt sich, wenn jemand die Erfolgsleiter erklimmt, die er sich ausgesucht hat und oben angelangt ist. Die höchsten Stellungen in einem Beruf verlangen ganz andere Farbtriebkräfte als die Stellungen, die jüngere Leute innehaben und die auf einer anderen Ebene liegen.

Es ist durchaus möglich, daß jemand aufgrund seiner Denkart da nicht hineinpaßt. Zwischen einem jungen Buchhalter und einem älteren Topmanager im Finanzwesen können Welten liegen. Auch zwischen einem jungen Techniker und einem älteren, studierten Diplomingenieur kann ein enormer Unterschied bestehen. Wenn Sie sich in dieses Modell der Farben vertiefen, erschließen sich Ihnen vielleicht ganz neue Aspekte, und Sie erfassen, wie man die Frage der Selektion und Eignungsfeststellung für bestimmte Stellungen am besten angeht.

Manche Menschen arbeiten an ihren geistigen Prozessen

und versuchen, aufgeschlossener zu werden, indem sie ihre Freizeit neu gestalten. Sie möchten ganz entspannt und auf eine nie gekannte Art und Weise mit ihrem Denken, ihren geistigen Fähigkeiten ›jonglieren‹. Das sehen sie als sicheren Weg zur Weiterentwicklung und Selbstverwirklichung an. Sie halten es für zu riskant, ihre seltener benutzten geistigen Muskeln dem grellen Licht der erbarmungslosen Welt der Arbeit auszusetzen. Das ist wohl ein weiser Entschluß. So können diese Leute ihre Fähigkeiten in dem ihnen gemäßen Tempo pflegen und mehren.

Eine Frau hat einen anderen Weg eingeschlagen. Sie hat sich dazu entschlossen, ihre Denkfähigkeit innerhalb des Familienkreises auszubauen. Sie war stark Blau und Rot betont und wollte ihre Grünkomponente erweitern. Sie nahm sich vor, bei Zusammenkünften der Familie, bei denen Pläne gemacht werden sollten, nicht in ihre übliche Blaue und Rote Denkweise zu verfallen und sich nicht wie bisher dafür verantwortlich zu fühlen, daß alles reibungslos klappte.

Sie wollte sich bemühen, ihr Grün-Denken mehr zu kultivieren. Deshalb brachte sie absichtlich Ideen und Anregungen, Alternativen aufs Tapet. Es machte ihr große Freude, einmal »bar jeder Verantwortung« zu sein und ihre Energie nicht wieder in die rein sachbezogenen, pragmatischen Aspekte der Planung zu stecken.

Sie ›übte‹ sich darin, Ideen einzubringen. Mit der Zeit konnte sie dann feststellen, daß ihr die Ideen ganz von selbst kamen. Das machte sich allmählich auch in ihrer Stellung im Büro bemerkbar. Zur Verwunderung ihrer Kollegen sah man sie jetzt als diejenige an, die die besten Ideen hatte und nicht mehr nur als die treue Seele, bei der man sich darauf verlassen konnte, daß die Arbeit zur Zufriedenheit erledigt wurde. Das brachte ihr sogar eine Beförderung ein. Dadurch, daß sie ihren Denkprozeß erweitert hatte, war sie jetzt für eine andere Arbeit noch viel geeigneter.

Bei dieser neuen Arbeit kam es darauf an, Grün zu denken. Sie hatte sehr gewonnen, was ihre persönliche Entwicklung anging. Im Beruf war sie jetzt viel zufriedener, und auch finanziell zahlte sich das selbstverständlich aus.

Fragen, die auftauchen könnten

- Inwiefern schränken die dominierenden Farben der Menschen deren Leistung ein bzw. steigern sie - im Beruf, zu Hause und im Hinblick auf die zwischenmenschlichen Beziehungen?
- Wie kann man diese Grenzen überwinden, so da man seine Kräfte sinnvoll anwenden kann?
- Ist es von Vorteil oder Nachteil, wenn einem eine treibende Kraft innewohnt?
- Wie kann man die berufliche Triebkraft mit der Triebkraft im Hinblick auf die Denkart eines Menschen in Einklang bringen?
- Wie stellt man es an, den Anwendungsbereich seiner Farben ständig zu erweitern - durch Übung, Bewußtmachen, Weiterentwicklung, Stellungswechsel, Freizeitgestaltung etc.?
- Gibt es bestimmte Methoden, nach denen man sofort erkennt, mit welcher Triebkraft man welchen Aufgaben am besten gerecht wird?
- Kann man die treibende Kraft bei verschiedenen Menschen einwandfrei feststellen, ohne daß man sie einschätzt oder testet?
- Kann man irgendwie feststellen, welches die treibende Kraft bei der Freizeitgestaltung ist?
- Gibt es eine gute Methode, Gruppen von Leuten so zusammenzustellen, daß sich ihre treibenden Kräfte ergänzen, wenn es gilt, einer Aufgabe gerecht zu werden?

Wenn Sie dieses Buch ausgelesen haben, können Sie hoffentlich zumindest einen Teil dieser Fragen beantworten.

Verstehen Sie die Farben?

Bisher haben wir uns mit der Bedeutung des Farbkodes befaßt. Es ging darum, was die einzelnen Farben bedeuten und wodurch sie sich voneinander unterscheiden. Somit verfügen Sie jetzt über eine Sprache, die jeden Aspekt Ihres Denkens einschließt.

Stellen wir die Behauptung, Ihr gesamtes Denken werde durch die drei Farben repräsentiert, einmal auf die Probe. Es folgt eine Reihe von Sätzen, die jeder in jedem beliebigen Gespräch einfließen lassen könnte. Versuchen Sie doch einmal, jedem dieser Sätze eine Farbe zuzuordnen. Kreuzen Sie nur an, in welche Spalte die einzelnen Sätze Ihrer Meinung nach gehören.

BLAU	ROT	GRÜN	
			1. »Kommen Sie gut voran?«
			2. »Haben Sie gesagt, Sie würden kommen?«
			3. »Genau das ist passiert.«
			4. »Ich glaube Ihnen einfach nicht.«
			5. »Kaufen Sie es doch, es steht Ihnen so gut.«
			6. »Versuchen wir es doch, indem wir Jim schreiben.«
			7. »Und was ist, wenn die Mädchen zu spät kommen?«
			8. »Vielleicht sollten Sie als › Unsichtbarer ‹ gehen.«
			9. »Versuch doch bitte um meinetwillen, auf die Messe zu gehen.«
			10. »Erzähl mir bloß nicht, daß du einen Fehler gemacht hast!«
			11. »Ich hatte gehofft, inzwischen wegzukommen!«
			12. »Das sieht dir wieder mal ähnlich, mir das in letzter Minute noch aufzuhalsen.«
			13. »Kann man das nicht mit Klebeband flicken?«

Würden manche dieser Sätze Ihrer Meinung nach in mehr als eine Spalte passen? Kennzeichnen Sie die Alternative durch ein Fragezeichen. Waren auch Sätze darunter, die Sie nicht einzuordnen wußten? Wir haben die Sätze den drei Farben folgendermaßen zugeordnet:

1. Rot	4. Blau	7. Grün	10. Blau	13. Grün
2. Rot	5. Blau	8. Grün	11. Rot	
3. Rot	6. Grün	9. Blau	12. Blau	

Bei dieser Zuordnung haben wir uns nach der Absicht gerichtet, die hinter jedem dieser Sätze steht. Wir haben sie uns schließlich ausgedacht. Da wissen wir natürlich, was dahintersteckt. Bei Unterhaltungen, ja generell bei allen sprachlichen Äußerungen, seien sie mündlich oder schriftlich, kann man nicht mit Sicherheit sagen, welche Absicht dem Gesprochenen oder Geschriebenen zugrundeliegt. Meistens ergibt sich aus dem Zusammenhang, welche Intention dahintersteckt. Darüber gibt uns der Klang der Stimme Aufschluß oder auch die Zeichensetzung, eventuell bei Schriftlichem. Doch da kann man sich leicht täuschen. Die Farben bieten Ihnen die Möglichkeit, die Absicht eines Menschen zu durchschauen, vor allem, weil sie sie veranlassen, diese zu hinterfragen.

Nehmen wir zum Beispiel den Satz Nr. 13 »Kann man das nicht mit Klebeband flicken?«. Wenn der Sprecher Grüne Intentionen hat, sucht er nach einer neuen Lösung, fühlt sich aber noch zu nichts verpflichtet. Trotzdem sieht er darin eine Möglichkeit, das Problem zu lösen. Es könnte jedoch auch sein, daß die treibende Kraft des Sprechers Blau ist. Dann bedeutet dieser Satz: »Ich stehe auf dem Standpunkt, daß es mit Klebeband geflickt werden kann. Tun wir das also.« Der Sprecher, der sich in der Grün-Phase befindet, macht einen Vorschlag, in der Blau-Phase legt er sich fest und plädiert dafür, den Vorschlag in die Tat umzusetzen, weil sein Entschluß feststeht. Er sagt sich, daß es funktionieren wird.

Diese beiden Intentionen wirken sich praktisch ganz verschieden aus. Bei Grün ist der Sprecher durchaus bereit, Zeit dafür aufzuwenden, über weitere Möglichkeiten nachzudenken, doch bei Blau kann er es kaum erwarten weiterzumachen und ist voller Ungeduld. Wenn Sie das verkennen und annehmen, er befände sich in einer Grün-Phase, während in Wahrheit Blau dominiert, treiben Sie ihn auf die Palme, indem Sie sich selbst Grün gebärden und alle möglichen Vorschläge dazu machen, wie man den reparaturbedürftigen Gegenstand wieder flicken könnte. Wenn Sie zu den Menschen gehören, bei denen Grün dominiert (das ist ja aus Ihrer Tabelle ersichtlich), so würden Sie höchstwahrscheinlich ganz genau das tun.

Stellen Sie sich einmal ein Gespräch vor, bei dem er als Blauer sagt: »Wäre es nicht möglich, es mit Klebeband zu flicken?« Worauf Sie als Grüner erwidern: »Ich würde es gern mit Kleister versuchen oder mit Elastoplast. Vielleicht klappt es auch mit Spucke – oder Kaugummi.«

»Puh!« würde er stöhnen, während Sie nur so übersprudeln und ständig neue Ideen produzieren. »Mich interessiert nur, daß es schnell geht. Ich habe Klebeband in der Tasche. Also flicken wir es schnell, damit wir weiterkommen.«

Sie sind vielleicht enttäuscht, weil Ihrem Redefluß so abrupt Einhalt geboten wird und üben Vergeltung in Blau: »Klebeband ist *nicht* so gut geeignet. Wir müssen überlegen, wie gut es halten soll.«

»Das habe ich mir schon überlegt«, kontert Ihr Gesprächspartner rasch. »Klebeband reicht völlig aus.« »Also, das finde ich nicht«, widersprechen Sie, weil Sie sich noch nicht damit abfinden wollen, daß er Ihre Vorschläge und Ideen einfach in den Wind geschlagen hat.

Und schon haben Sie einen albernen Streit vom Zaun gebrochen. Hätten Sie sich klargemacht, daß jeder die Angelegenheit in einer anderen Farbe von einem ganz anderen Ausgangspunkt aus sieht, so hätten Sie diese Debatte sicherlich vermieden. Wie wäre das Gespräch wohl verlaufen, wenn Sie sich beide über die Intention des anderen klargewesen wären?

Er fragt Sie also wieder: »Wäre es nicht möglich, es mit Klebeband zu flicken?«

Sie können ja nicht wissen, ob er sich gerade in einer Blau- oder Grün-Phase befindet und fragen: »Muß es Klebeband sein, oder war das nur ein Vorschlag?«

Wenn sein Denken gerade von Grün bestimmt wird, antwortet er höchstwahrscheinlich: »Ach, das ist nur so eine Idee, von der ich dachte, daß es damit klappen könnte.« Das ist für Sie der Hinweis, daß Sie auch Grün reagieren sollten. Er würde es gewiß begrüßen, wenn Sie Vorschläge zu machen hätten.

Wird sein Denken hingegen gerade von Blau bestimmt, so antwortet er höchstwahrscheinlich: »Ich glaube, damit läßt es sich schnell und mühelos wieder flicken, und wir können endlich weitermachen.« Diese Antwort signalisiert Ihnen, daß er gerade Blau denkt, daß er zu einem Entschluß gekommen ist und fest damit rechnet, daß die Sache so geregelt werden kann. Deshalb müssen Sie sehr auf der Hut sein, wenn Sie noch weitere Alternativen nennen wollen.

Eine Rote Antwort auf die Frage, ob man nicht Klebeband zum Flicken nehmen können, hätte zum Beispiel folgendermaßen lauten können: »Nun ja, die Belastbarkeit dieses Klebebands beträgt mehrere Pfund. Der Kleber soll drei Jahre halten. Er schrumpft nicht merklich und ist außen wasserdicht, geht aber sehr schnell ab, wenn das Material selbst naß wird.«

Hier besteht die Absicht darin, nackte objektive Fakten zu liefern, die vielleicht von Nutzen sein können, wenn man überlegt, wie man das Ding am besten flickt. Solche Informationen beruhen für gewöhnlich auf Mutmaßungen darüber, was wirklich ins Gewicht fällt. So spielt die Haltbarkeit zum Beispiel keine Rolle, wenn man etwas nur rasch für ein paar Sekunden flicken oder leimen will. Da reicht wahrscheinlich Spucke.

Es ist tatsächlich bedeutsam, daß Sie diesen einen völlig unbedeutenden Satz, in dem es um das Flicken mit Klebeband geht, auf drei verschiedene Arten deuten können – wobei die Deutung oft von Ihrer eigenen dominierenden Farbe abhängt. Das gilt auch für all die anderen Sätze – genaugenommen für die meisten Sätze, mit denen wir im Laufe unseres Lebens konfrontiert werden. Das gehört zu dem Problem der Kommunikation. Doch wenn man die Farben geschickt anwendet, kann man damit die Fähigkeit des Zuhörens schärfen. Das hilft Ihnen, die Absicht hinter den Worten, die die Leute äußern, zu durchschauen. »Es ist gar nicht so wichtig, was man sagt, sondern wie man es sagt!« Das ist ja allgemein bekannt.

3. KAPITEL
DIE MODI

Bei jeder Farbe können Sie sich zwischen zwei verschiedenen Modi entscheiden. Der Modus ist von großer Tragweite, wenn man sich einer Farbe zuwendet, denn die beiden Modi bewirken gegensätzliche Ergebnisse. Wer sich über die Dynamik dieser beiden Modi nicht im klaren ist, lotet sie nicht optimal aus.

Wenn man jedoch mit ihnen umzugehen weiß und die potentiellen Widersprüchlichkeiten miteinander in Einklang bringen kann, tragen diese Modi dazu bei, die reale Vielschichtigkeit des Lebens zu bewältigen. Wir haben diese beiden Modi › Hart ‹ und ›Weich ‹ genannt, doch das ist wie bei den Farben selbst im übertragenen Sinn und nicht wörtlich aufzufassen.

Die meisten Menschen haben entweder einen Hang zu Hart oder Weich. › Hang ‹ (bzw. › Neigung ‹) sind Begriffe des antiken Kugelspiels. Jede Kugel (Kegel, Ball) war besonders geformt und auf einer Seite mit Blei beschwert, so daß sie sich immer in diese Richtung drehte. Der Spieler, der die Kugel über den Rasen auf das Ziel zubeförderte, mußte sich der Tatsache bewußt sein, daß die Kugel immer nach rechts oder links abdriftete. Die Geschicklichkeit besteht darin, sich das optimal zunutze zu machen. › Neigung ‹ oder › Hang ‹ erschien uns daher der geeignete Ausdruck, um die Tendenz zu bezeichnen, nach der man entweder Hart oder Weich an eine Sache herangeht.

Im vorhergehenden Kapitel ist es Ihnen gelungen, eine Tabelle Ihrer drei Farben zu erstellen. Jetzt können Sie eine Skala, eine Gradeinteilung zusammenstellen, die aufzeigt, wozu Sie neigen. Diese Gradeinteilung ist speziell für dieses Buch ausgelegt.

Wie bei der ersten Tabelle müssen Sie auch hier zwischen den Denkarten wählen und sich für die von Ihnen bevorzugte entscheiden. Bitte halten Sie sich auch hier an die im 2. Kapitel aufgestellten Regeln.

Erstellung Ihrer Modus-Skala

Es werden immer zwei Behauptungen aufgestellt, damit Sie sich zwischen den Modi entscheiden können. Sie sollten sich bei diesen zwei Behauptungen stets fragen, ob Sie die eine eher bejahen können als die andere. Für die beiden Behauptungen zusammen stehen Ihnen jeweils zehn Punkte zur Verfügung, die Sie Ihren Vorlieben entsprechend verteilen können. Gehen Sie die Sache ganz genauso an wie bei der Farbtabelle. Allerdings haben Sie hier nur die Wahl zwischen zwei Möglichkeiten.

Wir führen ein paar Beispiele dafür an, wie Sie die Behauptungen bewerten könnten.

10 und 0:	wenn Ihnen eine Behauptung hundertprozentig zusagt, die andere hingegen überhaupt nicht

6 und 4:	wenn Ihnen eine Behauptung ein wenig mehr entspricht als die andere

7 und 3:	wenn Ihnen eine Behauptung ganz entschieden mehr zusagt als die andere

Versuchen Sie also, die paarweise aufgestellten Behauptungen nach diesem Punktesystem zu bewerten. Bedenken Sie, daß Sie nichts auslassen dürfen, wenn Sie zu einer Gradeinteilung kommen wollen, die Ihnen etwas einbringt.

Die Blau-Modi

Wenn ich zu einem Entschluß gelangen muß …	*Punkte*
A vergewissere ich mich, ob die Vergleiche, die ich anstelle, auch sinnvoll und schlüssig sind.	___
B gehe ich oft bereitwillig das Riskio ein, die Sache nur kurz zu überdenken und grob abzuschätzen, wie die Dinge wohl in Zukunft aussehen werden.	___
C ist mir wichtig, was für mich nun einmal zählt: mein Entschluß richtet sich danach, was ich empfinde und was für mich von Wert ist. Dabei spielt es keine Rolle, ob es sich um langgehegte persönliche Wertvorstellungen oder um Aspekte oder Kriterien handelt, die unmittelbar mit der gestellten Aufgabe zusammenhängen.	___
D gehe ich der Sache auf den Grund. Ich versuche, vielschichtige und verschiedenartige Situationen auf einfache Muster zurückzuführen.	___
E versuche ich, die mir zur Verfügung stehenden Informationen auf meine Weise zu verknüpfen; dadurch stelle ich die Zusammenhänge und Beziehungen her, die mir am meisten nützen.	___
F prüfe ich, ob ich irgendwelche Parallelen feststellen kann; wenn ja, muß ich wissen, inwiefern das von Bedeutung ist – ganz gleich, ob mir das Ergebnis persönlich paßt.	___
G habe ich, bevor ich zur Tat schreite, oft das Bedürfnis, abzuwarten und mich noch einmal davon zu überzeugen, daß alles gründlich durchdacht ist.	___

	Punkte
H versuche ich, die Sache durchzuboxen – auf Biegen und Brechen. Es hat doch keinen Sinn, sich endlos mit Zweifeln herumzuquälen.	____

Die Rot-Modi

Wenn es darum geht, wahrheitsgemäße Informationen zu bekommen . . .

	Punkte
J trage ich eine Menge zusammen, beschäftige mich jedoch nicht mit den Einzelheiten. Es ist mir lieber, Eindrücke in mich aufzunehmen, denn nur so kann man eine Situation wirklich erfassen.	____
K besteht meine Methode darin, möglichst genaue spezifische Fakten und Zahlen zusammenzutragen.	____
L kann man die beste Möglichkeit, zu sagen, was man weiß und was man nicht weiß, erst dann absehen, wenn man weiß, wie umfangreich die Angelegenheit ist.	____
M stelle ich ähnliche bzw. vergleichbare Daten zusammen. Davon hängt die Art der Recherchen ab, die ich betreibe, und auch die Fragen, die ich stelle, richten sich danach.	____
N kann es leicht passieren, daß man nur die Hälfte von dem mitbekommt, was man eigentlich wissen müßte. Wenn ich mich wirklich gründlich informieren will, achte ich darauf, daß ich auch so viel wie möglich über das Umfeld des Themas in Erfahrung bringe und mir auch ansehe, was sich hinter der Sache verbirgt.	____

	Punkte
P verlasse ich mich auf meine Sinne – auf das, was ich sehe, höre, fühle und rieche. Dann weiß ich Bescheid. Meine eingebaute Kamera irrt sich nicht.	____
Q bestehe ich auf Daten, die sich klar quantifizieren lassen.	____
R kann man Dinge, die einem auffallen, nicht einfach deshalb ignorieren, weil sie sich nicht messen oder klar definieren lassen.	____

Die Grün-Modi

Wenn die Situation neue Ideen erfordert . . .

	Punkte
S besteht das Geheimnis darin, dem Geist die Freiheit zu gewähren, etwas Neues zu erdenken. Wenn man das geistige Auge etwas ermuntert, erzeugt es Bilder und Vorstellungen.	____
T bin ich ohne weiteres bereit, althergebrachte Formen zu sprengen und mich der neuen Situation zu stellen.	____
U verlasse ich mich einfach auf meinen sechsten Sinn.	____
V gibt es für mich nur einen Weg: Man fängt mit dem an, was in irgendeiner greifbaren Form bereits vorhanden ist und ändert nach und nach verschiedene Aspekte ab. Wenn man viele Möglichkeiten auslotet, stößt man bestimmt auf etwas Neues, Besseres.	____

Punkte

	Punkte
W macht es mir große Freude, erfinderisch zu sein und das System an der Nase rumzuführen, jedoch ohne zu betrügen.	______
X stelle ich mir vor, daß die Dinge auch völlig anders liegen könnten. Dann male ich mir viele Situationen aus und stelle mir vor, sie wären wahr.	______
Y bemühe ich mich, nicht nur die Regel zu sehen, sondern auch die Ausnahmen.	______
Z versuche ich, so lange wie nur möglich ganz offen und flexibel zu bleiben. Das hilft mir. So entstehen neue Ideen.	______

Ihre Farbmodi

Zählen Sie Ihre Zahlen zusammen, wie wir es Ihnen nachstehend zeigen, und tragen Sie sie in die Kästchen ein.

Blau		*Rot*		*Grün*	
A + D + F + G	B + C + E + H	K + M + N + Q	J + L + P + R	T + V + W + Y	S + U + X + Z
Hart	Weich	Hart	Weich	Hart	Weich
☐	☐	☐	☐	☐	☐

Vielleicht sagen Ihnen die obengenannten nackten Zahlen mehr, wenn Sie sie visuell anschaulicher darstellen.

Stellen Sie Ihre Punktzahlen räumlich dar, indem Sie die Gradeinteilung von Abb. 3.1 benutzen. Die Skala wird so zu einem leicht verständlichen Hilfsmittel. Man muß sich nur die Mühe machen, das Blatt sorgfältig und ordentlich auszufüllen, am besten mit Bunt- oder Filzstiften in Blau, Rot und Grün. Erstellen Sie Ihre Farbmodus-Skala mit Ihren Punktzahlen für Hart und Weich. Sie müssen sich von der Nullinie in der Mitte nach links und rechts außen vorarbeiten. (Siehe Beispiele auf den nächsten Seiten). Wenn Sie wollen, daß Ihre Skala leicht zu lesen ist, können Sie Hart und Weich durch verschiedene Muster unterscheiden.

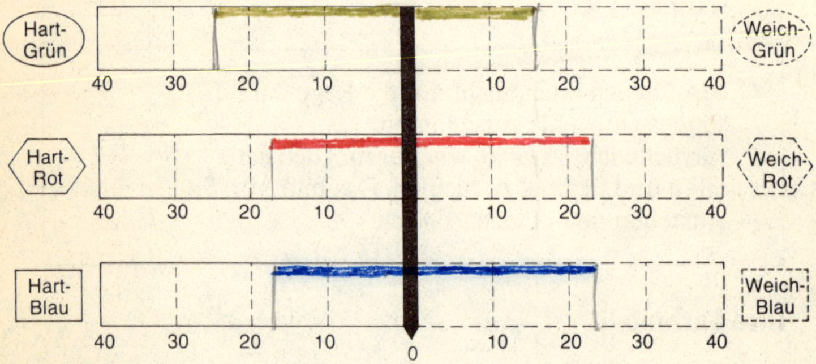

Abb. 3.1

Wie sehr Sie zu Weich und Hart neigen, wird durch die Gradeinteilung aufgezeigt. Wir haben nachstehend einige Beispiele aufgeführt, mit deren Hilfe Sie Ihre Farbmodi leicht interpretieren können. Wir klären Sie auch kurz über die Bedeutung der verschiedenen Ergebnisse auf. Suchen Sie sich heraus, was in Ihrem Fall am ehesten zutrifft.

Interpretation Ihrer Farbmodus-Skala

Tendenz

1. Falls Sie entweder ganz zu Weich tendieren oder ganz zu Hart, und zwar bei allen Farben (Abb. 3.2), liegen Sie so gleichbleibend schief (haben Sie so gleichbleibend Schlagseite), daß Sie damit vielleicht sogar ganz gut fahren. Ihre Mitmenschen müssen sich daran gewöhnen, Zugeständnisse zu machen. Das

wird sich kaum vermeiden lassen, denn das Fehlen der entgegengesetzten Modi könnte Ihre Leistungen ernsthaft beeinträchtigen.

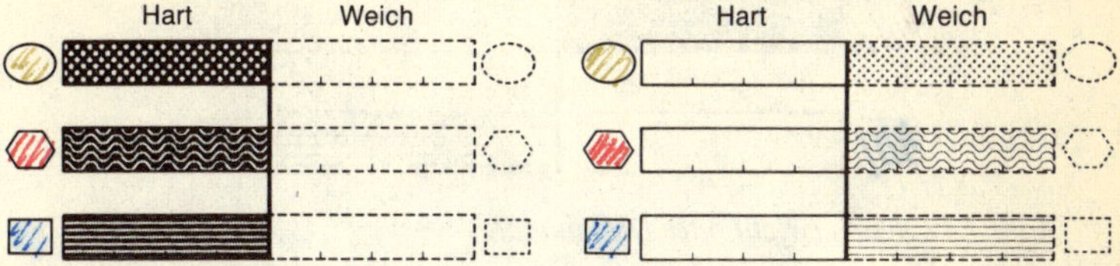

Abb. 3.2 Beispiele für die Tendenz

2. Wenn es sich zeigt, daß bei Ihnen zwei Farben zu Weich tendieren und eine zu Hart oder umgekehrt (Abb. 3.3), erweist es sich als schwieriger, Ihr Denken dann harmonisch zu gestalten.

Wenn jedoch Rot als Mittler zwischen Blau und Grün fungieren kann, wird es schon wesentlich einfacher, die Kombination von Hart und Weich in den Griff zu kriegen.

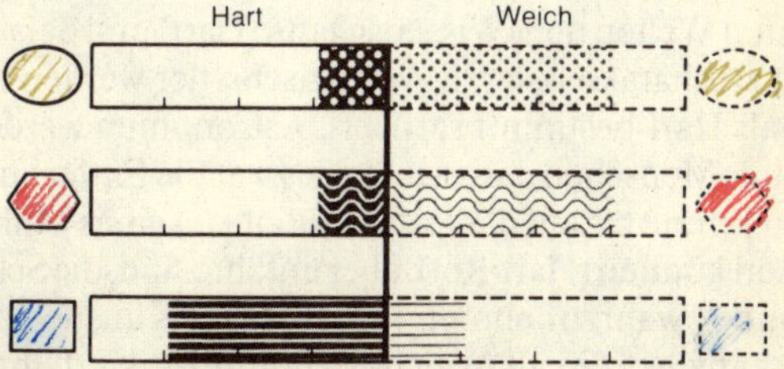

Abb. 3.3 Abgewandelte, unterschiedliche Extreme

3. Halten sich Hart und Weich bei den verschiedenen Farben in etwa die Waage, so ist das bei weitem nicht so günstig, wie Sie vermutlich glauben.

Seltsamerweise kann es durch das Fehlen einer bestimmten Neigung zu einer unangenehmen Dissonanz zwischen Hart und Weich kommen, besonders wenn Sie bei dieser Farbe eine hohe Punktzahl haben. In Abb. 3.4 zeigen wir Ihnen nur drei der vielen möglichen Kombinationen.

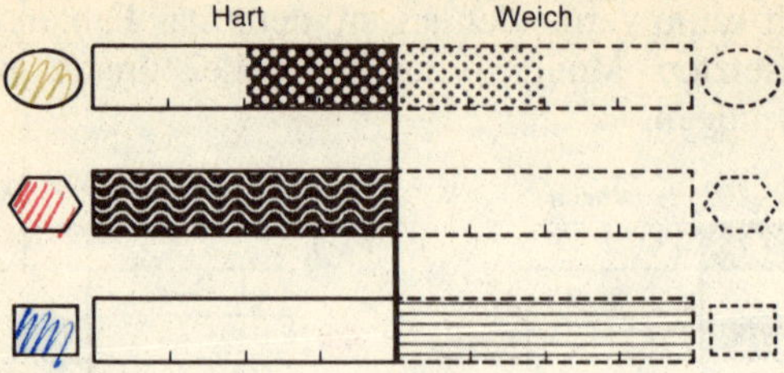

Abb. 3.4 Gleichgewicht oder Dissonanz?

Anhand dieser Beispiele für Farbmodi zeigen wir die vielschichtigen Auswirkungen einer bestimmten Neigung auf Ihre Denkart nur kurz auf. Wenn Sie die Neigung mit Ihren Farbwerten in Zusammenhang bringen, erkennen Sie viel besser, wie reichhaltig und vielschichtig Ihr Denkverhalten ist. (Siehe 4. Kapitel).

Die beiden Begriffe

Die Modi Hart und Weich werden oft dazu benutzt, die beiden getrennten Welten der »Wissenschaft« (Hart) und der »Kunst« (Weich) zu charakterisieren. Wissenschaftler werden oft ganz extrem als Hart-bestimmt karikiert. Astronomen werden zum Beispiel als Menschen dargestellt, die zwar die Entfernung vom Mars zur Sonne bis auf das letzte Millionstel eines Millimeters errechnen können (Hart-Rot), aber unfähig sind, die Schönheit des Mondes wahrzunehmen (Weich-Rot). Künstler dagegen werden ganz extrem als Weich-bestimmt karikiert, ihren Leidenschaften ausgeliefert (Weich-Blau). Mit dem Kopf hoch oben in den Wolken träumen sie von einer Wunderwelt (Weich-Grün), während sie geschäftlich baden gehen, weil sie den Büchern nicht die nötige Aufmerksamkeit zollen (Hart-Rot und Hart-Blau).

Dadurch, daß man die beiden Modi streng getrennt hält und in Lager verweist, die auf Kriegsfuß miteinander stehen, wird man der Art und Weise nicht gerecht, in der die Menschen ihr Hart und Weich tatsächlich einsetzen. Es heißt zum Beispiel, Einstein hätte die Idee zur Relativitätstheorie gehabt, während er verträumt beobachtete, wie Staubkörnchen in der Sonne tanzten (Weich-Grün). Indem er sein Hart-Rot und Blau zum Einsatz brachte, konnte er seine Hypothese überprüfen und bestätigen. Die Wunderwelt von Disneyland wirkt wie verzaubert (durch Weich-Rot und Weich-Grün) und ist jedermann zugänglich - dadurch, daß Disneyland auch ein technisches Meisterwerk ist, bei dem zudem die Finanzen stimmen (Hart-Rot und Hart-Blau). Die besten und leistungsfähigsten Menschen sind diejenigen, die sowohl ihr Hart als auch ihr Weich anwenden, und zwar in einer idealen Kombination.

Hart und Weich sind die beiden Seiten unseres Denkens; sie müssen unbedingt unter einen Hut gebracht werden, damit auf allen Gebieten gute Leistungen erzielt werden können. Leider Gottes haben Karikaturen sehr viel Einfluß auf die Phantasie. Wissenschaftler sind gefürchtet, weil man bei ihnen voraussetzt, daß sie ausschließlich die Tugenden des harten Denkens verkörpern. Das gilt auch für Geschäftsleute und Manager, weil sie Hart so deutlich zur Schau stellen. Man wirft ihnen vor, daß ihnen die »menschliche« Seite des Denkens völlig abgehe, daß sie wie Maschinen funktionierten und daß ihre Entscheidungen ausschließlich auf kalten logischen Erwägungen beruhten (Hart). Maler, Schauspieler, Musiker, Tänzer und Modeschöpfer werden hingegen von der Gesellschaft gemeinhin nicht so recht ernst genommen, weil sie nur das Wunder des Weich-Denkens zu verkörpern scheinen. Man wirft ihnen vor, sie seien wirklichkeitsfremd, sie seien blind für alles außer ihrer Kunst und lebten ein von hochtrabenden Idealen orientiertes Leben.

Dieses Buch enthüllt das Wesen der Modi Hart und Weich im Hinblick auf alle Farben - mit dem Ziel, Ihnen Zugang zu jedem Winkel, jeder Ecke und jeder Ritze Ihres Denkens zu gewähren, damit Sie die Klischeevorstellungen der Karikatur überwinden und hinter sich lassen. Wir alle müssen sowohl Wissenschaftler als auch Künstler sein. Wir müssen in der »Harten« Welt der Realität leben, dürfen aber auch die »Weiche« Innenwelt unserer Überzeugungen, Träume und Wertvorstellungen nicht verleugnen. »Hart« und »Weich« müssen unter einen Hut gebracht werden. Nur so ist ein normales

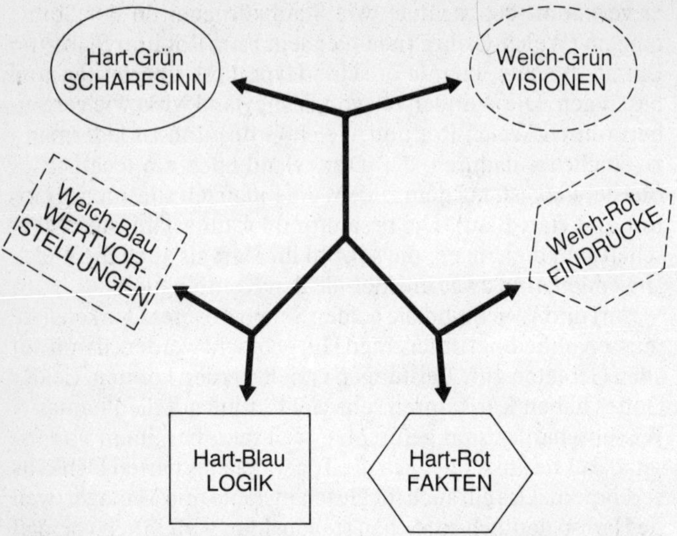

Abb. 3.5 Die sechs Richtungen

Leben möglich – eine Gesellschaftsordnung, bei der Kunst und Wissenschaft einander gelten lassen, voneinander lernen und erkennen, da der Denkstil des jeweils anderen tatsächlich relevant und für die Lebenskraft, Entwicklung und Bereicherung beider von größter Wichtigkeit ist. Alle guten Wissenschaftler sind auch Künstler. Genau wie alle guten Künstler auch Wissenschaftler sind.

Das bisherige Modell der drei Farben kann man jetzt nicht mehr als einfachen Tripus (Dreifuß) betrachten, denn die drei Hauptglieder gabeln sich jetzt. Jeder Gabelung entspringen zwei Äste – Hart und Weich. Jetzt haben Sie es bei Ihrem Denken mit sechs Richtungen zu tun (Abb. 3.5). Damit werden wir uns in diesem Kapitel noch eingehend befassen.

Der Hart-Modus

Alle Hart-Modi weisen auf die Art des Denkens hin, die nach außen auf die äußere Welt gerichtet ist, und die die Aufmerksamkeit auf die greifbare Realität der Dinge lenkt. Diese Art des

Denkens ist »objektiv«, denn wer so denkt, versucht die Subjektivität persönlicher Empfindungen, Ansichten, Meinungen, Ausdrucksmöglichkeiten, Intuitionen, Vorahnungen und Mutmaßungen auszuschließen. Wenn Sie sich der Hart-Modi bedienen, basieren Ihren Intentionen auf der greifbaren Realität. Dabei spielt es keine Rolle, ob Sie Informationen sammeln oder weitergeben (Rot), ob Sie Urteile fällen oder beeinflussen (Blau) oder ob Sie neue Ideen hervorbringen oder präsentiert bekommen (Grün). Sie gehen jedenfalls in einer Art an die Sache heran, die absoluter, objektiver und leichter nachvollziehbar zu sein scheint.

Die Hart-Modi wirken ehern. Sie werden überall in der westlichen Hemisphäre im Management praktiziert, insbesondere dort, wo sich das Management voller Stolz mit seiner Leistungsfähigkeit, seiner Kompetenz, seinem Organisationstalent, der Logik seiner Analysen, seinem Finanzgebaren, seiner Genialität und seinem Einfallsreichtum brüstet. Die Hart-Modi sind die Triebfeder der Mathematik, Physik, Chemie, der Buchhaltung, des Ingenieurwesens, der Geographie, Biologie, Geologie und des Programmierens. In diesen Fachgebieten stützt man sich auf die greifbare Realität. Man möchte unabhängig sein von persönlichen Empfindungen, denn die individuelle Auslegung fällt hier nicht ins Gewicht. Wer einen Beruf ausübt, der zu einer dieser Fachrichtungen gehört, hat es mit der realen Welt zu tun: mit der Natur und mit Dingen, die von Menschenhand gefertigt sind.

Der Weich-Modus

Alle Weich-Modi sagen etwas über die inneren Dimensionen des Geistes und der Persönlichkeit eines Menschen aus. Sie beruhen auf dem Unbewußten, Subjektiven, Persönlichen, nur halb Erahnten, auf der unermeßlichen, unergründlichen Quelle der Individualität. Wenn Sie sich Ihrer Weich-Modi bedienen, wollen Sie Ihren Wertvorstellungen und Überzeugungen Ausdruck verleihen (Blau), Ihre geheimen Vorstellungen offenbaren (Grün) oder die innere Wahrheit finden, die in der äußerlich sichtbaren Realität verborgen liegt.

Die Weich-Modi sind die Triebfeder in der Politik, der Diplomatie, den Kommunikationswissenschaften, im Rundfunk, im Verkauf, beim Marketing, auf dem Gebiet der Erziehung, des Personalwesens und in der Werbebranche. Wie auch die Darstellende und Bildende Kunst gelten sie als schwer quantifizierbar und werden deshalb eher nach ihrer Qualität beurteilt. Diese Modi wirken sich auf Herz und Verstand der Menschen aus und beeinflussen ihre Haltung und Lebenseinstellung, ihre Auffassung von der Welt im allgemeinen und ihre Selbsteinschätzung. Eine sinnvolle und erfolgversprechende Anwendung der Weich-Modi ist nur möglich auf der Basis eines unausgesprochenen und unmeßbaren zwischenmenschlichen Vertrauens. Am besten können sie ihre Wirkung auf der persönlichen Ebene entfalten, und wenn der einzelne bereit ist, seine Intuition, seine Lebenserfahrung und eine »menschliche« Betrachtungsweise einzubringen.

Die Auswirkung von Hart und Weich bei jeder Farbe

Bei jeder der Farben haben die Modi Hart und Weich ganz charakteristische Eigenschaften. Hart-Rot unterscheidet sich daher stark von Hart-Blau. Ebenso unterscheidet sich Hart-Blau von Hart-Grün. Das gilt bei jeder Farbe auch für Weich. Das Wesen von Hart, dem objektiven, nach außen gerichteten, greifbaren Modus und das Wesen von Weich, dem subjektiven, nach innen gerichteten, nicht greifbaren Modus, kommt zwar bei allen Farben gleichermaßen zur Anwendung. Aber bei den einzelnen Farben drücken sich Hart und Weich unterschiedlich aus.

Die Blau-Modi

Es liegt im Wesen des Blauen Denkens begründet, sich eine Meinung zu bilden, bevor man einen Entschluß faßt. Blaues Denken kommt zur Anwendung, wenn die Rot-Informationen unvollständig sind. Es muß einfach ein Urteil gefällt werden – auch wenn die Wahrheit (Rot) nicht in vollem Umfang bekannt ist. In einem solchen Fall (Blau) muß entschieden werden, was am besten zu tun ist, und zwar basierend auf den möglicherweise unzureichenden Informationen, die zur Verfügung stehen.

Ein gutes Beispiel dafür ist der Schiedspruch einer Jury vor Gericht. Zu welcher Entscheidung die Jury gelangt, hängt davon ab, wie es bei ihren Mitgliedern um die Balance zwischen Hart- und Weich-Blau steht. Die Jury hat die zwei Möglichkeiten, den Angeklagten › schuldig ‹ oder › nicht schuldig ‹ zu sprechen. Sie gelangt entweder auf dem Harten oder auf dem Weichen Weg zu ihrem Urteil.

Hart-Blau: Ganz typisch für diese Denkart ist eine klare Beweisführung. Wir bezeichnen das folglich als vernunftbetontes Denken. Die meisten Akademiker würden Hart-Blau als intellektuelle Genauigkeit und damit als eins der wichtigsten Werkzeuge in ihrem geistigen Werkzeugkasten bezeichnen. Wer Hart-Blau denkt, gelangt über logische, vom Verstand bestimmte Erwägungen zu dem Urteil, das er schließlich fällt. Die Gültigkeit des Urteils läßt sich durch objektive Ableitung von den vorhandenen stichhaltigen Beweisen (Hart-Rot) testen.

Wenn das Hart-Blaue Denken bei Ihnen zum Einsatz gelangt, machen Sie relevante und vom Verstand diktierte Argumente geltend. Sie sind bestrebt, einen objektiven Sachverhalt nachzuweisen, zu dem Sie sich dann eine Meinung bilden. Dabei versuchen Sie, so unvoreingenommen wie möglich zu sein.

Säßen Sie auf der Anklagebank, so würden Sie wahrscheinlich hoffen, daß dieser unparteiische Modus vorherrscht, wenn die Jury das Urteil über Sie fällt. Außer, Sie wären schuldig. Dann könnten Sie nur hoffen, daß die Jury »auf Ihrer Seite« steht (Weich-Blau).

Weich-Blau: Im krassen Gegensatz zu Hart-Blau liegt die Stärke von Weich-Blau darin, daß Entscheidungen von ganz persönlichen Erwägungen getragen werden. Hier zählt die Integrität der persönlichen Wertvorstellungen. Dieser Blau-Modus wird vielleicht am deutlichsten durch den Satz »Ich will« geprägt. Das fällt schon bei Kleinkindern auf. Weich-Blau bestimmt, was man anstrebt, was für einen selbst ideal ist – ganz gleich, ob diese Wünsche nun auf den Instinkt oder auf grundlegenden körperlichen Bedürfnissen beruhen, ob sie auf Wertvorstellungen und Überzeugungen zurückzuführen sind, in die wir durch unsere Gesellschaft und Erziehung hineingewachsen sind, oder ob es sich um ganz persönliche Sehnsüchte handelt. Wenn wir Weich-Blau denken und das Richtige tun wollen, so entscheiden wir uns auf der Basis dessen, was wir › mögen ‹ oder aber › nicht mögen ‹, dessen was wir › wollen ‹ oder › nicht wollen ‹. Dabei lassen wir die Logik möglicherweise völlig außer acht.

Aber zurück zu unserer Jury: Wenn sich die Mehrzahl der Mitglieder bei ihrem Urteilsspruch von Weich-Blauem Denken leiten läßt, so wird ihre ganz persönliche Sympathie für oder Antipathie gegen den Angeklagten maßgeblich für die Entscheidung sein, logische Erwägungen werden dabei keine Rolle spielen. Wie oft warnt ein Richter die Geschworenen davor, sich durch das abscheuliche Verbrechen und den Wunsch beeinflussen zu lassen, jemandem die Schuld anzulasten, der ihnen verdächtig erscheint. Er fordert die Geschworenen auf, angesichts der Hart-Roten Beweisführung ihr Hart-Blaues Denken einzusetzen, wenn sie ihr Urteil fällen. Manchmal drängt der Richter die Geschworenen vergebens, denn die Macht von Weich-Blau kann diese dazu bringen, einen Angeklagten zu verurteilen, auch wenn vieles gegen seine Schuld spricht.

Weich-Blau spiegelt wider, wie die Dinge eingeschätzt und bewertet werden. Diese Kraft bestimmt Ihr Handeln, Ihre Zielsetzung, Ihre Motive, Absichten und Kriterien. Wie sehr sich die Menschen auch bemühen, objektiv zu sein, so können sie doch nicht umhin, alles, was sie sehen, durch ihre ganz individuell gefärbte Brille zu betrachten. Wenn wir Aussagen über die Zukunft machen, so lassen wir uns dabei von unseren Wünschen, Erwartungen und Überzeugungen leiten. Das Inkrafttreten von Weich-Blau bestimmt sehr stark, auf welche Seite man sich schlägt. Dies ist der Modus der Überzeugungskraft, des Verhandelns, des Verkaufens, der Zustimmung, der Vorlieben und Abneigungen sowie des persönlichen Geschmacks. Emotionale Angelegenheiten wecken und entflammen die Weich-Blaue Seite unseres Denkens. Politik, Religion, Moral, Scheidung, Rassenprobleme, gesellschaftspolitische Fragen und Gelddinge mobilisieren das Weich-Blaue Denken - wie überhaupt alles, was Leidenschaft, Zorn, Eifer, Begeisterung, Angst, Mut und ähnliche Emotionen hervorruft.

Weich-Blau ist erregend, emotionsgeladen, warm. Es macht die natürliche, ganz spontane Seite des menschlichen Urteilsvermögens aus. Dieser Kraft steht die Disziplin und Vernunft des Hart-Blau gegenüber. Der Idealfall tritt wohl ein, wenn sich die beiden Seiten der Urteilskraft in etwa die Waage halten.

Vergleich zwischen Hart und Weich: Ein fundiertes Urteilsvermögen beruht auf der Balance zwischen dem Hart-Blau des Verstandes und dem Weich-Blau der Gründe. Es liefert das Gerüst von Vernunft und Logik, so daß die starken Kräfte von Weich fest verankert sind und gezügelt werden. Um die richtigen Entscheidungen zu treffen, sollten wir selbstverständlich beide Modi von Blau benutzen. Auf diese Weise ist das richtige Gleichgewicht zwischen dem Verstand (Hart) und dem Gefühl (Weich) garantiert. Es wäre eine allzu enge Auslegung, würde man unter › Urteil ‹ nur Gerichtsurteil verstehen. Doch wir haben die unterschwelligen Bedeutungen, die bei Wörtern wie › Urteil ‹ oder › Richter ‹ mitschwingen, so verinnerlicht, daß sie ein ehrfurchtgebietendes Bild von Autorität, Macht, Strenge und Furcht heraufbeschwören, obwohl Richter in Wahrheit doch ebensogut bescheiden, zuvorkommend, humorvoll und freundlich sein können. Wenn man die wirkliche Bedeutung vermitteln will, so ist es wesentlich sinnvoller, die Metapher › Blau ‹ zu gebrauchen als die eigentlichen Begriffe wie › Richter ‹ oder › Urteil ‹.

Wenn die Kräfte von Blau sich selbst überlassen sind, so kann es zu undisziplinierten, ungebremsten Reaktionen kommen. Die Auswirkung ist unter Umständen katastrophal. Es ist zum Beispiel so leicht, Dinge miteinander zu vergleichen, die angesichts der Situation legitim eigentlich nicht vergleichbar sind. Bei Hart-Blau sollte Gleiches mit Gleichem verglichen werden.

Ist es zum Beispiel bei Lohnforderungen legitim, die Löhne der Stahlarbeiter in zwei verschiedenen Ländern miteinander zu vergleichen, indem man einfach mit Hilfe der Wechselkurse Gulden, Lire etc. in die eigene Währung umrechnet? Vielleicht wäre es viel angebrachter, den Vergleich auf einer ganz anderen Grundlage anzustellen, nämlich indem man sich fragt, wie lange ein Arbeiter in den verschiedenen Ländern für einen Laib Brot, eine Flasche Wein oder eine Waschmaschine arbeiten muß. Und dann müßte man sich wieder überlegen, inwieweit diese Dinge vergleichbar sind.

Wir sind sehr schnell bereit, Schlußfolgerungen zu ziehen. Weich-Blau bringt uns dazu, alles, was wir sehen, nach unserem persönlichen Dafürhalten auszulegen. Diese »instinktiven« Mutmaßungen und plötzlichen Einsichten müssen durch das vernunftbetonte Hart-Blaue Denken geprüft werden.

Wenn Sie zum Beispiel sagen, daß das Rauchen die Ursache für Krebs ist, wieso hat dann Mary Krebs, obwohl sie nie geraucht hat? Auf den ersten Blick scheint es, als würde dies die festgestellte Ursache-Wirkung-Beziehung widerlegen. Doch man könnte die Frage auch noch gründlicher durchleuchten. Wenn man genau darüber nachdenkt, was der Begriff »Rauchen« alles beinhaltet, so kann man feststellen, daß Mary, die immer in einer Kneipe tätig war, im Laufe der Jahre eine Unmenge Rauch inhaliert hat, auch wenn sie sich selbst niemals eine Zigarette angezündet hat.

So verfährt man bei Hart-Blau. Es ist hochinteressant, bei dramatischen Ereignissen das Wechselspiel und Ineinandergreifen von Hart und Weich zu beobachten. Die entscheidende Rolle des Denkens zeigt sich immer ganz besonders deutlich, wenn wir einen Blick in die Zeitung werfen und sehen, wie sich die Menschen angesichts kritischer Situationen verhalten.

Die Rot-Modi

Sie brauchen Informationen, um handlungs- und leistungsfähig zu sein. Wenn man sich in der Rotphase des Denkens befindet, ist man auf der Suche nach der Wahrheit, der noch nicht von Urteilen behafteten, emotionslosen Realität. Rotes Denken ist sich bewußt, was › ist ‹ und was › war ‹. Es ist offen für jede Information, die uns der Wahrheit näherbringt. Doch die Wahrheit hat bekanntlich viele Gesichter. Wir brauchen beide Rot-Modi, um sie erfassen zu können. Mit Hart-Rot allein erkennen wir nur einen Aspekt der Wahrheit. Mit Weich-Rot einen anderen. Beide sind wichtig. Läßt man einen Modus außer acht, so bringt man durch diese Einseitigkeit die ganze Wahrheit in Gefahr. Bei uns ist der Richter verpflichtet, die Geschworenen dahingehend zu instruieren, daß sie bestimmten Beweisen keine Beachtung schenken sollen, wenn diese nicht als legitim Hart gelten.

Hart-Rot: Bei dieser Art des Denkens werden detaillierte Daten zusammengetragen - einzelne Punkte, Bruchstückhaftes, winzige Teilchen, Fakten, spezifische Dinge. Dadurch kommt man Punkt für Punkt an Informationen heran, die dann - in die entsprechenden Kategorien eingeordnet - neue Zusammenhänge eröffnen und der Vervollständigung des Wissens dienen. Weil das soviel Arbeit kostet, hat die Menschheit im Laufe der Jahrhunderte viele Hilfsmittel entwickelt. Das neueste ist unser Freund, der Computer.

Das Hart-Rote Denken ermöglicht es uns, unsere Welt › in den Griff ‹ zu bekommen, sie meßbar zu machen, zu beherrschen, sie in ihre Bestandteile zu zerlegen und demzufolge in Wissenssegmente aufzuteilen. Was der Vergangenheit angehört, fällt unter die Sparten Geschichte, Archäologie und Geologie. Unsere heutige Welt setzt sich aus Soziologie, Politik, Zoologie, Psychologie, Physik, Chemie und Botanik zusammen. Hart-Rot bemüht sich, alles eingehend zu erfassen. Dadurch sind wir in der Lage, mit unserer Umwelt zurechtzukommen und Selbsterkenntnis zu gewinnen.

In alter Zeit wurde das Wissen im Gedächtnis der Menschen gespeichert und ausschließlich durch mündliche Überlieferung von Generation zu Generation weitergegeben. In manchen Kulturkreisen ist das heute noch so. Doch dadurch, daß man dieses Wissen - so zum Beispiel Volksdichtung und alte

Volkslieder – inzwischen auch schriftlich festhalten kann, wird es leichter zugänglich. Es wird zuverlässiger und dauerhafter überliefert. Das reichhaltige Wissen des Menschen ist in den Nachschlagewerken der Bibliotheken überall auf der Welt verfügbar. Heute, im Zeitalter der immer komplizierteren Computer, gilt dieser Reichtum als das kostbarste Gut, das wir miteinander austauschen können. Die Informationstechnologie ist geboren. Doch vorerst haben wir es dabei noch fast ausschließlich mit Hart-Rot zu tun.

Hart-Rot macht oft sehr arbeitsintensive Bemühungen erforderlich. Oft erweist es sich als entsetzlich mühsam, über Monate und Jahre hinweg Informationen zusammenzutragen. Man braucht Geduld, um die Früchte seiner Arbeit ernten zu können. Die Bestätigung wissenschaftlicher Hypothesen ist Angelegenheit des zuverlässigen Hart-Roten Denkens. Darwin hat sich auf seinen Reisen jahrelange damit abgemüht, die gewonnenen Erkenntnisse auszuwerten und zu registrieren. Während sein Blaues und sein Grünes Denken damit beschäftigt waren, phantasievolle Ideen zur Frage der Evolution auszubrüten, waren die langen arbeitsreichen Jahre, die er mit Hart-Rotem Denken zubrachte, das Saatbeet.

Weich-Rot: Weich-Rot fängt den Geist der Wahrheit ein und vermittelt ihn weiter. Es geht um die stillschweigende, unausgesprochene Realität – nicht so sehr um die offensichtliche. Weich-Rot erkennt die Wahrheit unter Umständen auf der Stelle, erfaßt augenblicklich das Wesentliche einer Atmosphäre, eines Ortes, einer Szene, eines Menschen, einer Haltung, einer Verhaltensweise, einer Pose. Weich-Rot erfaßt das Ganze oft im Augenblick der Wahrnehmung. Und es enthüllt insbesondere das Qualitative – gibt darüber eher Aufschluß als über die Quantität. Diese Wahrheit liegt auf einer völlig anderen Ebene als die von Hart-Rot mit ihrer Akkuratesse, sie ist aber ebenso unabdingbar. Die Kunst, diese Art von Wahrheit zu vermitteln, wird oft mit hochdotierten Positionen und hohem gesellschaftlichen Ansehen belohnt.

Der Gerichtssaal soll uns auch hier wieder als Beispiel dienen. Große Verteidiger wie Rufus Isaacs und F. E. Smith haben immer gern das Weich-Rote Denken angewandt. Da sie Koryphäen in der Kunst der Kommunikation sind, erkennen sie ganz deutlich, daß die Eindrücke, die vermittelt werden, viel wichtiger sein können als das, was tatsächlich gesagt und aufgezeichnet wird. Die Theorie besagt, daß durch das dialektische Wechselspiel der Pro- und Contra-Argumente, vorgetragen von Anklage bzw. Verteidigung, schließlich die Wahrheit ans Licht kommt.

Liegt nur ein schmaler Grat zwischen wahrheitsgemäßen Aussagen (Weich-Rot) und solchen, die ein schmeichelhaftes Bild zeichnen mit dem Ziel, einen anderen im eigenen Sinne zu beeinflussen (Weich-Blau). Wenn es darum geht, jemanden zu beeindrucken, so handelt es sich eher um Weich-Blau als um Rot. (Das zeigt, wie nützlich der Farbkode im Vergleich zur › normalen Sprache ‹ sein kann.)

› Die Feder ist mächtiger als das Schwert.‹ Die Schriftsteller überall auf der Welt haben in der Tat mehr in Bewegung gesetzt und Dauerhafteres bewirkt, als große Generäle, Politiker oder Industriebosse. Allerdings haben einige Machthaber, die das Schwert führten, auch zu schreiben oder hervorragend zu sprechen gewußt. Was da geschehen kann – besonders wenn sich solche Leute dem Teufel verschreiben – zeigt sich während der Französischen Revolution bei Robespierre und später dann bei Adolf Hitler. Das Urteil der Geschichte könnte einmal lauten, daß Winston Churchill durch seine Redekunst mehr zum Überleben seiner schwer heimgesuchten Insel beigetragen hat als durch seine Kriegsführung.

Vergleich zwischen Hart und Weich: Um uns auf eine uns vertrautere Ebene zu begeben: Wir erfassen die wirkliche oder zugrundeliegende Botschaft eines Gedichts, einer Geschichte oder einer Symphonie mittels Weich-Roten Denkens. Durch dieses Weich-Rote Denken › durchschauen ‹ wir einen anderen Menschen unter Umständen schon bei der ersten Begegnung. Mit Hilfe des Weich-Roten Denkens sind wir in der Lage einzuschätzen, was bei einer Situation alles mitspielt, und so können wir ein unbedachtes Vorgehen vermeiden. Jeder von uns stützt sich tagtäglich auf sein Weich-Rotes Denken. Wenn wir uns mit

Kollegen, Freunden oder Familienmitgliedern unterhalten, erwarten wir von ihnen, daß sie den Kernpunkt, das Wesentliche des Gesagten gleich erfassen, ohne daß wir erst ins Detail zu gehen brauchen. Selbstverständlich erwarten sie das auch von uns. Wenn Sie aber mit jemandem zu tun haben, bei dem das Weich-Rote Denken nicht zur Anwendung kommt, so erlahmt das Gespräch – bis Sie sich entschließen, sich auch auf Hart-Rot umzustellen. Sie stellen dann fest, daß Sie Dinge so vortragen müssen, wie Sie es nie für nötig gehalten hätten. Und wenn Sie in einem Brief an einen solchen Menschen irgend etwas beschreiben, so ist eine abwechslungsreiche Ausdrucksweise eher hinderlich. Der Buchhalter, der Ingenieur, der Techniker gehen die Dinge Hart-Rot an und bevorzugen einheitliche Bezeichnungen.

Wenn man mündliche Vereinbarungen in einem Vertrag zu Papier bringt, geschieht etwas Ähnliches. Der Anwalt einer holländischen Firma sagte bedauernd, aber mit subtilem Humor zu uns: »Jetzt müssen wir unsere Vereinbarungen in eine schriftliche Form pressen.« Er wußte, daß durch das ›Hineinpressen‹ der (Weichen) Vereinbarung in einen schriftlichen Vertrag mit exakten Formulierungen (Hart) der Flair und der Esprit einer mündlichen Vereinbarung, die durch ein lockeres Gespräch zustandegekommen war, zerstört würde.

Es ist in der Tat sehr schwierig, den wirklichen geistigen Gehalt einer Vereinbarung (Weich) in den Buchstaben des Gesetzes auszudrücken (Hart). Und wer kann schon sagen, was wichtiger ist?

Vielleicht haben Sie schon festgestellt, daß Kindern im Alter von drei bis sechs Jahren das Weich-Rote Denken abgeht. Sie gehen gern ins Detail. Hart-Rot liegt ihnen also mehr. In Gesprächen mit Kindern dieses Alters wimmelt es von Zahlen, Listen und größter Genauigkeit, was die Fakten angeht (Hart-Rot). So fragen Sie Ihr vierjähriges Kind vielleicht im Scherz: »Na, was macht denn dein lieber alter Teddy so?« Daß Ihre Frage zärtlich klingen sollte, bekommt Ihr Kind wahrscheinlich gar nicht mit. Es antwortet ganz entrüstet: »Mein Teddy ist nicht alt! Nächste Woche wird er ja erst zwei. Mein Teddy ist noch nicht einmal so alt wie ich. Mein Teddy ist jung!«

Sie hatten Ihre Worte so gewählt, damit Ihr Kind Sie auch versteht - eine Weich-Rote Intention, die in die Binsen ging. Ihr zärtlich gemeintes »alt« interpretiert Ihr Kind rein chronologisch. Kleine Kinder nehmen alles ganz wörtlich (Hart-Rot).

Weich-Rot verbirgt sich entweder tief drinnen - oder es findet sich im Ganzen, das größer ist als die Summe seiner Teile. Im Inneren verborgen ähnelt es einem Gedicht, dessen Botschaft nie deutlich ausgesprochen wird. Hier ein Beispiel:

Lächle nicht in dich hinein
Wie ein grüner Berg,
Über den eine Wolke hinwegzieht,
Sonst wissen die Leute,
Daß wir ineinander verliebt sind.

Lady Otomo No Sakanoe
Japan, 8. Jahrhundert

Findet sich Weich-Rot im Ganzen, so ist es wie ein impressionistisches Gemälde. Wenn man die Pinselstriche, die Kleckse und Spritzer betrachtet, also die Hart-Roten Details, übersieht man leicht das Feld, das abgeerntet werden kann und sieht nicht, wie der Wind durchs Korn streift. Der Maler Whistler brüskierte eines Tages eine Frau in London, die eines seiner Bilder aus allernächster Nähe ansah: »Madame, Bilder sollte man sich ansehen. Sie sind nicht dazu da, daß man sie beschnüffelt.« Menschen, die gleichzeitig in der gleichen Situation das Gleiche sehen, sehen es doch ganz unterschiedlich, wenn der eine Hart-Rot und der andere Weich-Rot denkt. Wenn sie sich nicht vorsehen, so ignoriert womöglich jeder das, was der andere annimmt. Aber gerade diese Verschiedenartigkeit macht ja das Erfassen der Wahrheit so hochinteressant. Ebenso wichtig ist es zu wissen, wann welcher Modus angebracht ist. Hart und Weich müssen Zwiegespräche führen, um › die Wahrheit, die ganze Wahrheit ‹ zu entdecken.

Die Grün-Modi

Auf der Suche nach Ideen begibt das Denken sich in unbekannte Regionen. Wer Grün denkt, ist zukunftsorientiert und dem zugewandt, was es einmal geben könnte. Bei der Ausbildung und Erziehung wird diese Art des Denkens meistens vernachlässigt und nicht über das Anfangsstadium hinaus gelehrt. Es wird oft angenommen, daß Dinge wie das Spielen und die Phantasie nur während der Kindheit ihre Berechtigung hätten. Schon bei Teenagern wird das unterdrückt: Sie werden dazu angehalten, nur das bereits Bekannte zu lernen und zu begreifen. Wie Blau und Rot hat auch Grün seine zwei Modi: zwei sehr unterschiedliche Wege, sich mit dem Neuen zu befassen.

Hart-Grün: Diese Denkart erweist sich als besonders fruchtbar, wenn es darum geht, Verbindungen zu knüpfen, vernetzt zu denken oder in bereits vorhandenen Gegebenheiten neue Möglichkeiten zu erkennen. Hart-Grün ist scharfsinnig und erfinderisch und strebt damit Originalität an. Hart-Grün dreht und windet sich, stürmt in verschiedene Richtungen, wendet sich hierhin und dorthin, geht hinein und heraus, hinauf und hinunter, tut sich überall um, und das alles in der Absicht, noch einen anderen, neuen, Weg zu finden, um ans Ziel zu gelangen. Sobald irgendein Problem den Weg versperrt, begibt sich Hart-Grün auf die Suche nach Lösungen und erdenkt im Handumdrehen eine Vielzahl von Möglichkeiten. Diese Denkart zeichnet sich durch große Gewandtheit aus, und zwar mehr durch eine Gewandtheit der Gedanken als der Worte.

Hart-Grün stellt in Frage, was › schon immer so gewesen ist ‹, zweifelt am Sinn und Nutzen von Gewohnheiten. Es stellt das Gewohnte einfach auf den Kopf und handelt ohne Ansehen der Person, wenn es darum geht, festgefahrene Verhaltensweisen anzugreifen. Hart-Grün hat für Konventionen oft nur Spott übrig und läßt die Hoffnung aufkommen, daß sich bei festgefahrenen, unbeweglichen und undurchlässigen Organisationen und Systemen doch noch etwas ändern wird. Hart-Grün überwindet Schwierigkeiten durch laterales Denken. Wo Hart-Blau das Problem mit Logik angehen oder Hart-Rot Informationen einholen würde, um das Problem besser in den Griff zu bekommen, da stellt sich Hart-Grün außerhalb, betrachtet die Angelegenheit aus einer ganz anderen Perspektive und ist damit nicht mehr im Problem › gefangen ‹. Wenn sich ein einmal eingeschlagener Weg höchstwahrscheinlich nicht nur günstig, sondern auch nachteilig auswirken wird, so sorgt Hart-Grün dafür, daß das Positive beibehalten wird und sucht nach einer Möglichkeit, die negativen Aspekte zu vermeiden. Ein Beispiel dafür ist das Recycling von gebrauchten Dingen. Kosten, die bei der Müllbeseitigung entstehen, werden so vermieden. Aus bereits genutzten bzw. › verbrauchten ‹ Produkten werden zusätzliche Resourcen geschaffen.

Bis vor kurzem mußte jeder, der Kies zutage förderte und große Löcher in der Erde hinterließ, diese wieder auffüllen. So wurden diese Riesenlöcher oft einfach in Müllgruben umfunktioniert. Dabei ist es ebensogut möglich, sie mit Wasser aufzufüllen, um dort Vogelschutzgebiete oder schöne Seen anzulegen, die der Erholung dienen und das Freizeitangebot vergrößern. Wenn das gut gemacht wird, ist es eine hochwertige Alternative zu den gräßlichen Müllgruben – eine begrüßenswerte Möglichkeit, die Umwelt nicht nur zu schonen, sondern auch noch zu verschönern. Unter Umständen bringt das sogar Geld ein.

Wie kann man all unseren Müll und Schrott besser beseitigen bzw. verwerten? Mit dieser Frage muß sich unser Grün noch auseinandersetzen. In Holland, wo das Land extrem flach ist, sind künstliche Hügel angelegt und bepflanzt worden. In Florida hat man alte Autoreifen auf dem Meeresboden aufgehäuft, damit sich ringsum Sand ablagert und den dringend erforderlichen Lebensraum für bestimmte Lebensformen im Meer liefert. Es gibt hunderte von Möglichkeiten, man muß sie nur entdecken. Dazu gehört vielleicht auch, daß man die verschiedenen Stadien bei der Erzeugung des Abfalls einmal genauer unter die Lupe nimmt und bis zum ursprünglichen Design des Produkts und seiner Verpackung durch den Hersteller zurückverfolgt.

Das meiste, was einem dazu einfällt, kommt vermutlich durch das Hart-Grüne Denken zustande. Sie denken immer Hart-Grün, wenn Sie versuchen, etwas besser zu machen. Wenn Sie sich einmal in Geschäften oder an Ihrem Arbeitsplatz umsehen, so erkennen Sie, daß die meisten Produkte, die

Sie sehen, durch Veränderungen oder Verbesserungen an etwas bereits Vorhandenem entstanden sind. Geben Sie einem Hart-Grün dominierten Menschen einen Punkt, von dem er ausgehen kann, und er wird alle möglichen Variationen und Abwandlungen dieser ursprünglichen Form kreieren. Auf diese Weise entstehen neue Konzepte. Manche sind sicher ungewöhnlich und eine geniale Lösung für ein Problem. Heute benutzen wir sogar schon Computer im Sinne von Hart-Grün, um die › Ideenproduktion ‹ zu beschleunigen. Das Verfahren, Faktoren miteinander zu kombinieren, sie gegeneinander auszutauschen oder abzuändern, war allerdings auch schon gebräuchlich, bevor es Computer gab und ist in der Fachsprache unter dem Namen Morphologie bekannt.

Weich-Grün: Diese Denkart reicht weit über das Hart-Grüne Denken hinaus, wenn es darum geht, neue Ideen zu finden. Sie orientiert sich an Bildern, Träumen und Metaphern. Sie ist › nicht von dieser Welt ‹, oder reicht über diese Welt hinaus. Das Weich-Grüne Denken wird von flüchtigen Empfindungen bestimmt, die sich bis in die Zukunft erstrecken. Die Phantasie ist das Zentrum von Weich-Grün. Dieses Denken ist so entrückt und weit voraus, daß es die meisten Menschen vielleicht gar nicht wahrnehmen oder nicht zu schätzen wissen.

Weich-Grün verläßt sich bei seinen leitenden Ideen auf die Intuition. Der sechste Sinn ist Weich-Grün. Weich-Grün kann vor einem neuen Wagnis warnen, kann auch dazu ermutigen, denn mit seiner Hilfe erfaßt man ganz intuitiv, wie die ausgehen wird. Manche Menschen verlassen sich – oft ganz zu Recht – auch bei den wichtigsten Entscheidungen im Leben auf ihre Intuition, ganz gleich, ob es nun um einen Hauskauf, den Ehepartner oder den Beruf geht. Das liegt ihnen mehr, als diese wichtigen Fragen logisch zu durchdenken. Auch in Unternehmerkreisen stößt man oft auf diese Intuition. Das sieht dann manchmal aus, als ginge der Betreffende ein unglaublich großes Risiko ein. Pasteur hat es einmal so ausgedrückt (ob er nun hilflos war oder in Rätseln sprechen wollte, sei dahingestellt): »Das Schlimme an der Phantasie ist, daß sie manchmal recht behält.«

Menschen, die Weich-Grün denken, berichten, sie seien mit etwas »in Berührung«, das größer sei als sie selbst. Sie seien für ihre Ideen nicht selbst verantwortlich – diese würden ihnen gleichsam › eingegeben ‹. Sie sind gerne aufgeschlossen und empfänglich – sie beten, meditieren oder verhalten sich kontemplativ, damit der Verstand, die Intelligenz, die Energie, der Geist und Gott freien Zutritt haben und sie zu schöpferischen Akten inspirieren.

Diese Farbe besitzt noch die Lebendigkeit von Kindheitsphantasien – Spiele auf geistiger Ebene, bei denen vor dem geistigen Auge buchstäblich Bilder erstehen, die die Phantasie schöpferisch anregen. Diese Bilder sind so vielgestaltig, so farbenfroh und so flexibel, so ganz und gar nicht festgelegt, daß sie das Denken dazu anregen, eine Menge guter Ideen hervorzubringen. Wenn vor dem geistigen Auge solche Bilder hervorgerufen werden, so ist das ganz bewußtes Träumen. Der Träumende gewinnt Zugang zu der Schatzkammer des Unbewußten, wodurch zuweilen hervorragende, zumindest aber ungewöhnliche Ideen das Tageslicht erblicken.

Für manche Menschen verkörpert Weich-Grün die › Kreativität ‹ schlechthin. Sie stellen sich vor, daß Kreativität von der Aura des Genies oder einem unerklärlichen Flair umgeben sei. (› Was man erklären kann, ist nicht wirklich kreativ ‹.) Sie erstarren in Ehrfurcht angesichts plötzlicher Inspirationen, eines plötzlichen Lichtstrahls vom Himmel – ganz so, als sei eine wirklich kreative Idee das Produkt einer geheimnisvollen Macht oder Magie. Weich-Grün tritt in Erscheinung, wenn eine revolutionäre Idee ausgebrütet wird. Geht es um evolutionäre Dinge, ist es seltener vorhanden. Meist handelt es ich um einen atemberaubenden Sprung, der uns in eine ganz neue Dimension entführt.

Vergleich zwischen Hart und Weich: Nun aber zurück zur Erde. Sie sehen, daß der Unterschied zwischen Hart- und Weich-Grün damit zu vergleichen ist, ob man etwas in einem neuen Licht oder ob man tatsächlich etwas Neues sieht. Es liegt in der Natur der Dinge, daß sich alle Menschen beider Denkarten bedienen. Wir denken vielleicht öfter Hart-Grün, ohne uns dessen bewußt zu sein. Weich-Grün hingegen bewirkt offensichtlich, daß die Augen leuchten und der Puls sich beschleunigt. Im Augenblick der Eingebung scheint die Idee die ganze Welt mit ihrem Glanz zu erhellen. Es bleibt jedoch abzuwarten, wie sich die Idee bewährt, und dafür braucht man Rot und Blau.

4. KAPITEL

DIE DENKART INTERPRETIEREN

Nachdem Sie jetzt über die Farben und die Modi Bescheid wissen, können Sie sie kombinieren, um die wichtigsten Charakteristika Ihres Denkens richtig zu interpretieren. Dieses Kapitel soll Ihnen dabei eine Hilfe sein.

Führen Sie Ihre Punktzahl nachstehend noch einmal an, damit Sie sie schnell finden, wenn Sie dieses Kapitel durcharbeiten.

Ihre Farben

(Punktzahlen aus Kapitel 2)

BLAU		ROT		GRÜN	

Hoch: 65 und darüber
Mittel: 41 bis einschließlich 64
Niedrig: 40 und darunter

Unterstreichen Sie die Kategorien, unter die Sie fallen:

BLAU	ROT	GRÜN
Hoch	Hoch	Hoch
Mittel	Mittel	Mittel
Niedrig	Niedrig	Niedrig

Ihre Modi

(Punktzahlen aus Kapitel 3)

BLAU		ROT		GRÜN	
HART	WEICH	HART	WEICH	HART	WEICH

Bewertung: Liegt Ihre Punktzahl höher als 24, so haben Sie eine ausgesprochene Vorliebe *für* diesen Modus. Das Gegenteil liegt Ihnen dafür *gar nicht.*

Um das Wesentliche Ihrer Punktzahl zu erfassen, sollten Sie ein paar Schlüsselfragen beantworten:

1. Welche Farbe ist bei Ihnen führend
   Neigen Sie hier mehr zu Hart oder Weich?
2. Bei welcher Farbe erreichen Sie die niedrigste Punktzahl
   Was liegt Ihnen hier weniger – Hart oder Weich?
3. Vorliebe insgesamt: Hart oder Weich?

Beispiel A: Anne

Hoch Blau 80		Mittel Rot 54		Niedrig Grün 26	
HART 29	WEICH 11	HART 27	WEICH 13	HART 25	WEICH 15

1. Die führende Farbe ist Blau.
   Hart-Blau liegt ihr mehr als Hart-Weich.
2. Die niedrigste Punktzahl erreicht sie bei Grün.
   Strebt von Weich weg zu Hart, d. h. Weich wird kaum angewandt.
3. Neigt insgesamt gesehen zu Hart (81 Punkte). Weich dagegen nur 39 Punkte.

Bei Anne kommt Hart-Blau offenbar am stärksten zur Geltung. Weich-Grün hingegen am allerwenigsten. Man kann also sagen, daß Hart-Blau bei ihr führend ist. Da bei ihr insgesamt Hart überwiegt, könnte man sagen, daß sie mehr zum Harten Denken» neigt. Und da Rot (Mitte) bei ihr auch deutlich einen Hang zu Hart zeigt, könnte man sie einen »Hart-Blau/Hart-Rot Typ« nennen.

Beispiel B: Brian

Mittel Blau 48		Mittel Rot 46		Hoch Grün 66	
HART 18	WEICH 21	HART 16	WEICH 24	HART 6	WEICH 34

1. Die führende Farbe ist Grün.
   Neigt mehr zu Weich.
2. Erreicht bei keiner Farbe eine besonders niedrige Punktzahl. Bei beiden Sekundärfarben zeigt sich, daß er nicht zu Hart neigt. Hat jedoch keine auffallende Abneigung dagegen. Hart wird zu wenig benutzt.
3. Neigt insgesamt gesehen zu Weich (79 Punkte). Bei Hart dagegen kommt er nur auf 41 Punkte.

Bei Brian dominiert eindeutig Weich-Grün als wichtigste Kombination. Man muß daher annehmen, daß sie bei seinem Denken den Vorrang hat. Brian ist also ein »Weicher Denker«.

Beispiel C: Catherine

Mittel Blau 52		Mittel Rot 58		Mittel Grün 50	
HART 33	WEICH 7	HART 12	WEICH 28	HART 29	WEICH 11

1. Die führende Farbe ist Rot, aber nur knapp.
   Hang zu Weich.
2. Kommt bei keiner Farbe auf eine auffallend niedrige Punktzahl.
   Bei den beiden zweitrangigen Farben geht die Tendenz eindeutig von Weich weg. Weich kommt zu wenig zur Geltung.
3. Insgesamt Vorliebe für Hart (74 Punkte). Bei Weich kommt Catherine dagegen nur auf 46 Punkte.

Catherines Punktzahlen müssen wir etwas entwirren, denn bei ihr schneiden alle Farben beinahe gleich gut ab. Catherine ist ein Ausnahmefall: Sie hat keine Vorliebe für eine bestimmte Farbe. Doch warum nennen wir es eine Ausnahme, wenn sich die Punktzahlen in etwa die Waage halten? Wir haben festgestellt, daß die meisten Menschen eine Vorliebe für eine ganz bestimmte Farbe haben, die dann ihr Denken bestimmt. Deshalb ist es eine große Ausnahme, wenn alle Farben in etwa den gleichen Stellenwert einnehmen.

Insgesamt gesehen zeigt sich deutlich, ob Catherine Hart oder Weich vorzieht. Doch beachten Sie die Kurve zwischen Hart-Blau und Weich-Rot und dann wieder zurück zu Hart-Grün. Das zeigt, daß Catherine auf breiter Basis denkt, doch es schafft ihr auch Probleme, wenn sie versucht, zwischen Hart und Weich zu wechseln.

Überprüfen Sie die Genauigkeit Ihrer Farb-Punktzahlen

Die Punktzahlen, die sich durch die Beantwortung der Fragen ergeben, nützen nur etwas, wenn sie Ihr Denken auch wirklich widerspiegeln. Wenn Sie die Richtigkeit Ihrer Ergebnisse bezweifeln, sollten Sie folgende beiden Möglichkeiten in Betracht ziehen:

1. Sie haben die Fragen nicht so beantwortet, daß sich Ihre Intentionen klar herauskristallisieren. Deshalb haben Ihre Punktzahlen keine Aussagekraft, was Ihr Denken angeht. Beantworten Sie die Fragen noch einmal. Sie wissen inzwischen mehr über Farben und Modi. Deshalb fallen Ihre Antworten jetzt ganz bestimmt genauer aus.

2. Vielleicht kennen Sie sich nicht so gut wie Sie glauben. Die Farben könnten Sie über Aspekte Ihres Verstandes bzw. Ihres Geistes aufklären, von denen Sie noch gar nichts wußten.

Auswertung

1. Wir erklären Ihnen hier ausführlich, wenn auch nicht erschöpfend, wie Sie Ihre Zahlen auszuwerten haben. Diese Auflistung muß Sie in die Lage versetzen, sich anhand der Beschreibungen, die Ihren Punktzahlen entsprechen, ein realistisches Bild von Ihrem Verstand zu machen. Wenn Sie möglichst systematisch vorgehen wollen, ohne aber alles zu lesen, so schlagen wir Ihnen den folgenden Weg vor:
   - Beginnen Sie mit Ihrer führenden Farbe und da wiederum mit dem von Ihnen bevorzugten Modus.
   - Wählen Sie die Modi aus, für die Sie bei den anderen Farben eine Vorliebe haben.
   - Nehmen Sie sich die Farbe einmal vor, bei der Sie die niedrigste Punktzahl erreichen, sowie auch den Modus, mit dem Sie am wenigsten im Sinn haben. Das zeigt, welcher Aspekt Ihres Denkens am allerwenigsten eingesetzt wird.
   - Versuchen Sie es einmal mit dem Gegenteil Ihrer Punktzahlen für die Farben. Wenn Sie zum Beispiel bei Grün auf eine hohe Punktzahl gekommen sind, sollten Sie auch einmal die Auswertung für die niedrige Punktzahl lesen. Man versteht sich selbst besser, wenn man sich auch einmal mit dem Gegenteil beschäftigt.
   - Wenn bei Ihrem Denkstil keine mittleren Punktzahlen auftauchen, versuchen Sie es trotzdem einmal damit, weil Sie dadurch ein ausgeglichenes Bild einer jeden Farbe erhalten.
2. Bei der gesamten Auflistung werden Schlüsselwörter und Schlüsselsätze benutzt, um zu betonen, was wirklich wichtig ist. Dadurch werden die grundlegenden Bedeutungen auf einen Blick sichtbar.
3. Aus technischen Gründen werden die Farben in diesem

Buch getrennt katalogisiert. So lassen sie sich leichter nachschlagen. Im Leben vermischen sich die Farben selbstverständlich und gehen ineinander über. So entwickelt sich ein vielschichtiges Denken. Doch zuweilen überflutet eine starke Farbe das Denken eines Menschen regelrecht. Gewandte Denker jonglieren regelrecht mit ihren Farben. Andere Menschen wiederum stolpern ungeschickt herum oder bleiben an einer Farbe hängen. Deshalb ist es ein Riesenschritt, die durch das Buch gewonnenen Erkenntnisse auf das Leben zu übertragen. Davon ist in Kapitel 5 die Rede.
4. Jeder Aspekt Ihres Denkens kann ein Pluspunkt sein – wenn Sie ihn richtig einsetzen (ganz gleich ob Sie dabei auf eine hohe oder eine niedrige Punktzahl gekommen sind). Wenn Sie dieses Kapitel gelesen haben, in dem es um Ihren Denkstil geht, können Sie im Abschluß daran erfahren, wie Sie alle Ihre Kräfte sinnvoll einsetzen können.

Abschnitt I

Das Grüne Denken nimmt Neues wahr
Schlüsselwort: Ungebunden

Das Entscheidende und Typische am Grünen Denken ist das Suchen nach neuen Ideen, wobei sich der Grüne Denker keinerlei Zwänge auferlegt. Was bereits bekannt ist (Rot) oder was im Augenblick als richtig gilt (Blau), interessiert ihn daher nicht.

Mittlere Punktzahl bei Grün

Wer bei Grün auf eine mittlere Punktzahl kommt, wendet es aufgrund seiner Eigenschaften zwar gern an, doch nicht auf Kosten der beiden anderen Farben. Eines der Schlüsselattribute von Grün ist das Knüpfen neuer Verbindungen. Deshalb ist ein Mensch, der beim Grünen Denken eine mittlere Punktzahl erreicht, nicht nur sehr geschickt, wenn es darum geht, Ideen miteinander zu verbinden. Grün kann zwischen Rot und Blau vermitteln, diese wenn nötig hinzuziehen und sie wieder abschieben, wenn sie nicht mehr benötigt werden. Eine mittlere Punktzahl bei Grün weist auf die Fähigkeit hin, mit Grün zu agieren, ohne daß man sein ganzes Denken darauf einstellt und darin versinkt.

Wer Grün denkt und dabei eine mittlere Punktzahl erreicht, hat flexible und lebendige Ideen, zeigt sich dem Neuen gegenüber aufgeschlossen und schreckt auch vor dem Außergewöhnlichen nicht zurück. Grüne Denker hegen selten einen Groll gegen ihre Mitmenschen (solange keine starke Blau-Komponente hinzukommt), weil sich ihr lebhafter, überaus lebendiger Geist frei und ungebunden fühlt und an der Zukunft orientiert ist. Es kommt höchstens zu Unstimmigkeiten, wenn sich jemand an die Vergangenheit klammert. Bei Grün ist das niemals der Fall.

Bei allen Menschen, die Grün denken, darf man einen sehr wichtigen Aspekt nicht außer acht lassen: Während ihrer Grünphase sind sie selbstverständlich nur auf den Glanz des Neuen aus und kümmern sich um nichts anderes. Es liegt im Wesen von Grün verankert, ganz in der Idee aufzugehen. Menschen, die neue Ideen produzieren und neue Ansichten vertreten, vergessen dabei leicht ihre gute Kinderstube. Sie haben kein Zeitgefühl mehr und keinen Sinn für ihre eigenen physischen Bedürfnisse oder die anderer Menschen. Bis die Grünphase vorüber ist, legen sie auch keinen großen Wert auf regelmäßige Mahlzeiten.

Grundsatz bei der Vorliebe für Hart
(Mittlere Punktzahl bei Grün):
»Jedes Problem ist eine versteckte Chance«

Wenn Sie zu Hart tendieren, versuchen Sie wahrscheinlich immer, soviel wie möglich aus einer Situation herauszuholen, indem Sie sich eine ganze Reihe von Alternativen ausdenken. Unabhänig davon, ob es sich nun um eine gute oder um eine ungute Situation handelt: Hart-Grün ist meist einfallsreich und **scharfsinnig.** Durch Flexibilität und Anpassungsfähigkeit werden die Probleme **überdacht** und der Hart-Grüne Denker schafft es, aus der Talsohle herauszukommen. Wer Hart-Grün denkt, **setzt sich über vieles hinweg,** um sich Zwängen zu entziehen. Er ist sehr beharrlich und **läßt nicht locker,** was seine Ideen anbelangt. Hart-Grün wiegt sich ständig in der Hoffnung, auf eine weitere Alternative zu stoßen, mit deren Hilfe sich die Aufgabe besser lösen läßt. Der Verstand des Hart-Grünen Denkers ist unaufhörlich tätig, sobald ein Gedanke in ihm Form angenommen hat. Er jongliert, verwandelt und formt den Gedanken um. Daraus ergeben sich völlig neue Perspektiven.

Flexibilität und Beweglichkeit des Denkens erzeugen gewöhnlich Mutterwitz, Sinn für Situationskomik und einen ausgeprägten Sinn für Humor. Normen werden auf den Kopf gestellt, um damit zu demonstrieren, wie absurd das Leben sein kann. Der Hart-Grüne Verstand arbeitet sehr schnell, stellt eine Unmenge von Verbindungen her zwischen dem, was gemeinhin als › normal ‹ und dem, was als › nicht normal ‹ gilt. Manche Hart-Grünen Menschen sind daher natürlich amüsant. Oft kultivieren sie auch diese Fähigkeit. Sie sind dann für ihren Witz bekannt. Frank Muir und Dennis Norden sind glänzende Beispiele für diese Art von Humor, den sie zu einer Kunst entwickelt haben. Sie sind begabte Drehbuchautoren, und die Fans der Bildschirmspiele von BBC haben sie ins Herz geschlossen, weil ihnen aus dem Stegreif die lustigsten Sachen einfallen. Die Eigenschaft, die für diesen Aspekt des Hart-Grünen Denkens typisch ist, ist die Fähigkeit, den eingefahrenen Denkweisen, den Spielregeln, den normalen Verhaltensweisen zu **entfliehen** und Anspielungen und Kehrtwendungen zu machen. Diese Menschen sind so wendig, daß sie Zwänge umgehen, ohne dadurch gegen das Gesetz oder die Regeln des Anstands und der Sitte zu verstoßen (jedenfalls ohne allzusehr dagegen zu verstoßen). Der geschickte Hart-Grüne Denker beherrscht diese Gratwanderung.

Grundsatz bei der Vorliebe für Weich
(Mittlere Punktzahl bei Grün):
»Eine Gabe Gottes«

Der intuitive Denker hat einen Hang zu Weich. Er umgeht die Logik Blau) sowie die Beweiskraft (Rot) und hat trotzdem Ideen, die so visionär sind, daß sie alle anderen ausstechen. Manchmal erscheint einem das als unverdientes Glück. Der Kampf zwischen Mozart und Salieri (um den es in dem Film **Amadeus** geht) ist ein gutes Beispiel dafür. Der verspielte Mozart strömte förmlich über von der herrlichsten Musik. Und das fast mühelos: Göttliche Inspiration gab ihm diese Musik scheinbar unverdient ein. Er hatte ein untrügliches **Gefühl** für das Sublime. Der ehrenwerte Antonio Salieri hingegen arbeitete wie ein Berserker, und hätte für diese Gabe viel gegeben. Doch er brachte nur mittelmäßige Musik zustande, die sich mit der Mozarts ganz und gar nicht messen kann. Wie ungerecht! Mozart ließ seinen Geist frei schweifen. **Ungezwungen** konnte er auf Impulse reagieren, die außergewöhnlichen Erfahrungsdimensionen entsprangen.

Der Weich-Grüne Verstand arbeitet viel mit Farben, Bildern und Symbolen. Er ist sehr phantasievoll. Wer Weich-Grün denkt, hat eine ausgeprägte Phantasie sowie die Fähigkeit, die Wirklichkeit nicht nur in Bilder umzuwandeln und in **Symbolen** zu sehen, sondern sich auch **vorzustellen,** daß man ganz woanders oder ein ganz anderer Mensch ist – und zwar so lebhaft, daß es einem wahr erscheint. Man kann alles sein, was man möchte, wenn man Weich-Grün denkt. Man kann hingehen, wohin man möchte und kann sich im Geiste tatsächlich in lebenden Bildern › sehen ‹. Die Beweise dafür häufen sich, daß manche Menschen, die in diesem Modus glänzen, Bilder › empfangen ‹, die ganz klar und präzise Zukunftsvisionen vermitteln. Da stellt sich dann die Frage, wie ein solcher Mensch anderen seine Visionen erzählen soll, ohne daß sie ihn für verrückt erklären. Unsere westliche Gesellschaft kann mit dieser Art des Denkens vorerst noch nichts anfangen. Uns Mitteleuropäer lehrt man Logik (Hart-Blau) und die offenkundige Wahrheit (Hart-Rot). Mit Weich-Grün wissen wir nicht umzugehen. Es erweckt unser Mißtrauen. Menschen, die Weich-Grün denken, werden verachtet. Das ist ein Jammer, denn wenn wir lernen würden, damit umzugehen, würde uns so manches leichter fallen. Uns würden wunderbare Erkenntnisse über die Zukunft zuteil, mit deren Hilfe wir uns besser auf das Kommende vorbereiten könnten. Unsere Welt ist so drastischen Änderungen unterworfen, daß diese Kunst des Denkens unerläßlich ist.

Hohe Punktzahl bei Grün

Die amüsante und doch tragische Geschichte von der Büchse der Pandora aus der griechischen Mythologie zeigt ganz deutlich, wie der Verstand bei einer hohen Grün-Punktzahl arbeitet. Allen Warnungen und dem ausdrücklichen Verbot zum Trotz, die Zauberbüchse zu öffnen, konnte Pandora ihre Neugier (Grün) nicht bezähmen, obwohl ihr der gesunde Menschenverstand (Blau) davon abriet, sich dem Verbot zu widersetzen. In der Büchse befanden sich aber die Leiden der Menschheit. Bevor sie sie öffnete, war alles Freude und eitel Sonnenschein. Pandoras Torheit brachte unendliches Leid über die Welt. Wenn Grün im Übermaß zur Anwendung kommt, vor allem in Augenblicken, wo es nicht ratsam ist, kann es verheerende Auswirkungen haben. Normalerweise bleibt es dann anderen Menschen überlassen, sich mit dem Ergebnis herumzuschlagen. Wer Grün denkt, wendet sich sofort neuen Gefilden zu, nachdem er die wohlgeordnete Welt der anderen auf den Kopf gestellt hat. Wer mit dem Grünen Denken eine hohe Punktzahl erzielt, fühlt sich **zu nichts verpflichtet,** außer dazu, neue Ideen zu produzieren, und immer mehr neue Ideen. Wer im Übermaß Grün denkt, zerbricht sich über die Folgen seiner Handlungen selten den Kopf.

Trotzdem hat es auch etwas Ermutigendes und herrlich Befreiendes, wenn Grün die Konventionen ignoriert und sich völlig zügellos gebärdet. Menschen, bei denen das Schwergewicht auf Grün ruht, müssen nur den richtigen Zeitpunkt wählen, um den Frieden zu stören. Es fällt ihnen schwer, sich zu beherrschen und der Zügellosigkeit nicht zu sehr zu verfallen – auch wenn sie förmlich übersprudeln vor Ideen. Sie haben Angst, ihre Ideen könnten im Sande verlaufen, wenn sie sie nicht sofort in Umlauf bringen. Weil ihnen das so wichtig ist, sind sie zuweilen ungeduldig oder sogar grob. Ob es sich um eine gute oder eine schlechte Idee handelt, ist für sie kein Thema. Für sie zählt nur, daß sie den Gedanken aussprechen und ans Tageslicht befördern können, damit er Form annehmen kann. Wenn Grün loslegt und dabei nicht auf Grün stößt, sondern auf Blau, werden die ausgesäten Ideen auf unfruchtbaren Boden fallen und zugrundegehen.

Wenn jemand sehr Grün denkt, so erfährt er oft Zurückweisung. Denn die Ideen an sich erscheinen diesem Grün-Denker so erregend, daß er es nicht begreifen kann, wenn sie bei anderen Menschen nicht unbedingt begeisterte Aufnahme finden. Das Neue beflügelt die Kraft des Grünen Denkers. Diese Menschen sprühen Funken. Sie können Blau und Rot mit der ungeheuren Fruchtbarkeit ihres produktiven Geistes überwältigen, aber auch vor den Kopf stoßen und abschrecken. »Was für schwachsinnige Ideen. Das kann ja gar nicht funktionieren«, behauptet Blau. »Völlig unausgegoren. Ist nicht hieb- und stichfest«, erklärt Rot. Viele Grüne Denker sind Einzelgänger, die ihre Phantasie und Vorstellungskraft in einer feindselig eingestellten Welt hochhalten. Sie haben sich immer nur auf die Kraft ihres Grünen Denkens verlassen, ohne jedoch einen Sinn für das Passende und Nützliche zu entwickeln.

Oft sind sie sehr schwer zu verstehen, weil ihre Körpersprache nicht das ausdrückt, was sie wirklich denken. Die Signale, die sie unabsichtlich von sich geben, haben vielleicht nichts mit dem zu tun, was in ihnen vorgeht. So können sie zum Beispiel mürrisch sein, gelangweilt wirken oder auch grob bzw. gleichgültig erscheinen, während sie tief im Inneren Gedanken ganz anderer Natur hegen. Das ist schwer zu verkraften, wenn man nicht erkennt, daß sich diese Menschen in einer Grünphase befinden.

Grundsatz bei dem Hang zu Hart
(Hohe Punktzahl bei Grün):
»Nicht wissen, wann man besser aufhören sollte«

Menschen mit einer Neigung zu Hart und einer hohen Punktzahl bei Grün lernen auch oft die Schattenseiten kennen. In den Augen der Menschen, die die ungeheure Flut Grüner Ideen nicht verkraften, ist ein solcher Mensch ein Störenfried. Er verwirrt sie und bringt sie aus der Fassung. Menschen, die nicht so schnell denken, geraten völlig aus dem Rhythmus, wenn sie erleben, mit welcher Geschwindigkeit der Hart-Grüne Denker auf Ideen reagiert. Wer Hart-Grün denkt, steckt seine Nase überall hinein. Er macht sich Gedanken zu eigen, woher sie auch kommen mögen und gibt sie in abgewandelter Form, doch unverdaut weiter. Dadurch widmen sich diese Menschen selten der zwar sehr prosaischen, doch unbedingt nötigen Aufgabe, darüber nachzudenken, bei welchen Ideen sich eine Weiterentwicklung überhaupt lohnt.

Diese Menschen mit einem Hang zu Hart und einer hohen Punktzahl bei Grün, sind manchmal nicht einmal bereit, anerkannte Fakten als Grundlage für ihr Vorgehen zu verwenden. Denn sie sind der Ansicht, daß sie *alles* in Frage stellen müssen. Die Kollegen ärgern sich darüber und empfinden das natürlich als reine Zeitverschwendung. In ihren Augen spielen die Hart-Grünen Denker nur herum, anstatt voranzukommen. Der größte Prüfstein für die Hart-Grünen sind Zeitlimits, die sie fast immer überschreiten. Wenn die Kollegen ungeduldig darauf drängen, daß der Hart-Grüne Denker endlich zur Tat schreitet, hat der oft schon die Verfolgung der nächsten ›phantastischen‹ Idee aufgenommen, die ihm gerade in den Sinn gekommen ist.

Grundsatz bei dem Hang zu Weich
(Hohe Punktzahl bei Grün):
»Schöner Träumer, mach die Augen auf«

Wer bei Grün auf eine hohe Punktzahl kommt und zudem zu Weich hin tendiert, ist oft hoffnungslos unrealistisch, wenn er nicht über ein gewisses Maß an gesundem Menschenverstand verfügt und damit doch ein wenig in der Wirklichkeit verankert ist. Wenn die Weich-Grünen Denker die praktischen Dinge des Lebens geringschätzen und als unwürdig ablehnen, so leben sie in einem Elfenbeinturm. Irgendwann werden sie zu den Scharen der Sozialhilfeempfänger gehören. Die Blumenkinder der 60er Jahre machten die schmerzliche Erfahrung, daß sie ihre Träume von Schönheit und Frieden mit lästigen prosaischen Dingen wie dem Sauberhalten der gemeinsamen Wohnung unter einen Hut bringen mußten (Rot), wenn sie nicht wollten, daß ihre Bleibe zur Müllkippe wurde.

Wenn Sie zu den Weich-Grünen mit einer hohen Punktzahl gehören, sollten Sie Ihren Hang, sich jeder Verantwortung zu entziehen, im Auge behalten. Fragen Sie sich, ob Sie verhindern wollen, daß etwas feste Gestalt annimmt. Achten Sie darauf, ob Sie wiederholt davor zurückschrecken, einen Entschluß zu bekräftigen, einer Entscheidung zuzustimmen. Ob Sie sich nicht lieber vor der Entscheidung drücken, anstatt für die eine oder die andere Seite zu votieren. Weich-Grüne, die sich immer nur vage ausdrücken und sich niemals definitiv zu etwas äußern, strapazieren die Geduld ihrer Kollegen über jedes erträgliche Maß hinaus. Jeder von uns ist ja schon Menschen begegnet, die immer nur gewinnend lächeln und eingestehen: »Nein, ich habe mich noch nicht entschieden. Ich warte immer noch darauf, daß die richtige Antwort in mir aufsteigt.« Abwarten ist nur *manchmal* eine gute Strategie, und es ist sehr wichtig, zu erkennen, wann das tatsächlich der Fall ist.

Wie man mit einer hohen Punktzahl bei Grün verfährt

Wenn Sie diese Farbe im Übermaß verwenden und dadurch andere Farben strikt ausschließen, müssen Sie sich an die Kandare nehmen, um Ihren Gesichtskreis zu erweitern. Sie verschwenden Ihr Talent, wenn Sie Ihre Leistungsfähigkeit dadurch schmälern, daß Sie es unterlassen, Grün in die anderen Farben zu integrieren. Wenn Sie Ihr Leben in der Hauptsache nach Grün ausrichten, bringen Sie selten wirklich etwas zustande, denn nur durch das Kombinieren von Grün und Blau und Rot lassen sich neue Ideen auch in die Tat umsetzen. Wir in England stehen in dem Ruf, viele Erfindungen hervorzubringen (Grün), aber niemals wirklich Änderungen oder Neuerungen einzuführen (Blau und Rot). Die Schuld daran trifft vermutlich nicht einmal so sehr die Blauen und die Roten Denker (denen man das meistens in die Schuhe schiebt), sondern die Grünen, die sich mit Blau und Rot nicht verständigen können und die auch nicht wissen, wie sie ihre Ideen so an den Mann bringen können, daß andere sie verstehen. Menschen mit einer hohen Punktzahl bei Grün sind auf eine sonderbare Weise faul. Sie sind geistig so schnell und beweglich, daß ihnen die Umsetzung in die Tat einfach zu lange dauert – also lassen sie es bleiben. Sie sollten mehr über Rot und Blau in Erfahrung bringen und alles tun, um ihr Denken auch in ihnen zu verankern. Denn nur dann hat Grün seine Berechtigung.

Niedrige Punktzahl bei Grün

Im Falle einer niedrigen Grün-Punktzahl bleibt der Reichtum an Ideen aus, günstige Gelegenheiten werden nicht als solche erkannt. Menschen, die ihr Grün nicht hinreichend aktivieren, sind gefangen in Gewohnheiten, Konventionen, Sitten und Gebräuchen, Traditionen, Institutionen, Routine, Vorgehensweisen und ihrem Ordnungssinn. Wenn Grün durch Blau und Rot verdrängt wird, so bedeutet das, daß niemals eine neue Richtung eingeschlagen wird. Es gibt keinen Neubeginn, keine überraschenden Kurswechsel und es eröffnen sich auch keine neuen Horizonte. Wo es an Grün fehlt, da fehlt es auch an der Kraft, potentielle Möglichkeiten wahrzunehmen. Menschen, die es bei Grün nur auf eine niedrige Punktzahl bringen, haben oft ein starkes Bedürfnis nach Gewißheit und nach Sicherheit. Situationen, in denen Spontaneität verlangt wird, sind ihnen nicht geheuer. Sie brauchen › viel Zeit zum Nachdenken ‹, wirklich sehr viel Zeit, wenn nicht auch eine ganz entschiedene Weich-Blaue Komponente zu ihren emotionalen Wesenszügen gehört. Normalerweise stellen sie sich dem Neuen, indem sie eine einzige Idee dazu beitragen. Mehrere Ideen gleichzeitig zu liefern, übersteigt schon ihre Fähigkeiten. Es gehört nicht zu ihren Stärken, Unmengen von Ideen hervorzubringen oder wie die sprichwörtliche Biene von Blume zu Blume zu fliegen.

Wenn Sie also Grün nicht ausreichend einsetzen, sagt man

Ihnen womöglich nicht ganz zu Unrecht nach, saß Sie › den Karren festgefahren haben ‹. Sie müssen sich ungeheuer viel Energie und Entschlußkraft abringen, wenn Sie sich auf ein Abenteuer einlassen wollen. Alles was auch nur das kleinste Risiko in sich birgt, gehen Sie gut vorbereitet und erst nach gründlicher Überlegung, behutsam und ganz vorsichtig an. Wenn Sie sich gezwungen sehen, die Initiative zu ergreifen, lastet das schwer auf Ihnen. Die Chance, daß Sie sich einmal fröhlich und unbekümmert in die Zukunft stürzen, ist praktisch nicht vorhanden. Sie nennen das natürlich Vorsicht. Andere nennen das konservativ. Es kostet Sie eine ungeheure Anstrengung, leichten Herzens und unbekümmert fröhlich an eine Sache heranzugehen, denn Sie können nicht aus Ihrer Haut: Sie möchten alles verantworten können.

Leute, bei denen Grün nicht allzu stark vertreten ist, haben jedoch den Vorteil, daß sie bei vorgegebenen Aufgaben gut vorankommen. Man braucht Grün nur ruhen zu lassen, und schon ist es möglich, eine Idee daraufhin zu untersuchen, ob sie sich realisieren läßt. Wer bei Grün auf eine niedrige Punktzahl kommt, kann › das Salz der Erde und ein solider Bürger ‹ sein. Solche Menschen widmen sich den Dingen wirklich und nehmen die jeweilige Situation als gegeben hin. Sie finden sich eher damit ab, als daß sie versuchen, etwas zu ändern oder sich den Schwierigkeiten zu entziehen. Solche Menschen können dafür sorgen, daß sich die Erde weiterdreht, daß gesät und geerntet wird , wenn es an der Zeit ist, und daß niemand verhungert und erfriert.

**Grundsatz derjenigen, bei denen
Hart nicht hinreichend zur Anwendung kommt
(Niedrige Punktzahl bei Grün):
»Jedes Problem ist tatsächlich ein Problem«**

Menschen mit einer sehr niedrigen Punktzahl bei Hart-Grün sind zuweilen so erstarrt in ihrem Denken, daß ihre Kreativität darunter leidet. Das ist oft verbunden mit dem Hang, jede

Schwierigkeit als Stolperstein zu empfinden, denn diesen Menschen geht die Leichtigkeit des Denkens ab und damit die Fähigkeit, Hindernisse zu umgehen. Sie arbeiten sich schnurgerade vor. Sobald sie dann vor einer Mauer stehen, wissen sie nicht mehr weiter. Wenn ein Kollege mit einem starken Hang zu Hart-Grün ihnen den Vorschlag macht, nach Möglichkeiten zu suchen, um auszubrechen oder das Hindernis zu umgehen, schütteln sie nur den Kopf. Sie ziehen es vor, sich ganz stur und ohne Umwege durchzukämpfen, wollen das Hindernis um jeden Preis besiegen, weil es ihnen › im Weg ‹ ist.

Menschen mit einer niedrigen Punktzahl bei Hart-Grün besitzen wenig Verhandlungsgeschick. Nur mit Hilfe von Hart-Grün findet man die richtigen Mittel und Wege zur Vermeidung von Konfrontationen. Haben sich die Fronten verhärtet, so kann es schon Wunder wirken, wenn ein bißchen Hart-Grün ins Spiel kommt. Das lockert die Atmosphäre auf. In schwierigen Situation ist der Humor von Hart-Grün oft die Rettung – wenn es zum Beispiel darum geht, die Verhandlungen nach stundenlangem Diskutieren in verqualmten Räumen aufzulockern oder – in einem ganz anderen Zusammenhang – einen feindselig eingestellten Kunden zu besänftigen.

Grundsatz derjenigen, bei denen Weich nicht hinreichend zur Anwendung kommt (Niedrige Punktzahl bei Grün): »Tun oder Sein«

Wenn Ihre Punktzahlen so aussehen, können Sie dem Schicksal danken, denn Weich-Grüne Menschen haben es in unserer Gesellschaft oft sehr schwer. Allerdings fehlt Ihnen dafür die inspirierende Quelle der Phantasie. Wenn sie nicht jederzeit Bilder vor ihrem inneren Auge entstehen lassen können, so zahlt es sich aus, an dieser Fähigkeit zu arbeiten. Vieles erregend Kreative fängt ohne Worte an.

Wenn wirklich neue Ideen aufsteigen sollen, muß sich der Geist entspannen. Das kann mit Hilfe von Symbolen, Farben oder freier gedanklicher Assoziationen geschehen. Wer sich bemüht, seinem Weich-Grün zum › Durchbruch ‹ zu verhelfen, gestattet es sich zu › sein ‹. Solche Menschen lassen ihren Geist frei schweifen, damit sich ihnen vieles enthüllt. Sie haben gelernt, zielstrebig ziellos zu sein. Die Schönheit, die Musik, die Natur und alles was wächst lassen Gedanken in ihnen entstehen, die nicht von Schwerarbeit oder reiner Logik herrühren könnten. Sie betrachten die Welt, ohne irgend etwas erklären oder festhalten zu wollen, damit Bilder in ihre Seele Einzug halten. Man mag das als Zeitverschwendung abtun, doch da zeigt sich eben der Mangel an Weich-Grün. Das ist die erste Hürde, die genommen werden muß.

Wie man bei Grün auf eine höhere Punktzahl kommt

Man muß üben, sich zu amüsieren. Und auch üben, verantwortungslos zu sein. Sich darin üben, von Zeit zu Zeit verrücktes Zeug zu reden, um zu sehen, was daraufhin geschieht. Zwingen Sie sich, etwas Außergewöhnliches zu tun – ganz einfach weil es Spaß macht und um Ihrer sonstigen Ernsthaftigkeit einen Streich zu spielen. Vielleicht finden Sie mit der Zeit sogar Gefallen daran. Was aber noch wichtiger ist: Vielleicht sprudeln Sie dann auch bald über vor Ideen, die es wert sind, weiterverfolgt zu werden. Und das beherrschen Sie bei all Ihrem Rot und Blau ja sowieso bewundernswert. Vielleicht erwärmen Sie sich auch für Menschen, bei denen Grün besonders stark ausgeprägt ist und die Sie normalerweise auf die Palme bringen. Sie fangen an, zu verstehen, wie Grün funktioniert und sind bald in der Lage, mit Grün zu sympathisieren.

Wenn Sie sich in der Anwendung von Grün üben wollen, müssen Sie für die entsprechenden Umstände sorgen. Sie sollten sich sicher fühlen können, wenn Sie › den Narren spielen ‹, wenn Sie sich gehen lassen und ganz albern sind – wenn Sie Unsinn reden, ohne sich darum zu scheren, ob das richtig oder falsch, gut oder schlecht, klug oder dämlich ist. Wenn Sie sich in einer Grünphase befinden, wissen Sie einfach nicht, ob Ihre Idee vernünftig, zweckmäßig oder aber blanker Unsinn ist. Das macht eben das Risiko beim Grünen Denken aus. Grün ist tatsächlich riskant. Grüne Denker beweisen Mut, denn sie setzen ihren Ruf aufs Spiel – um der Freude und des Glückgefühls willen, wenn sie bei der Fülle von Ideen, die aus ihnen heraussprudeln, ein oder zwei Goldnuggets entdecken, die die Welt verändern – oder doch zumindest einen winzig kleinen Winkel unserer Welt.

ABSCHNITT II

Das Rote Denken stellt die Wahrheit dar
Schlüsselwort: Unparteiisch

Rot liegt in der Mitte zwischen Grün und Blau und vermittelt zwischen beiden. Das Zusammenspiel mit den anderen Farben ist möglich, weil Rot die Wahrheit anstrebt. Rot unterstützt Grün, indem es Informationen liefert, mit deren Hilfe Ideen entwickelt und verwirklicht werden können. Rot unterstützt Blau, indem es die exakten Daten und Beobachtungen zur Verfügung stellt, die dafür sorgen, daß das Urteil nicht allzu wirklichkeitsfremd ausfällt. In Konfliktsituationen ist diese Rolle des Roten Vermittlers äußerst wichtig.

Mittlere Punktzahl bei Rot

Die Wahrheit hat viele Gesichter. Wer sein Rotes Denken geschickt anwendet und eine mittlere Punktzahl erreicht, sieht viele Möglichkeiten, ein Problem anzugehen. Um die ganze Wahrheit zu erfassen, müssen die Kenntnisse möglichst lückenlos sein. Beim Auskundschaften der Wahrheit können Fertigkeiten zur Anwendung kommen, die normalerweise verschiedenen Tieren zugeschrieben werden: Rot erkundet die Wahrheit mit den Augen eines Adlers, der Spürnase des Hundes, dem Gedächtnis des Elefanten, der Gründlichkeit der Ameise, der Wißbegier der Maus und der Sturheit und Geduld des Esels. Der gute Rote Denker nutzt alle diese Möglichkeiten, der schlechte stützt sich allein auf einen einzigen Pluspunkt. Dann entsteht natürlich ein ziemlich eng gefaßtes, schiefes Bild der Wahrheit.

Das wichtigste Charakteristikum beim Roten Denken mit einer mittleren Punktzahl ist die Fähigkeit, sich **unparteiisch** zu verhalten. Voraussetzung ist dabei allerdings, daß kein Hang zu einer starken Weich-Blauen Komponente besteht. Wer Rot denkt und bei Rot eine mittlere Punktzahl zu verzeichnen hat, verfügt über eine großartige Fähigkeit, persönliche Wertschätzung und Überzeugungen hintanzustellen, um bestimmte Themen oder Fragen zu prüfen oder zu erforschen, ohne daß persönliche Empfindungen bei der Suche nach den Fakten hinderlich sein können.

Bei Streitigkeiten ist diese Eigenschaft wirklich ein Pluspunkt – besonders in Situationen, die überaus emotionsgeladen sind und in denen sowieso schon alle Beteiligten vorschnell mit einem Urteil bei der Hand sind. Wer Rot denkt (mittlere Punktzahl), will nur die Wahrheit ans Tageslicht befördern oder weitergeben. Der Rote Denker mit der mittleren Punktzahl leistet der öffentlichen Meinung keinen Vorschub und schließt sich auch nicht der Mehrheit an. Die Wahrheit schützt ihn vor Vorurteilen. Er versucht nicht, sich bei jemandem einzuschmeicheln, und die Wahrheit schützt ihn auch davor, sich vor den Folgen zu fürchten. Wer Rot denkt, will »sagen, wie es ist«.

Ein weiterer nicht zu unterschätzender Pluspunkt dieser Menschen ist die Zähigkeit, mit der sie sich der entsprechenden Angelegenheit verschreiben. Sie haben das Niveau und den Umfang des enstehenden Problems klar vor Augen und bleiben genau bei der Sache. Und solange sie die widerspenstigen, launenhaften Grünen Elemente ihres Geistes im Zaum halten, lassen sie sich auch kaum dazu verführen, Jagd auf erregende Ideen zu machen, die zwar attraktiv sein mögen, die den Rahmen des anliegenden Problems jedoch überschreiten.

Grundsatz beim Hang zu Hart
(Mittlere Punktzahl bei Rot):
»Alles muß seinen Platz haben, und alles gehört an seinen Platz«

Menschen mit einer Hart-Roten Komponente sind sauber und ordentlich. Sie stehen mit beiden Beinen auf der Erde und sind willens, alles sauberzuhalten und jedes Chaos zu beseitigen. Sie sind ganz erpicht auf Ordnung und müssen den obengenannten Schlüsselsatz erfunden haben. Sie erweisen sich als wahrer Segen, wenn es darum geht, Fakten auf den Tisch zu legen. Es liegt Hart-Rot ausgesprochen, alles ganz präzise, detailliert und lückenlos zu **spezifizieren** und **in Kategorien einzuteilen.** Um alle Daten zusammentragen zu können, betrachtet Hart-Rot das Problem **von innen her** und läßt auch das **Umfeld** des Problems nicht außer acht. Nur so nimmt das Problem in den Augen von Hart-Rot **Gestalt** an. Wenn man damit beschäftigt ist, alle Informationen und Fakten zu einem Thema zusammenzutragen, muß man nicht nur das offensichtlich Relevante betrachten, sondern auch das Umfeld einbeziehen. Das erkennt Hart-Rot ganz richtig.

Wer Hart-Rot denkt, kleidet sich sauber und ordentlich. Zu Hause geht ein solcher Mensch nach einem ganz bestimmten System vor, damit auch garantiert ist, daß alle Schuhe immer blankgeputzt sind. Hemden und Anzüge werden umschichtig getragen, damit alles einmal an die Reihe kommt und nichts ungenutzt im Schrank hängt. Hart-Rot ist auf jeden Wetterwechsel vorbereitet. Man könnte meinen, die Hart-Roten Denker seien früher einmal alle bei den Pfadfindern gewesen. Auch beim Militär werden den Leuten Hart-Rote Tugenden eingeimpft. Wer sich die erst einmal angeeignet hat, wird sie schwerlich wieder los, weil sie zur Routine geworden sind. Routine ist das untrügliche Kennzeichen des gut organisierten Hart-Roten Denkers. So etwas läßt sich lernen.

Grundsatz beim Hang zu Weich
(Mittlere Punktzahl bei Rot):
»Es ist nicht alles immer so, wie es uns erscheint«

Dieser Schlüsselsatz ist ausgewählt worden, weil er die Vielschichtigkeit dieses Denkmodus aufzeigt. Weich-Rot will enthüllen, was sich hinter dem Schein verbirgt, so daß die Wahrheit ans Licht kommt. Weich-Rot geht es nicht darum, das Offenkundige aufzuzeigen, es will das Unausgesprochene, Verborgene bloßlegen. Oft hört man Leute sagen: »Hier herrscht eine seltsame Atmosphäre.« Sie bringen damit zum Ausdruck, was sie durch ihre Weich-Rote Antenne aufgefangen haben. Würde man sie fragen, was denn so seltsam sei, würden sie sich schwertun, es einem zu erklären. Aber › irgend etwas ‹ ist ihnen aufgefallen, das sich hinter den Wänden, Tischen, Stühlen oder Teppichen verbirgt, und das ihnen › verrät ‹, daß an diesem Ort eine › seltsame ‹ Atmosphäre herrscht: Es ist nicht alles immer so, wie es uns erscheint.

Man aktiviert also sein Weich-Rotes Denken, wenn man den Dingen auf den Grund gehen, den äußeren Schein durchdringen möchte, um zu sehen, was dahintersteckt. Wichtig ist, daß man sich ehrlich darum bemüht, die Wahrheit nicht durch die eigene Auslegung (Weich-Blau) zu verzerren. Wir dürfen nicht vergessen, daß Rot **unparteiisch** ist. Weich-Rot hat die Absicht zu **beobachten**, muß sich also vor der persönlichen Auslegung hüten, die die verfügbaren Beweise vielleicht – wenn auch in einem noch so geringen Grad – in einem schiefen Licht erscheinen ließe.

Menschen, die mit Vorliebe ihr Weich-Rotes Denken anwenden, kultivieren all ihre Fähigkeiten. Sie trainieren ihre Augen, Ohren, den Geschmacks- und den Geruchssinn, den kinästhetischen Sinn und den Tastsinn, ihr Hitze- und Kältesowie ihr Schmerzempfinden und schließlich ihre Sensibilität dafür, wenn sie sich wohl fühlen. Alle mit dem Ziel, der verborgenen Wahrheit auf die Schliche zu kommen. All ihre Sinne sind hellwach, um aufzunehmen, was vorgeht – entweder in ihnen selbst oder in ihrer Umwelt. Sie erkunden die Wirklichkeit Schicht um Schicht. Um in Erfahrung zu bringen, welche Schichten zählen und welche nicht, setzen sie ihre Fähigkeit ein, sich aus der Vielschichtigkeit die richtige Ebene herauszusuchen.

Die Empfänglichkeit für Weich-Rote Eindrücke, die Leute, Orte, Bauwerke oder Dinge auf sie machen, schärft auch ihr Empfinden für den Eindruck, den sie auf andere machen. Sie wissen daher ganz genau, wie sie ankommen und achten auf das, was sie sagen oder schreiben, achten darauf, wie sie sich kleiden, wie sie sprechen etc. Sie interessieren sich dafür, wie sie auf andere wirken, und es ist ihnen wichtig, was andere durch ihr Aussehen und Verhalten für einen Eindruck auf sie machen. Leute aus der Werbebranche, Journalisten, Designer und Leute aus der Modebranche sind darin ganz groß.

Hohe Punktzahl bei Rot

Auch wenn die Wahrheit nicht für alle Zeiten gefunden und festgelegt werden kann, so ist die Seele doch ewig auf der Suche nach ihr. Diese Absicht verleiht dem Roten Denken Kraft. Wer Rot denkt und dabei auf eine hohe Punktzahl kommt, treibt das auf die Spitze. Wir kennen sogar jemanden, dem es Spaß macht, Eisenbahnfahrpläne und Flugpläne zu studieren – einfach nur so, ohne einen bestimmten Zweck. Wie lang und mühselig der Weg auch ist und welche Anstrengung es den Betreffenden auch kostet – wer bei Rot auf eine hohe Punktzahl kommt, arbeitet immer weiter und gibt und gibt nicht auf, bis er auf Antworten stößt, die seinem persönlichen Ehrgeiz genügen können. Das hat natürlich auch seine Schattenseite: Es kann durchaus sein, daß solche Menschen nie zufrieden sind. Für sie ist die Suche nach der Wahrheit unter Umständen endlos. Rote Denker vermeiden es, jemals zum Schluß zu kommen – mit der Begründung, sie bräuchen noch mehr Informationen, bevor sie zu einer Entscheidung gelangen könnten. Für Kollegen oder Ehepartner ist das sehr frustrierend. Wenn Ihnen ein solcher Mensch etwas erzählt, langweilt er Sie garantiert mit endlosen Aufzählungen und Details, denn für Hart-Rot mit einer hohen Punktzahl ist es wichtig, daß Sie wirklich alles wissen. Sie langweilen sich natürlich nicht, wenn Sie auch Hart-Rot denken und eine hohe Punktzahl haben. Dann sind Sie in Ihrem Element.

Wenn das Markenzeichen eines Roten Denkers mit einer mittleren Punktzahl sein leidenschaftsloses und unparteiisches Verhalten ist, so achtet ein Roter Denker mit einer hohen Punktzahl geradezu fanatisch darauf, daß er unparteiisch bleibt. Das ist natürlich in manchen Situationen ein großer Pluspunkt, doch kann es auch Gefühlskälte und Desinteresse signalisieren, und dann verletzt es die Menschen, die davon betroffen sind. Menschen mit einer hohen Roten Komponente müssen sich fragen, so sie sich nicht manchmal dazu hinreißen lassen, ganz unverblümt die Wahrheit zu sagen, wo Takt vielleicht viel angebrachter wäre.

Grundsatz bei dem Hang zu Hart
(Hohe Punktzahl bei Rot):
»Die Wahrheit, die ganze Wahrheit und nichts als die Wahrheit«

Das Unangenehme bei Hart-Rot ist, daß sich die Betreffenden durch verhärtete Anschauungen auszeichnen. Haben sich bei der Hart-Roten Denkweise die eigenen Definitionen der Wahrheit und das eigene Weltbild erst einmal festgesetzt, so sehen die Betreffenden die Welt ausschließlich aus dieser Sicht. Suchen solche Menschen nach der Wahrheit, so suchen sie nach nichts als der Wahrheit, die sich aber in den von ihnen selbst aufgestellten Kategorien bewegen muß. Das traurigste Beispiel dafür findet man in unserer Gesellschaft bei den Medizinern, die kategorisch erklären, was › wissenschaftlich ‹ und daher in der Medizin › gut und sicher ‹ ist und was nicht. Also haben die Ärzte dafür gesorgt, daß den Patienten Beruhigungsmittel und Sedative zur Verfügung stehen, weil diese von Wissenschaftlern getestet und für › sicher ‹ befunden worden sind. Doch eben diese Sedative haben Tausende von Menschen süchtig gemacht. Trotzdem werden sie weiterhin verabreicht. Dagegen werdendie alten Naturheilmittel, von denen man nicht süchtig wird, verunglimpft und als unwissenschaftlich abgetan. Unsere westliche Medizin verwirft sie, weil sie nicht von pharmazeutischen Firmen im Reagenzglas erzeugt worden sind. Die Medizin hat sich da eine Denkkategorie angewöhnt, die › wissenschaftlich ‹ mit › sicher ‹ und › erprobt ‹ verbindet und ignoriert jahrhundertealte Erfahrungen, die zeigen, daß sich vieles auch mit Naturheilkräutern oder anderen Mitteln heilen ließe.

Eine andere negative Seite des übertriebenen Hart-Roten Denkens ist der pedantische Stumpfsinn infolge übermäßiger Routine. Wer über alles immer genauestens Rechenschaft ablegt, sich überaus gewissenhaft an seinen Zeitplan hält und ängstlich darauf achtet, daß alles und jeder unbedingt immer › an seinem Platz ‹ ist, der arbeitet nach einem System, das alle Kreativität im Keim erstickt, weil ihm leere Verfahrensfragen wichtiger erscheinen. Das gilt zum Beispiel für die bürokratische Struktur des Staatsdienstes, die autoritäre Struktur beim Militär und die Mechanisierung in Fabriken. In dieser Atmosphäre stumpft der menschliche Geist ab oder macht sich Luft, indem er rebelliert. Es ist ein sonderbarer Drahtseilakt. Ohne die Hart-Rote Qualität – Liebe zur Genauigkeit und Wahrheit – wären Handel und Industrie ihrer Grundlage beraubt, weil man mit nichts rechnen und sich auf nichts verlassen könnte. Doch wenn diese an sich positive Eigenschaft übertrieben wird, kann sie ungeheuren Schaden anrichten.

Wer einen Hang zu Hart-Rot hat, muß darauf achten, daß er nicht zum Pedanten wird und die Menschen nicht über Gebühr mit langen, Detail-betonten Vorträgen strapaziert und dabei Feingefühl vermissen läßt. Er muß sich auch davor hüten, ständig Neuerungen abzublocken.

Grundsatz beim Hang zu Weich
(Hohe Punktzahl bei Rot):
»Das Medium ist die Botschaft«

Manche Menschen gehen so weit, daß sich die Absurdität des obigen Schlüsselsatzes bewahrheitet. Die Stärke von Weich-Rot liegt darin, sich um die Äußerlichkeiten zu kümmern, doch wenn die Perfektion auf die Spitze getrieben wird, kann das leicht lästig werden. Es mag ja noch gerechtfertigt erscheinen, wenn die Verpackung eines Parfums mehr kostet als der Inhalt der Flasche – hier ist Aufmachung eben wichtig. Doch wenn drei Schrauben in Kunststoff und dann noch in einzeln ausgestanzte Fächer eines Kartons verpackt sind, so läßt sich das mit dem gesunden Menschenverstand nicht mehr vereinbaren: Wir haben die Urteilskraft von Blau zugunsten von Weich-Roten Eindrücken zurückgestellt.

Natürlich stellt sich die Frage, wie man die Prioritäten setzt, aber Weich-Rot kann sich so für den äußeren Schein begeistern, daß die Wahrheit eher verschleiert als erhellt wird. In dem klassischen Kinderbuch *Little Woman* wird erzählt, wie die Heldin zum allerersten Mal mit der obersten Gesellschaftsschicht in Berührung kommt. Bei ihrem ersten Erscheinen zwischen den Illustren trug sie ein einfaches Kleid. ›Wohlmeinende‹ Freunde gaben ihr zu verstehen, daß sie sich viel vorteilhafter ausnehmen würde, wenn sie ihnen gestattete, ihr für den nächsten Tanz ein Kleid zu leihen. Die sogenannten Freunde schminkten sie, steckten ihre die Haare kunstvoll auf und behängten sie mit Schmuck, um die geliehene Pracht noch mehr herauszustreichen. Diese elegante Erscheinung mußte dann zu ihrem Kummer mitanhören, wie sich zwei Herren ganz enttäuscht über sie unterhielten. In den Augen dieser Herren gereichte die prachtvolle Aufmachung der natürlichen Schönheit der Heldin unseres Buches nur zum Nachteil.

Kommt Weich-Rot in übertriebenem Maß zur Anwendung, so hat das auch noch eine andere Schattenseite: Dann neigt der Mensch dazu, sich niemals festzulegen. Für Menschen, die bei Weich-Rot auf eine hohe Punktzahl kommen, ist Hart-Rot so langweilig, daß sie einfach nicht dazu zu bringen sind, sich dieses kleinliche Geklüngel anzuhören. Bei Weich-Rot drücken sich die Menschen oft furchtbar verworren und nebulös aus. Sie sind oft sehr zerfahren. So können sie zum Beispiel zu einer Besprechung hinsichtlich eines Projekts erscheinen und hingebungsvoll und interessiert zuhören, ohne sich jedoch Notizen zu machen. Sie verlassen sich auf ihr Gedächtnis (wie es Rot-Denker eben tun). Doch ihnen fehlt die Präzision des Denkens, die bei Hart-Rot vorhanden ist. Daher erinnern sie sich dann nur noch verschwommen an die Details dessen, was besprochen und abgemacht wurde. Es kann sich als sehr schwierig erweisen, Besprechungen mit Designern, Architekten oder Innenarchitekten (die normalerweise bei Weich-Rot auf eine hohe Punktzahl kommen) abzuhalten, wenn diese nicht gut geschult sind und sehr viel Übung haben. Sie befürchten ernsthaft, sie könnten dieses Projekt in seiner Gesamtheit nicht mehr erfassen, wenn sie sich zu sehr in den Details verlieren und sich dadurch verzetteln. Vernünftige Kunden bringen daher für diese Leute alles zu Papier, damit es Unterlagen darüber gibt, wie das Ziel aussehen soll.

Wie man mit einer hohen Punktzahl bei Hart-Rot zurechtkommt

Wer Rot denkt und dabei auf eine hohe Punktzahl kommt, muß darauf achten, ein gesundes Gleichgewicht zu schaffen zwischen dem Drang, allem auf den Grund zu gehen, der zeitlichen Begrenzungen und den zur Verfügung stehenden Quellen. Er muß Rücksicht nehmen auf die Gefühle der übrigen Beteiligten. Wenn Sie also bei Rot auf eine hohe Punktzahl kommen, sollten Sie Ihre Blauen Energien aktivieren, um zu entscheiden, wie weit Sie gehen dürfen.

Wenn Rot nicht zu bremsen ist und die Zuhörer mit Informationen nur so überschüttet, so muß ihm Blau zu Hilfe kommen. Ob es sich nun um Fakten oder Eindrücke, um Zahlen oder Anekdoten handelt, wer extrem Rot denkt, muß lernen, zu beurteilen (Blau), was für wen relevant ist. Blau spielt den Schiedsrichter für Rot und kann beurteilen, was angebracht ist und was nicht. Blau sollte immer dann in Aktion treten, wenn Rot die Übermacht gewinnt und auszuufern droht.

Niedrige Punktzahl bei Rot

Wenn Rot fehlt, wird oft unglaublicher Unsinn geredet. Von Realismus kann dann keine Rede sein. Wie die Dinge wirklich sind, ist dann nicht von Interesse. Menschen, die bei Rot nur eine niedrige Punktzahl erreichen, machen sich nicht einmal die Mühe, sich auch nur die simpelsten Informationen zu beschaffen, auch wenn diese leicht zugänglich sind. Ihnen liegt gar nichts daran, sich darum zu bemühen. Ihre Unwissenheit stört sie nicht im geringsten. Sie haben einfach das Gefühl, daß das viel zu langweilig und lästig ist – eine Routinesache, die sie einem Untergebenen übertragen können. Menschen, denen die Rote Komponente abgeht, neigen oft in höchstem Maße dazu, ihre Meinung und ihre Ideen frei von der Leber weg zu äußern, ganz gleich, ob sie nun Wesentliches zu vermelden haben oder nicht, und ob das, was sie sagen, der Wahrheit entspricht.

Bei Menschen, die bei Rot nur eine niedrige Punktzahl erreichen, treten die anderen Farben in einem ungünstigeren Licht auf. Äußern sie ihre Ansichten während einer Blauphase, so zeigen sie sich oft voreingenommen und verbohrt, weil es an den Grundkenntnissen der Wahrheit fehlt. Die Ideen, die die Grünphase hervorbringt, sind irgendwie blutleer und entbehren jeder stichhaltigen Grundlage, weil es aufgrund der niedrigen Rotkomponente an den nötigen Informationen mangelt. Solche Menschen werden oft für unbekümmert, ja schon fast skrupellos gehalten, weil sie sich nicht um Fakten scheren.

Welchen Vorteil bietet eine niedrige Rot-Komponente? Man läuft nie Gefahr, sich durch ein Übermaß an Daten und Fakten selbst zu blockieren. Man ist ganz bestimmt nicht derjenige, der einen Entschluß verzögert, weil er immer mehr und mehr Material zusammentragen will, obwohl das nicht mehr nötig ist. Man wird sich auch nicht hinter dem Vorwand verschanzen: »Ich kann mich unmöglich jetzt schon entscheiden. Ich verfüge noch nicht über hinreichende Informationen.«

Grundsatz derjenigen, bei denen Hart nicht hinreichend zum Einsatz kommt (Niedrige Punktzahl bei Rot):
»Ach, es tut mir schrecklich leid – ich habe es vergessen ... ich habe es verloren ... ich kann es nicht mehr wiederfinden«

Die typischen Anzeichen für das Fehlen oder einen Mangel an Hart-Rot sind der unaufgeräumte Schreibtisch, verschlampte Akten, eine unvollständige Kartei, Tippfehler, nachlässige

Kleidung, ungeputzte Schuhe und Vergeßlichkeit. Das sollte man eigentlich nur Jugendlichen nachsagen können, doch bei manchen Menschen ändert sich daran auch dann rein gar nichts, wenn sie schon erwachsen sind. Man erkennt einen Menschen mit einer niedrigen Punktzahl bei Hart-Rot auch immer gleich an seiner Wohnung. Im Zeitungsständer stecken noch die Zeitungen vom Vorjahr. Die tiefgefrorenen Erbsen vom letzten Jahr gammeln unter denen von diesem Jahr in der Tiefkühltruhe vor sich hin. Überall, wo eigentlich nichts liegen dürfte, liegt eine Unmenge von irgendwelchem Kram herum.

Was aber noch viel ärgerlicher ist: Im Beruf vergessen solche Leute selbst das, was man von jedem normalen Menschen erwarten kann. Sie vergessen, wo sie bestimmte Dinge hingelegt haben, vergessen, wer wann was gesagt hat und können sich nicht einmal mehr daran erinnern, was sie zuletzt getan haben. Wenn ein solcher Mensch in seinem Beruf überhaupt etwas leisten soll, so muß man ihn dazu anhalten, Listen anzulegen und Eintragungen zu machen und so über alles Buch zu führen, was wichtig ist.

Grundsatz derjenigen, bei denen Weich nicht hinreichend zur Anwendung kommt (Niedrige Punktzahl bei Rot): »Das Kind beim Namen nennen«

Wer bei Weich-Rot nur eine niedrige Punktzahl erreicht, dem geht jegliches Verständnis für die Feinheiten ab, die außerhalb des Augenscheinlichen liegen. Zunächst einmal bemerken und erfassen diese Menschen gar nicht, was bedeutsam ist, solange es nicht direkt ins Auge sticht. Außerdem fehlen ihnen die Qualitäten, die wir normalerweise als ›diplomatisch‹ bezeichnen. Diese Menschen sind nicht imstande, sich mit Kleidung und Sprache auf die jeweilige Gelegenheit einzustellen. Sie neigen vielmehr zu der Ansicht, sie müßten immer unbedingt ›sie selbst‹ sein und die Dinge beim Namen nennen – ganz gleich, in welcher Lage sie sich auch befinden.

Ohne die Weich-Rote Komponente fehlt den Menschen das

Gefühl dafür, was angebracht ist und was nicht. Das ist nicht nur dann der Fall, wenn es um die Beziehung zu anderen Menschen geht, sie haben auch kein Gefühl dafür, auf welcher Ebene sie sich bewegen sollten. Besonders deutlich zeigt sich dieser Mangel an Sensibilität oft in der Politik bzw. immer, wenn es um die Bewältigung von Problemen geht. Dann greifen Menschen mit einer niedrigen Punktzahl bei Weich-Rot nach dem Vorschlaghammer, um eine Nuß zu knacken oder sie versäumen es, schweres Geschütz aufzufahren, wo es vonnöten wäre.

Wie man bei Rot auf eine höhere Punktzahl kommt

Da Rot die Farbe ist, die Grün und Blau verbindet, müssen Menschen mit einer niedrigen Punktzahl bei Rot unbedingt lernen, Rot höher einzuschätzen. Mit anderen Worten: Sie sollten willens sein, denjenigen, die mehr wissen müssen, auch mehr Zeit zu gönnen. Sie müssen ihre Ungeduld zügeln. Die Zeit, die man in einer Rotphase zubringt, ist keine verlorene. Man stiehlt auch anderen Menschen nicht die Zeit, wenn man sie um Auskunft bittet oder selbst Auskunft erteilt.

Rot braucht wahrscheinlich von allen Farben die meiste Zeit. Vermutlich widmen die Menschen ihren Roten Aktivitäten mehr Zeit als sie für die beiden anderen Farben übrig haben. Rot ist die Farbe der Kommunikation auf allen Ebenen. Rot ist die Grundlage der Bürokratie, aller nur erdenklichen Systeme und Verfahren, der Berichterstattung, der Geldgeschäfte und finanziellen Transaktionen. Handel und Verkehr bewegen sich innerhalb dieser Strukturen. Die gesamte Literatur, der Journalismus und die Dokumentationen sind ohne Rot nicht denkbar. Auch der Klatsch und die Gerüchte beruhen auf Rot, dieses › wissen, was hier vorgeht ‹, › bestens informiert ‹ sein oder jemandem › reinen Wein einschenken ‹. Bei alledem geht es um Rot. Das Rote Denken ist die Grundlage und das Rohmaterial der Welt der Arbeit.

Wer bei Rot bisher nur eine niedrige Punktzahl erreicht hat, sollte sich vergegenwärtigen, daß im Beruf bzw. bei der Arbeit alles auf Rot basiert – überall da, wo Informationen weitergegeben werden. Nennen wir unsere Zeit nicht das Zeitalter der Informationstechnologie? Wer sich hocharbeiten und im Beruf Karriere machen will, muß lernen, immer besser mit Rot umzugehen. Informiert sein ist alles. Eine Demokratie kann nur dann eine echte Demokratie sein, wenn sie von gut informierten Bürgern getragen wird. Wissen ist potentielle Macht. Wenn dem Roten Denken vom Blauen Denken die Richtung gewiesen wird, erlangt man durch Zielstrebigkeit Macht.

ABSCHNITT III

Das Blaue Denken beurteilt was richtig ist
Schlüsselwort: Unterscheiden

Blau geht es darum, sich ein Urteil zu bilden und bereit zu sein, die Initiative zu ergreifen. Während das Grüne Denken die verschiedenen Möglichkeiten erschließt, die einem offenstehen, und das Rote Denken die nötigen Informationen liefert, unterscheidet Blau zwischen den Möglichkeiten, die man besser nutzt und denen, die man besser ungenutzt läßt.

Mittlere Punktzahl bei Blau

Alle Menschen sind gezwungen, tagtäglich – und zwar den ganzen lieben Tag lang – mehr oder weniger wichtige Entscheidungen zu treffen. Das bewerkstelligen sie mit Hilfe ihrer Blauen Fähigkeiten. Das ausgeglichene Blaue Denken beinhaltet die Fragestellung, die ehrliche Meinung und die nüchterne Voraussicht bzw. Vorsorge. Auf dieser Grundlage können vernünftige moralische Entscheidungen getroffen werden, wie sie hoffentlich im Sozialen, im Geschäftsleben und in der Politik angestrebt werden.

Menschen, die gern Blau denken und darin bereits Geschick entwickelt haben, trifft man meistens in führenden Positionen an. Diese Positionen haben sie erreicht, weil sie es verstehen, Erwartungen und Risiken richtig einzuschätzen und wichtige Streitfragen auf das Kernproblem zurückzuführen. Ihre Führungsqualitäten zeigen sich auch dadurch, daß sie sich bereitwillig auf eine Seite schlagen, wirklich entscheidungsfreudig sind und ihre Entscheidungen in die Tat umsetzen.

Von Menschen mit der Fähigkeit, ausgeglichen Blau zu denken, heißt es meistens, sie hätten gute Führungsqualitäten, denn das Wichtigste im Management ist die Urteilskraft: Menschen richtig einzuschätzen gehört ebenso dazu wie das richtige Timing und die Fähigkeit zu beurteilen, was durchführbar ist. Menschen in leitenden Positionen müssen die Qualität, die finanziellen Möglichkeiten und den Bedarf an Material richtig beurteilen können. Natürlich ist das auch Glücksache, doch Menschen, die sich auf ihre Urteilsfähigkeit verlassen können, tun sich auf jeden Fall leichter. Napoleon soll »Offiziere, die im Feld Glück hatten und erfolgreich waren« gefordert haben, wenn es darum ging, Heereskommandeure auszuwählen.

Grundsatz bei einer Vorliebe für Hart
(Mittlere Punktzahl bei Blau):
»Verlassen wir uns doch zunächst einmal auf den Verstand,
er weist uns den Weg am sichersten.
Er warnt uns selbst vor seinen Schwächen und zeigt
uns seine Grenzen auf« (Anatole France)

Normalerweise gilt die Vernunft in der westlichen Welt als die wichtigste Kraft, die das Denken hervorbringt. Den Grund dafür, daß die Vernunft (bzw. die Einsicht oder der Verstand) so viel Macht besizt, verrät uns kurz und bündig das obige Zitat. Die Vernunft rechtfertigt sich aus sich selbst heraus. Keine andere Farbe des Denkens kann ihr widersprechen, denn abgesehen von der rein verstandesmäßigen Logik läßt sie keinen Denkprozeß gelten. Die Vernunft muß sich also mit den anderen Denkarten arrangieren, was bei einer ausgeglichenen, nicht übermäßig stark ausgeprägten Hart-Blauen Komponente nicht weiter schwerfällt.

Wenn die Gesetze der Logik befolgt werden sollen, müssen beim Denken gewisse Regeln eingehalten werden. Der Betreffende muß sich unbedingt bis zu einem gewissen Grade distanzieren und objektiv verhalten und muß verhindern, daß die reine Logik durch persönliche Gefühle oder Wertvorstellungen beeinträchtigt wird. Er sollte seine ganze Kraft und Energie darauf verwenden, durch rein analytisches Denken die richtige Antwort auf die jeweilige Frage zu finden. Daher müssen zuallererst die bereits vorhandenen Angaben oder Anhaltspunkte miteinander **verglichen** werden. Dann muß anhand der Anhaltspunkte zwischen Wichtigem und Sachdienlichem **unterschieden** werden. Ist die Entscheidung dann gefallen, so muß sie, streng den Gesetzen der Logik gehorchend, noch einmal einer **Prüfung** unterzogen werden, bevor man sie in die Tat umsetzt, um ganz sicher zu sein, daß einem auch nicht der kleinste Fehler unterlaufen ist.

Wer mit Hart-Blau gut umzugehen weiß, trennt daher die Spreu vom Weizen mit glasklarer Logik. Er fällt auf keinerlei Geschwätz und keine Effekthascherei herein. Mit messerscharfer Logik deckt er alle Finten und Mängel auf. In leitenden Positionen, in denen vorgelegte Informationen daraufhin untersucht werden müssen, ob sie tatsächlich brauchbar sind, ist diese Begabung eine unschätzbare Hilfe. Es führt zu nichts, wenn man sich darauf verläßt, daß der Verhandlungspartner alle seine Ausführungen logisch gut durchdacht hat. Man muß all seine Hart-Blauen Energien und Kräfte mobilisieren, um zu prüfen, ob die Darlegungen den Gesetzen der Logik standhalten.

Grundsatz beim Hang zu Weich
(Mittlere Punktzahl bei Blau):
»Le cœur a ses raisons que la raison ne connaît pas«
(»Das Herz hat seine Gründe,
von denen der Verstand nichts ahnt«).
Blaise Pascal

Während sich Hart-Blau bemüht, von einem objektiven Standpunkt aus zu operieren, ist bei Weich-Blau das Gegenteil der

Fall. Wer unbefangen und unvoreingenommen Weich-Blau denkt, möchte sich bei allem, was er tut, nach dem richten, was ihm als Individuum wichtig erscheint. Persönliche Kriterien stehen für ihn an allererster Stelle. Wer Weich-Blau denkt, entscheidet rein gefühlsmäßig zwischen gut und schlecht, gerecht und ungerecht, richtig und falsch. Denn bei diesen Menschen zählt das Subjektive mehr als alles andere. Objektive Argumente können zwar auch eine Rolle spielen, doch wenn es hart auf hart geht, treffen sie ihre Entscheidungen anhand ganz persönlicher Erwägungen und lassen die Logik außer acht.

Was bedeutet das? Weich-Blau wird oft als typisch weibliches Attribut bezeichnet, bei dem das Herz das Denken bestimmt. Hart-Blau dagegen kommt aus dem Kopf und gilt als typisch männlich. (Der scharfsinnige Leser erkennt gleich, daß das keineswegs eine sexistische Bemerkung ist.) Hart-Blau und Weich-Blau sind tatsächlich Gegensätze, doch können sie auch sehr gut zusammenwirken, woraus das ausgeglichene Weich-Blau am meisten macht. Jedes Hart-Blaue logische Argument muß letztendlich mit menschlichen Wertvorstellungen verglichen werden. Logik alleine ist zuwenig, denn sie hat keinen Sinn für Ideale, auch nicht für Menschenfreundlichkeit oder für das Verzeihen. Sie hat nicht einmal Verständnis für die Liebe. Die Logik bringt kein Verständnis dafür auf, daß man an etwas Freude haben kann. Bei einem Mißgeschick kann sie sich nicht als großzügig erweisen. Auch wenn man zu einer Frage logische Argumente vorbringt, so führt im Endeffekt doch das persönliche Engagement zur Entscheidung. Diese Kraft entspringt Weich-Blau und nicht Hart-Blau. Wenn wir uns das nicht immer wieder vor Augen halten, tun wir unsere Arbeit bar aller Menschlichkeit und werden immer mehr entfremdet.

Manchmal klagen Leute darüber, daß ihre Kollegen, Arbeiter oder Direktoren ›Vernunftgründen einfach nicht zugänglich‹ seien. Sie glauben zwar, daß sie damit die Logik meinen. Aber nur allzuoft meinen sie damit in Wahrheit Gründe, Einsichten, Wertvorstellungen und ihre eigenen Ansichten, was gesunder Menschenverstand sei. Wenn man mit ihnen spricht, bekommt man nur zu hören, was sie gut finden und was sie wollen und muß gleichzeitig hinnehmen, daß die eigenen Wertvorstellungen ignoriert oder abgekanzelt werden. Man muß sich davor hüten, Weich-Blaue Einsichten und Gründe für Hart-Blaue Vernunft zu halten. Das ist ein schwerwiegender Fehler, der sich negativ auf das gesellschaftliche Zusammenleben auswirkt.

Die Menschen sind dann ansprechbar und reagieren, wenn sie eine Botschaft bzw. Nachricht mit ihren eigenen Vorstellungen, Wünschen und Sehnsüchten in Einklang bringen können ... alles Weich-Blaue Faktoren. Die reine Vernunft muß daher so **ausgelegt**, überdacht und angewandt werden, daß sie auch schwierigen Situationen gerecht wird. Manager müssen überdies Mittel und Wege finden, dem logischen Aufbau ihrer Betriebe auch scheinbar unvernünftige Elemente einzuverleiben. Es gibt ja sogar den Ausdruck › Die Vorschriften umgehen ‹. Die Bürokraten sollten das viel öfter tun, denn uns ist inzwischen klargeworden, daß die Logik bürokratischer Systematik die Vielfalt menschlicher Wertvorstellungen nicht einschließt.

Außerdem würden wir niemals ein Risiko eingehen, wenn alles nur von der Logik abhinge. Denn etwas zu riskieren bedeutet ja, daß man nicht **voraussagen** kann, wie die Sache ausgeht. Trotzdem zeigt Weich-Blau die wunderbare Bereitschaft, voraussagen zu wollen, wie eine Sache ausgeht, Wetten abzuschließen, sich aufs Raten zu verlegen und sich dementsprechend entweder zurückzuhalten oder zur Tat zu schreiten.

Hohe Punktzahl bei Blau

Wenn Sie bei Blau auf eine hohe Punktzahl kommen, müssen Sie auf der Hut sein. Denn solche Leute sind allzuoft bereit, sich im Handumdrehen zu einer vorgefertigten stereotypen Entscheidung hinreißen zu lassen, ohne daß sie irgendwelche anderen Möglichkeiten in Betracht gezogen haben (Grün), und ohne daß sie hinreichend informiert sind (Rot). Es ist ganz typisch für Menschen mit einer starken Blau-Komponente, daß sie ihre Entschlüsse aus dem Stegreif fassen, ohne zu überlegen, und daß sie sie auch sofort in die Tat umsetzen. Blau kann auftreten als entschiedenes Management, als eindeutige Führungsqualität und zielstrebiges Lösen von Problemen. Solange sich die Lage nicht ändert und sich alles ständig wiederholt, kann das sehr gut funktionieren. Wenn jedoch eine neue Situation auftritt, kann sich ein solches Führungskonzept katastrophal auf das Unternehmen auswirken. Stereotype Entscheidungen sind dann nicht mehr angebracht. Ein viel zu großer Teil des britischen Managements verläßt sich bei seinen Entscheidungen allein auf Erfahrungswerte und geht die Probleme damit rein pragmatisch an. Erfahungswerte nutzen aber nur etwas, wenn die gegebene Situation mit den vorausgegangenen wirklich vergleichbar ist.

Wer bei Blau eine hohe Punktzahl erreicht, läuft außerdem Gefahr, daß seine Fähigkeit, zu unterscheiden (neutral) zur Diskriminierung ausartet (Vorurteil). Es kann passieren, daß solche Menschen nicht mehr imstande sind, unvoreingenommen an eine Sache heranzugehen, weil sie sich nicht die Mühe machen wollen, sich besser zu informieren und sich über neue Aspekte Gedanken zu machen. Die meisten Menschen haben in dem einen oder anderen Punkt festgefahrene Ansichten, doch Menschen, die bei Blau auf eine hohe Punktzahl kommen, sind viel verbohrter als die meisten anderen und nicht so leicht bereit, eine Sache ohne Vorurteile anzugehen. Es dauert lange, bis man sie dazu › überreden ‹ kann. Sie lassen sich so leicht nicht überzeugen. Doch sind sie erst einmal überzeugt, so halten sie sich unerschütterlich daran und stehen die Sache durch.

Menschen, die bei Blau eine hohe Punktzahl erreichen, sind sehr ungeduldig und wollen, daß es weitergeht. Grüne Denker empfinden sie als irritierend, da diese sich gern Spekulationen über weitere Möglichkeiten hingeben und nichts unerforscht und unversucht lassen wollen. Auch mit den Roten Denkern, die sich bei Konferenzen und Besprechungen Zeit lassen, um allen Anwesenden die Hintergrundinformationen zu vermitteln und die sich am liebsten noch viel mehr Zeit nehmen würden, um weitere Fakten und Daten zusammenzutragen, haben sie nicht viel Geduld. Engstirnige Menschen mit einer starken Weich-Blau Komponente haben zwar den Wunsch, zur Tat zu schreiten, doch das verkehrt sich sonderbarerweise oft ins Gegenteil. Manchmal lehnen sie einen neuen Vorschlag sofort ab und fegen ihn damit vom Tisch, blockieren also die Situation. Das stört den Grünen Denker natürlich, denn er kann es kaum erwarten, daß man seinem Vorschlag zustimmt. Natürlich werden Rot und Grün zu Verbündeten von Blau mit einer hohen Punktzahl, wenn Blau mit ihnen umzugehen weiß. Doch meistens sieht Blau die Argumente von Rot und Grün als reine Zeitverschwendung an. Blau mit einer hohen Punktzahl fühlt sich einem inneren Zwang zufolge verpflichtet, den Entschluß sofort zu fassen, um sofort zur Tat schreiten zu können. Die unschätzbaren Beiträge, die dem Roten und Grünen Denken entspringen, werden dabei natürlich nicht ihrem Wert gemäß berücksichtigt.

Grundsatz beim Hang zu Hart
(Hohe Punktzahl bei Blau):
»Rohe Gewalt lasse ich mir ja noch eingehen, aber rohe Vernunft ist wirklich unerträglich. Sie zu benutzen ist einfach unfair. Sie schlägt unterhalb des Intellekts zu.«
Oscar Wilde

Wenn Hart-Blau den Bogen überspannt, kann es verletzen und vernichten. Logik ist nicht immer angebracht, und manche Leute betreiben damit wirklich Overkill. Die skrupellose Anwendung der Logik kann zum Beispiel die weniger robusten Denkarten Grün und Weich-Rot regelrecht zermalmen. Wenn Hart-Blau schweres Geschütz auffährt, werden die gerade erst keimenden, noch zarten zerbrechlichen Ideen von Grün sofort in Stücke geschlagen.

Mit Weich-Rot, das sich auf das Ungreifbare, Unausgesprochene verlegt, macht Hart-Blau ohnehin kurzen Prozeß. Hart-Rot kann sich gegen Hart-Blau behaupten, weil es sich sehr auf meßbare Fakten verläßt. So kommt es häufig vor, daß beide unter einer Decke stecken.

Hart-Blau kann aggressiv wirken, auch wenn es eigentlich nur prüfen wollte, ob das Gesagte auch stichhaltig ist. Wenn derjenige, an den Hart-Blau solche Fragen richtet, nicht erfaßt, worauf die Frage hinaus will (daß es Hart-Blau nicht um den Menschen, sondern um die Fakten geht), dann können Funken sprühen, oder der Befragte fühlt sich auf die Füße getreten.

Menschen mit einem Hang zu Hart-Blau können durch einen Mangel an Sensibilität andere verletzen und sie genau da treffen, wo sie am empfindlichsten sind. Das liegt daran, daß sie so darauf fixiert sind, bis zum Kern einer Sache vorzustoßen. Sie müssen die einzelnen Aspekte einer genauen Prüfung unterziehen, sie gleichsam sezieren, und sie können gar nicht anders, als Irrelevantes einfach fallenzulassen, wenn sie nach guten Argumenten suchen. Dank der Art und Weise, in der sie Probleme angehen, nehmen sie keine Rücksicht auf die Gefühle anderer Leute. Es kommt ihnen gar nicht in den Sinn, auf die unwägbaren Feinheiten zu achten, die auch einen Teil des Lebens ausmachen. Die Relevanz des ›Irrelevanten‹ erkennen sie nicht. William of Occam (Ockham), englischer Scholastiker und Franziskanermönch im 14. Jahrhundert, berühmt für seinen dialektischen Scharfsinn, führte alle Erkenntnis auf die Erfahrung zurück. Nach seiner Meinung soll man nur an Dinge glauben, die auf möglichst wenigen Voraussetzungen beruhen.

So bewähren sich Menschen mit einer hohen Punktzahl bei Hart-Blau bestens als Fragesteller, zum Beispiel bei Verhören. Sie bleiben unbedingt objektiv, machen aber den Eindruck, als ginge ihnen jegliches Mitgefühl ab. Des Teufels Advokat ist geradezu der Archetyp des Menschen mit dem Hang zu Hart-Blau.

Grundsatz beim Hang zu Weich
(Hohe Punktzahl bei Blau):
»Er macht Schwarz zu Weiß und Weiß wiederum zu Schwarz«.

Ovid

Er setzt es sich zum Ziel, über jeden Zweifel erhaben zu beweisen, daß es ein frommer Mensch verdient, daß man ihn heiligspricht. Hier zeigt sich die andere positive Seite von Hart-Blau. Je schwerer die Prüfung, desto mehr Vertrauen verdient der › Heilige ‹, wenn er sie besteht.

Oliver Hereford drückt das in *Metaphysics* in einem sehr schönen Vers folgendermaßen aus:

Warum und Weshalb machten sich eines Tages auf den Weg,
Um Jagd auf eine wilde Negation zu machen.
Sie einigten sich darauf, sich an einem kühlen Zufluchtsort zu treffen –
Beim Fragezeichen.

Vorsicht! Mit dieser Vorliebe begeben Sie sich in gefährliche Gefielde. Weich-Blau kann sich etwas so sehr wünschen, daß es nicht nur bereit ist, die Vorschriften etwas zu umgehen, sondern sich gänzlich widersetzt. Menschen, bei denen Weich-Blau dominiert, zetteln Rebellionen an, weil sie so sehr an ihre Ziele glauben. Ihre Wertvorstellungen entsprechen nicht immer den Gesetzen der Logik (Hart-Blau) und sie stellen die Wahrheit oftmals auf den Kopf (Rot). Allen Widrigkeiten zum Trotz sind sie felsenfest vom Erfolg ihrer Mission überzeugt. Ganz gleich mit welchen Schwierigkeiten sie auch zu kämpfen haben – sie legen alles unbedingt zu ihren Gunsten aus. Sie engagieren sich so sehr, daß sie selbst der Tod nicht schrecken kann. Das trifft zum Beispiel auf die Kamikazeflieger zu, auf die Buddhisten, die sich selbst anzünden, auf die Terroristen der IRA, die fernöstlichen Gurus, die westlichen Evangelisten und auf alle diejenigen, die einer Sache dienen, die größer ist als sie selbst, mit der sie sich aber voll und ganz identifizieren.

Aber es gibt auch naheliegendere Beispiele für diese völlige Hingabe, diesen hundertprozentigen Einsatz für ein ganz bestimmtes Ziel. Wir brauchen bloß an die Mutter zu denken, die ihr Leben ihrem behinderten Kind widmet und ihre anderen Kinder sowie ihren Mann vernachlässigt. Oder aber an den Unternehmer, der für seine Firma solche Strapazen auf sich nimmt, daß er mit 35 Jahren einem Herzanfall erliegt. Ein gutes

Beispiel dafür sind auch die blutjungen Sportler, deren ganzer Ehrgeiz dahin geht, die Nr. 1 zu werden und die alles Lernen als überflüssig abtun, das nicht der sportlichen Karriere dient. Ein Musterbeispiel sind auch die arbeitslosen Jugendlichen, die sich in ihrer hoffnungslosen Lage und Verzweiflung so abgekapselt haben, daß sie es ablehnen, sich helfen zu lassen, weil diese Hilfe keine sofortige und ideale Lösung wäre.

In allen diesen Fällen sehen wir, daß der Hang zu Weich-Blau solche Macht über die Menschen haben kann, daß sie sich der Tyrranei ihrer Überzeugungen beugen. Wenn Weich-Blau das Kommando übernimmt, kann es die Menschen zu Dämonen oder zu Heiligen machen. Bei beiden ist der Schritt zum Wahnsinn nicht mehr weit. Solche Menschen müssen ihre beiden anderen Farben unbedingt miteinbeziehen, um wieder ins Gleichgewicht zu kommen.

Bei Menschen mit dem Hang zu Weich-Blau stößt man aber noch viel häufiger auf den Wunsch, die Dinge zu übereilen - › damit es weitergeht ‹. Diese Ungeduld ist ganz bezeichnend. Der Verstand möchte das Problem lieber durch die Tat als durch langes Nachdenken und Überlegen lösen. Neue Alternativen haben erst gar keine Chance, Informationen werden womöglich ignoriert. Auch besteht bei Weich-Blau die Gefahr, das Gelesene, Gesehene und Gehörte zu verzerren und falsch auszulegen, bis es dem entspricht, was Weich-Blau glauben möchte. Vermutlich machen wir uns dessen alle schuldig, wenn es uns vorteilhaft erscheint, so zu handeln, doch ein befangener, voreingenommener Mensch merkt es nicht einmal und fühlt sich auch nicht schuldig, weil er seine Interpretation für die einzig richtige hält.

Wie man mit einer hohen Punktzahl bei Blau verfährt

Setzen Sie Ihre Prioritäten und teilen Sie sich die Zeit besser ein, so daß Sie dem Drang widerstehen können, sich allzu sehr in eine Sache zu verbeißen. Nur zu oft wird durcheinandergebracht, was nur › wichtig ‹ und was schon › notwendig ‹ ist. Das stiftet oft nur Verwirrung und trägt nichts zu der Frage bei, welche Handlung man wann vollbringen sollte. Wenn Sie Prioritäten setzen, sollten Sie in Erfahrung bringen, wie dringend eine Sache ist (Rot). Dann können Sie Ihre Meinung ändern oder untermauern und wissen, wie wichtig die Angelegenheit tatsächlich ist (Blau). So können Sie Ihre Ungeduld zügeln, wenn diese fehl am Platze ist. Auf diese Weise kommen auch Rot und Grün zu Worte.

Der schwierigste Schritt für jemanden mit einer hohen Punktzahl bei Blau besteht darin, daß er es lernen muß, die anderen Farben ebenfalls zu respektieren. Er muß sie nicht nur gelten lassen, sondern auch richtig einzuschätzen wissen. Menschen mit einer starken Blau-Komponente geraten öfter in Versuchung, sich allzuviel auf ihre Stärke einzubilden. Diese Menschen sollten die Dinge nicht so vehement angehen. Sie müßten sich die beispielhaften Qualitäten der anderen Farben zu eigen machen, damit sie mit ihrer rohen Kraft die Harmonie des Ganzen und das Schöpferische des Erkundens nicht untergraben und zerstören.

Niedrige Punktzahl bei Blau

Wir dürfen nicht vergessen, daß das Wesentliche bei Blau der Drang ist, sich voll und ganz der Tat zu verschreiben, sich der Dinge sofort anzunehmen und damit genau den Weg einzuschlagen, auf den es sich versteht. Ein Mensch ohne eine ausreichende Blau-Komponente wird vermutlich ständig alles aufschieben und verzögern, wenn eine Entscheidung von ihm erwartet wird. Ein Mensch mit einer schwachen Blau-Komponente hofft höchstwahrscheinlich, daß sich alles von selbst klärt und entwirrt, ohne daß er sich für die eine oder die andere Seite entscheiden muß.

Solche Menschen verfügen über eine ganze Skala von Strategien, um sich vor Entscheidungen zu drücken. Dabei kommt es ganz darauf an, wie stark die anderen Farben bei ihnen ausgeprägt sind und inwieweit diese ihr Denken beeinflussen. Ist zum Beispiel bei jemandem eine niedrige Blau-Komponente mit einer hohen Rot-Komponente gekoppelt, so nimmt derjenige gern Zuflucht zum Sammeln von Informationen in der Hoffnung, daß die Entscheidung von selbst fällt – und zwar durch das schiere Gewicht der Beweiskraft. Auf diese Weise werden jedoch keine sinnvollen Entscheidungen, keine eigenständigen Entschlüsse getroffen. Ist dagegen bei einem Menschen eine niedrige Blau-Komponente mit einer hohen Grün-Komponente gekoppelt, so gibt sich dieser beim Denken nur allzugern seiner Lieblingsbeschäftigung hin: Er knobelt ständig neue Alternativen aus und rechnet fest damit, daß eine davon sofort ins Auge sticht und sich als so attraktiv hervorhebt, daß sie sich als die ideale Lösung anbietet.

Es ist nicht gerade die Stärke der Menschen mit einer schwach ausgeprägten Blau-Komponente, eigenständige Entscheidungen zu treffen und einen festen Standpunkt zu vertreten. Das bedeutet, daß sie sich nicht gern festlegen lassen und sich nicht gern rechtfertigen für das, was sie tun und denken. Sie möchten zwar auch die Bereiche von Rot und Grün erkunden, wollen sich aber nicht den › warum und weshalb ‹-Zwängen unterordnen. Wenn Blau bei Ihnen zu schwach ausgeprägt ist, müssen Sie darauf achten, daß Sie Ihre Blau-Gefährten nicht durch Ihre mangelnde Bereitschaft, die zugestandenen Fristen einzuhalten, auf die Palme bringen. Wenn Sie nicht so erzogen sind und es nicht gewöhnt sind, Termine einzuhalten – von der Natur sind Ihnen diese Fähigkeiten nicht gegeben.

Menschen mit einer schwach ausgeprägten Blau-Komponente sehen die Dinge lockerer. Da können Rot und Grün in Aktion treten, ohne dem Wunsch des blauen Denkens nach festgesteckten Zielen Rechnung tragen zu müssen. Das macht sich bezahlt, wenn diese freien Ansichten angebracht sind. Wenn es aber in Ziellosigkeit ausartet, ist es reine Kraftverschwendung.

Grundsatz, wenn Hart zu wenig zur Anwendung kommt (Niedrige Punktzahl bei Blau):
»Das Warum und Weshalb spielt keine Rolle«.
W. S. Gilbert

Menschen mit einer schwach ausgeprägten Hart-Blau-Komponente können entsetzlich langsam und umständlich sein.

Nichts geht ihnen richtig von der Hand, weil sie außerstande sind, zwischen Wichtigem und Unwichtigem zu unterscheiden.

So versuchen sie zuweilen, alles zugleich zu machen, ohne zu erkennen, was vorrangig gewesen wäre. Auf diese Weise bleiben die wesentlichsten Dinge womöglich ungetan. Diesen Menschen geht der Sinn dafür ab, objektiv zwischen Wichtigem und Unwichtigem zu unterscheiden. Ihr Enthusiasmus und der anderer Leute verleitet sie zu Umwegen und Höhenflügen, durch die sie das Ziel endgültig aus den Augen verlieren.

Ein solches Vorgehen ist nur gerechtfertigt, wenn kein Termin eingehalten werden muß und man hinsichtlich der Quellen keinen Zwängen unterliegt – wenn es sich zum Beispiel um eine Freizeitbeschäftigung oder um eine unbefristete Forschungstätigkeit handelt.

Menschen, bei denen Hart-Blau nicht hinreichend zum Einsatz kommt, sind schnell empfänglich für plausible Argumente, denn die Fähigkeit, bohrende Fragen zu stellen (wodurch sich eben Hart-Blau auszeichnet) geht ihnen fast völlig ab. Sie lassen sich von einem Aspekt betören und gefangennehmen, der sie interessiert und ihnen zusagt.

Damit werden alle vernünfigen Überlegungen über den Haufen geworfen. Sie sehen den einzelnen Aspekt nicht mehr als Teil des großen Ganzen.

Aber wir können eigentlich froh sein, daß es solche Menschen auch heute noch gibt, denn sie denken nicht nur an Profit und Nutzen, für sie zahlt vor allem der menschliche Aspekt. Wir werden heute, durch Institutionen, die Bürokratie und die Systematisierung in allen Lebensbereichen gegängelt. Da können wir solche Menschen mit einer schwach ausgeprägten Hart-Blau Komponente gut gebrauchen. Das schafft Raum für die Glücksfälle, bei denen wie durch ein Wunder etwas zustandekommt, was man mit Hilfe von reiner Logik und Vernunft niemals zustandebringen könnte. Wenn man Diät hält und nichts als Hart-Blau mit hohem Proteingehalt ohne vergröbernde Zutaten zu sich nimmt, leidet man zweifellos bald an einer furchtbaren Verstopfung.

Grundsatz bei unzureichender Anwendung von Weich (Niedrige Punktzahl bei Blau):
»Willst du oder willst du nicht, willst du oder willst du nicht, willst du mit uns tanzen?«
Lewis Carroll

Unschlüssigkeit ist ein Zeichen dafür, daß Weich-Blau nicht stark ausgeprägt ist. Wem es an Weich-Blau mangelt, hat keinen ausgeprägten Drang, sich festzulegen. Seine Wertvorstellungen sind nicht so beschaffen, daß er sich bemüßigt fühlt, die Initiative zu ergreifen. Dieses Verzögern und Aufschieben von Entschlüssen bedeutet jedoch nicht, daß diese Menschen so klug sind, den geeigneten Augenblick abwarten zu wollen. Denn da müßten sie sich ja immerhin entschließen, vorerst noch nicht zu handeln. Es ist ein großer Unterschied, ob man keine Entscheidung trifft oder sich entschließt, vorerst noch nichts zu unternehmen. Ohne die Weich-Blau Komponente neigen die Menschen zu übertriebenem Zögern.

Diese Menschen treten so leicht keinem Verein bei und schließen sich auch sonst keiner Gruppe an, denn es liegt ihnen überhaupt nicht, von etwas überzeugt zu sein oder an etwas zu glauben, nur um zu einer Gruppe zu gehören. Notfalls finden sie sich allerdings bereit, sich zu einer Gruppe zu gesellen – wenn sie sich dort in aller Ruhe mit einem bestimmten Interessengebiet beschäftigen können, ohne sich allzusehr für die Gruppe engagieren zu müssen. So fühlen sie sich zum Beispiel zu Vereinigungen hingezogen, die bestimmte Dinge sammeln, alte Bücher, Musicboxen, Dinge aus der Zeit von Queen Victoria – alles, was keine leidenschaftliche Hingabe oder Loyalität verlangt.

Menschen mit einer schwach ausgeprägten Weich-Blau Komponente geben sich gern cool. Dadurch erwecken sie den Eindruck, als sei ihnen alles gleichgültig. Persönlich berührt sie vielleicht auch vieles nicht. Sie sind nicht so leicht zu überzeugen. Für Verkäufer und Vertreter sind sie geradezu ein Alptraum. Sie kapseln sich ab und zeigen ihre Gefühle nicht. Es würde ihnen als Schwäche erscheinen, wollten sie sich über ihre Wünsche und Bedürfnisse auslassen.

Wie man bei Blau auf eine höhere Punktzahl kommt

Menschen mit einer niedrigen Punktzahl bei Blau müssen sich klarmachen, daß sie im Hinblick auf Zielsetzung und Strukturierung Schwächen aufzuweisen haben. Wie die meisten Menschen mit einer hohen Punktzahl bei Blau sollten auch sie sich darin üben, ihre Zeit besser einzuteilen - jedoch aus anderen Gründen. Wer nur eine schwach ausgeprägte Blau-Komponente hat, *muß* wirklich regelmäßig Buch über alles führen, um seinen Aufgaben gerecht zu werden. Diese Buchführung sollte allumfassend sein und sowohl die Arbeit als auch den häuslichen Bereich und die Freizeit miteinbeziehen, um ein gutes Gleichgewicht zu schaffen. Menschen, bei denen Blau zu kurz gekommen ist, können ihrem mangelnden Zeitgefühl zum Opfer fallen, wenn sie sich die Zeit für die anfallenden Aufgaben nicht richtig einteilen. So wird nichts je fertig. Ständig muß jemand anders - meistens der Blau-Ehepartner oder ein Blau-Kollege - die Trümmer zusammenklauben.

Kleine Übungen können die Blau-Komponente kräftigen. So zum Beispiel diese schwierige, aber wirkungsvolle Übung: Suchen Sie sich irgendeine Tageszeit aus, sagen wir drei Uhr nachmittags, und nehmen Sie sich vor, um Punkt drei Uhr mit Ihrer momentanen Tätigkeit aufzuhören - um sich zum Beispiel einen Ring vom Finger zu ziehen und ihn sich wieder auf den Finger zu schieben. (So etwas können Sie immer und überall tun, ohne daß es Sie groß von der Arbeit abhält.) Bedienen Sie sich aber nicht eines Digitalweckers, damit es Ihnen rechtzeitig einfällt. Manche Menschen brauchen Wochen, bevor sie sich daran erinnern, daß sie zu einer ganz bestimmten Zeit aufhören sollen. Wenn man aber wirklich fünf Tage hintereinander daran gedacht hat, sollte man sich auf eine andere Zeit verlegen und sehen, ob das auch klappt. Man sollte sich notieren, wann es geklappt hat und wann nicht.

Eine andere Übung besteht darin, daß man sich verpflichtet, jeden Tag etwas für einen anderen Menschen zu tun. Und zwar immer und unbedingt, was auch immer dazwischenkommen mag. Wer sich dabei ein Versäumnis zuschulden kommen läßt, sollte sich überlegen, woran das gelegen haben könnte. Eine Übung, die einem anderen Zweck dient, könnte darin bestehen, sich ein System oder eine Methode anzueignen, die garantiert, daß man nichts Unkluges tut. Wie überprüft man, ob das, was man vorhat, auch vernünftig ist? Solche kleinen Übungen in Selbstdisziplin helfen der inneren Stärke und der Selbsterkenntnis auf die Sprünge und stärken damit die Blau-Komponente. Die stärkere Blau-Komponente spielt dann auch in anderen Lebensbereichen eine Rolle. Es läßt sich damit vergleichen, daß man jeden Morgen zehn Minuten joggt. Das Jogging kräftigt die Muskeln und den Kreislauf. Man geht danach viel vitaler an andere Aufgaben heran.

5. KAPITEL

ERRATEN DER DENKARTEN

Was nutzt es, sich mit den Farben auszukennen? Sie helfen einem offenbar dabei, sich selbst besser zu verstehen und andere Menschen vielleicht auch. Welchen praktischen Nutzen hat das? Das hat zwei große Vorzüge. Der erste Vorzug ist, daß man besser mit den Menschen umzugehen lernt. Das ist sehr wichtig, wenn man zum Beispiel mit Kunden, mit Untergebenen, mit Kollegen, mit Vorgesetzten oder mit der eigenen Familie zu tun hat. Der zweite Vorzug liegt darin, daß man sich fragen kann, welchen Denkart in welchem Falle angebracht ist. Welchen Vorteil bringt es Ihnen zum Beispiel, wenn Sie vorwiegend ein blauer Denker sind?

In diesem Kapitel wollen wir beginnen, uns mit diesen Vorteilen zu befassen und Ihnen dann Möglichkeiten aufzeige wie Sie in etwa dahinterkommen können, wie andere Menschen denken. Das müssen Sie nämlich wissen, wenn Sie in der Lage sein wollen, Ihre Denkart mit der anderer Menschen unter einen Hut zu bringen. In den folgenden Kapiteln werden wir darauf noch wesentlich genauer eingehen.

Einsatz der Denkarten zur Verbesserung zwischenmenschlicher Beziehungen

Überlegen Sie einmal, wie oft es nötig ist, einen anderen Menschen zu verstehen, um etwas Wichtiges zu erreichen:

- Wenn Sie unter einer Reihe von Bewerbern den geeignetsten für eine Stellung finden müssen
- Wenn Sie das schwierige Verhältnis zu einem anderen Menschen analysieren wollen (vielleicht zu Ihrem Chef)
- Wenn es darum geht, die Produkte Ihrer Firma zu verkaufen
- Wenn Sie Ihr Haus verkaufen wollen
- Wenn Sie einen Vertrag für Ihre Firma oder sich selbst aushandeln müssen

- Beim Hauskauf
- Bei dem alltäglichen Umgang mit Ihrem Nachbarn, Ihrem Mitbewohner oder Ihrer Frau
- Wenn Sie Ihren Kindern dabei helfen, sich in der Schule zurechtzufinden, z. B. Verständnis für die Lehrer aufzubringen
- Wenn Sie für ein Projekt aus den Rängen der Kollegen ein Team zusammenstellen sollen
- Wenn Sie ein erfolgversprechendes Vorstellungsgespräch führen wollen
- Wenn Sie erreichen wollen, daß jemand, an dem Ihnen viel liegt, »ja« sagt
- Wenn Sie befördert werden möchten
- Wenn Sie den Vorsitz bei Konferenzen führen
- Wenn Sie sich für jemanden entscheiden müssen, der bei einer Sonderaufgabe Ihr Mitarbeiter sein soll

Jeder hat seine eigene Methode, andere Menschen zu › durchschauen ‹, um besser mit ihnen auszukommen. Das erleichtert das Leben und die Arbeit. Nur so kann man Fortschritte erzielen. Im Laufe der letzten Jahre hat man das im Geschäftsleben erkannt. Man bedient sich der vielen inzwischen zur Verfügung stehenden Methoden zum Erkennen von Wesensmerkmalen, weil es dadurch leichter ist, die richtigen Leute einzustellen, die Angestellten einzuschätzen und die richtigen von ihnen zu befördern. Die meisten Menschen sind schon bis zu einem gewissen Grade mit diesen Persönlichkeitstests vertraut, wenn auch vielleicht nur durch Zeitschriften, die heutzutage regelmäßig durch ein Quiz die Persönlichkeit auszuloten versuchen. Unter Umständen macht es nicht nur Spaß, so ein Quiz in Angriff zu nehmen – es kann auch von großem Nutzen sein, weil man dadurch die Persönlichkeit sehr rasch erfaßt.

Doch ein › Denkprofil ‹, das erhellen soll, was die Menschen auf einer tieferliegenden Ebene als der der Persönlichkeit motiviert, das zeigen soll, wie das › Denken ‹ die zwischenmenschlichen Beziehungen beeinflußt, ist etwas Neues. Die in diesem Buch enthaltenen Fragebögen haben große Ähnlichkeit mit einem Quiz in einer Zeitschrift. Sie bekommen ein › Gefühl ‹

für Ihr Denken, so daß Sie das, was Sie hier lesen, sinnvoll auf sich und andere anwenden können. Wir haben vollständige Fragebögen ausgearbeitet, die sich mit psychologischen Persönlichkeitsprofilen vergleichen lassen. Sie sind für Organisationen und Individuen gedacht, die so viel wie möglich über das Denken wissen wollen, um noch leistungsfähiger zu werden. Es handelt sich um das DIP (Denkintentionsprofil). Wir haben alle Ergebnisse in unseren Computer eingespeist und analysiert. DIP ist für Firmenangehörige gedacht und wird ergänzt durch unsere Schulungsprogramme und Handbücher.

Später folgt in dem Kapitel noch ein Abschnitt, in dem es darum geht, die Farben anderer Menschen zu erraten, damit Sie mit Ihren eigenen Forschungen im Hinblick auf die möglichen Denkarten weiterkommen. In diesem Abschnitt erschließen sich Ihnen Möglichkeiten, die Besonderheiten des Denkverhaltens anderer Leute zu erkennen. Diese Kenntnisse können Sie zum Einsatz bringen, wann immer es auf gute Zusammenarbeit ankommt. Sie werden feststellen, daß das 6. und das 7. Kapitel sehr von Nutzen sind, wenn Sie das Zusammenspiel bzw. Aufeinanderstoßen verschiedener Denkarten eingehend erforschen wollen.

Was bringt Ihnen Ihre Denkart ein?

Am augenscheinlichsten wenden Sie Ihre Denkart an, wenn es darum geht, einen Beruf zu finden, der Ihrer Denkart entspricht. Oder darum, eine Stelle mit einem geeigneten Kandidaten zu besetzen. Die Methode, deren wir uns hier bedienen, vermittelt Ihnen im Handumdrehen grundlegende Kenntnisse darüber, welche Stellungen für welche Farben typisch sind. Stellen Sie sich vor, daß Schauspieler für die stereotypen Rollen einer Erfolgsserie gesucht werden. Hier ist ganz stereotyp aufgeführt, welche Stellungen und Berufe den einzelnen Farben zugeordnet werden können.

Hart-Blau und Hart-Rot:
Ingenieur, Systemanalytiker, Bankangestellter, Laborkraft, Inspektor, Aufsichtsbeamter, Buchhalter

Weich-Blau und Weich-Rot:
Verkäufer, Lehrer, Krankenschwester, Fürsorger

Weich-Rot und Hart-Rot:
Schauspieler, Musiker, Arzt, Gärtner, Architekt, Anwalt, Sekretärin, Ladenbesitzer, Verkaufskraft, Reporter, Biograph, Polizist

Weich-Rot und Hart-Grün:
Werbetexter, Anwalt, Zeitschriftenkolumnist, Romanschriftsteller

Weich-Grün und Weich-Rot:
Vertriebsleiter, Firmenchef, Dichter

Hart-Blau und Weich-Rot:
Verwaltungsangestellter, Richter

Nehmen wir uns doch auch noch die folgenden Farbkombinationen vor, um Rollen zu besetzen:

Hart-Blau und *Hart-Grün*
Weich-Blau und *Weich-Grün*
Hart-Rot und *Hart-Grün*
Hart-Blau und *Weich-Grün*

Natürlich gibt es auch noch zahlreiche andere Kombinationen.

Die Auswahl nach typischen Merkmalen stellt uns natürlich vor ein Dilemma. Was für Ärzte stellen wir uns denn bei Weich-Rot und Hart-Rot vor? Vielleicht den Arzt für Allgemeinmedizin, für den Weich-Rot sehr wichtig ist, weil er ja mit Patienten kommunizieren muß. Hart-Rot braucht er, um Rezepte für Medikamente auszustellen, die die verschiedenen Leiden heilen sollen. Ein Registraturbeamter (Gerichtsschreiber oder Standesbeamter) orientiert sich vielleicht viel mehr an Hart-Rot und Hart-Blau. Es mag angebracht erscheinen, einen hochrangigen Beamten unter Hart-Blau und Weich-Rot einzuordnen, aber vielleicht ist das bei dem ebenfalls am Schreibtisch sitzenden Bürovorsteher einer Maschinenbaufirma nicht so angebracht. Dieser ist wahrscheinlich eher Hart-Rot/Hart-Blau. Und der Buchhalter, der zum kaufmännischen Leiter avanciert ist, tut gut daran, sein Hart-Rot/Hart-Blau zu bezähmen, wenn der den viel breiter gefächerten Aufgaben der neuen Stellung gerecht werden will. Dafür braucht er nämlich Hart-Grün und Weich-Rot.

Wenn man Berufe unter die Lupe nehmen will, beginnt man am besten mit Klischees. Will man das richtig machen, so muß man sich mit der betreffenden Stellung oder den Stellungen eines bestimmten Niveaus gründlich befassen. So müssen technische Berater zum Beispiel unbedingt vorrangig Hart-Rot/Hart-Blau denken. Bei ihnen muß das Schwergewicht auf diesen Farben liegen. Andere wiederum, die breiter gefächerte Aufgaben zu bewältigen haben, müssen ihr Hart-Grün und sogar ihr Weich-Rot zum Einsatz bringen, wenn sie sich bewähren wollen. Sie müssen in Hart-Blau/Hart-Rot hinreichend bewandert sein, um die Grundbegriffe der Technik zu beherrschen, doch sie benötigen zum Beispiel auch die › Zauberkraft ‹ von Hart-Grün, um sich auch noch angesichts der neuesten Erkenntnisse der Technologie behaupten zu können.

Damit kommen wir zu zwei interessanten Punkten: zur Beförderung und dem Auswahlverfahren für bestimmte Stellungen. Das Peter-Prinzip (die Leute werden befördert und in Stellungen versetzt, die genau eine Stufe über denen liegen, für die sie geeignet sind) kann vermieden werden, wenn man die Denkart richtig in den Griff bekommt. Ob jemand den Anforderungen, einer ganz bestimmten Stellung gewachsen ist, hängt davon ab, ob seine führenden Farben in Einklang mit diesen Anforderungen stehen. Wird ein solcher Mensch befördert, ist die neue Stellung nicht mehr auf ihn zugeschnitten. Wenn der Betreffende von seinen Farben her nicht so flexibel ist, daß er sich anpaßt und seinen Horizont erweitert (siehe 8. Kapitel), so ist er in seiner neuen Stellung fehl am Platze – besonders wenn sich die Stellung wirklich um bestimmte Schlüsselfarben dreht. Es gibt zum Beispiel viel zu viele Firmenbosse, die mit führenden Farben laborieren, die unterhalb der Spitzenposition sehr hilfreich waren, die aber für den Direktor eines Unternehmens ungeeignet sind, will der den Aufgaben gerecht werden, die seine Stellung mit sich bringt.

Wie Sie wissen, ist es ungeheuer wichtig, daß man die richtige Stellung bekleidet, mit der man zufrieden ist und in der man etwas leisten kann. An manchen Stellungen ändert sich jahrzehntelang nichts und deshalb gelingt es den Firmen immer besser, diese Position mit den richtigen Leuten zu besetzen. Aber was ist, wenn sich die Zeiten einmal ändern? Dann müssen sich die Firmen auf die Suche nach Angestellten machen, bei denen andere Farben dominieren. Der Wandel vollzieht sich möglicherweise aufgrund der ganz anders gelagerten Denkfarben der neu eingestellten Leute. Sie denken anders. Wenn der Firmenleitung diese Möglichkeit nicht offensteht, muß sie versuchen, den bereits vorhandenen Mitarbeiterstab dazu zu bringen, daß er umdenkt bzw. in größeren Dimensionen denkt. Im 8. Kapitel zeigen wir, wie man eine Erweiterung der Denkfähigkeit erzielt.

Jetzt haben wir uns kurz damit befaßt, wie wichtig die Farben für die Arbeitsanalyse, bei der Auswahl der Bewerber der Beurteilung und Beförderung sind. Da Stellungen aber kein einheitliches Ganzes, sondern sehr facettenreich sind und daher ganz unterschiedlich Denkkräfte verlangen, werden wir später noch darauf zurückkommen. Dann wird das Thema tiefschürfender behandelt.

Wie sich ihre Denkkraft auf das Lesen dieses Buches auswirkt

Die ureigene Denkart eines jeden Menschen ist zu irgend etwas nütze. Nehmen wir ein naheliegendes Beispiel. Sie lesen ein Buch. Zum Beispiel dieses Buch. Entsprechend seiner Denkart sieht jeder dieses Buch aus einer anderen Warte. Eine ganz bestimmte Denkart kann beim Lesen dieses Buchs von Vorteil sein, kann aber auch Beschränkungen auferlegen.

Aus den nachgenannten Faustregeln können Sie nicht genau ersehen, wie Sie das Buch tatsächlich lesen werden, weil Sie ja nicht nur › eine ‹ Farbe verkörpern, sondern eine Kombination von Farben. Doch zeigen diese Faustregeln in etwa auf, was für eine große Rolle die Farbe Ihrer Denkart beim Lesen dieses Buchs spielen. Von ihnen hängt nämlich ab, wie Sie es lesen. Informieren Sie sich über die verschiedenen Möglichkeiten. Suchen Sie sich Ihre Farbkombination heraus und stellen Sie fest, was Ihnen fehlt.

Stark ausgeprägte Hart-Blau-Komponente Wenn Hart-Blau in Ihrem Denken dominiert, wollen Sie das Gesagte sicher doppelt kontrollieren und prüfen, ob es auch stichhaltig ist. Wahrscheinlich stehen sie mit den in diesem Buch vollzogenen Gedankengängen oft auf Kriegsfuß. Sie freuen sich, wenn die Sachverhalte logisch abgehandelt werden und sie eine Aussage mit einer anderen in Verbindung bringen und daraus Schlußfolgerungen zeihen können. Beispiele und Vergleiche langweilen Sie vielleicht, wei Sie sie für überflüssigen Zierrat halten. Gut gemachte graphische Darstellungen, durch die der Sachverhalt noch unterstrichen wird, erscheinen Ihnen durchaus akzeptabel, aber nicht unbedingt erforderlich. Sie gönnen ihnen womöglich keinen Blick. Wenn Sie der Meinung sind, daß das Buch vernünfig klingt und die darin vorgebrachten Sachverhalte fundiert sind, fällt ihr Urteil positiv aus und Sie machen sich das hier Besprochene zunutze. Wenn Sie mit unserer Behandlung der aufgeworfenen Fragen nicht einverstanden sind und ungeklärte Fragen nicht zu Ihrer Zufriedenheit beantwortet werden, werfen Sie das Buch weg oder legen es beiseite. Bevor Sie jedoch zu solch drastischer Maßnahme greifen, sollten Sie das 10. Kapitel lesen. Dort erfahren Sie etwas über unsere Forschungsmethoden und -ergebnisse. Das ist für Sie sehr wichtig und fällt bei Ihrem Denken viel mehr ins Gewicht als viele graphische Darstellungen, Übungen und Illustrationen.

Stark ausgeprägte Weich-Blau-Komponente Wenn die Weich-Blau-Komponente in Ihrem Denken einen hohen Stellenwert einnimmt, sind Sie erpicht darauf, herauszufinden, ob die in diesem Buch vertretenen Werte mit Ihren eigenen in Einklang zu bringen sind. Sie haben feste Ziele und Vorstellungen, und Sie erwarten von diesem Buch, daß es diesen Vorstellungen entspricht. Obwohl die Farbentheorie absolut wertfrei ist, könnte Ihnen gerade das die Lektüre verleiden, weil Ihre

Werte eben der Angelpunkt Ihres Denkens sind. Sie versuchen ganz bestimmt, unseren eigenen Wertvorstellungen auf die Spur zu kommen. Sie lesen zwischen den Zeilen, um in Erfahrung zu bringen, wie wir als Autoren dazu stehen. Da Wertvorstellungen individuell verschieden sind, stimmt zwar manches von dem, was wir glauben, mit Ihren eigenen Idealen überein, aber anderes wiederum unterscheidet sich davon. Die praktischen Illustrationen der *Farben des Menschen* sind für Sie von Interesse, denn sie enthüllen, welchen Einfluß die Farben auf die Überzeugungen und Verhaltensweisen der Menschen haben. Die Beispiele hauchen dem rein begrifflichen Denkmodell Leben ein.

Stark ausgeprägte Hart-Rot-Komponente Ihnen ist jede Einzelheit des Buchs wichtig. Vielleicht versuchen Sie sogar, dieses ganze Kapitel voller Hinweise und Anspielungen in einem durchzulesen. Höchstwahrscheinlich machen Sie alle Übungen, denn Sie sind so gründlich, daß Sie systematisch vorgehen. Sie verleiben sich ein Kapitel um das andere ein, arbeiten jeden Abschnitt gründlich durch, damit Sie ihn ordentlich abhaken können, bevor Sie sich an den nächsten machen. Wenn Sie irgendwelche Widersprüche im Layout oder Format oder Korrekturfehler entdecken, kreiden Sie das dem Buch an. Sollten Sie irgendwelchen falschen Hinweisen oder Angaben auf die Spur kommen, so ärgert Sie das maßlos. Sie lassen sich auch sehr davon beeinflußen, ob die graphischen Darstellungen sauber gezeichnet, die Übungen und der Inhalt ganz korrekt sind. Und wenn wir da Ihren hehren Vorstellungen nicht entsprechen, sinkt das ganze Buch in Ihrer Achtung.

Stark ausgeprägte Weich-Rot-Komponente Sie konsumieren das Buch eher oberflächlich. Sie überfliegen die Kapitel, um sich auf die zu verlegen, die Ihrer Lebensanschauung entsprechen. Bilder und Illustrationen stechen Ihnen in die Augen. Sie lesen praktisch um diese herum. Sie erfassen, was das Buch vermitteln will, indem Sie sich ganz kurz hineinversenken. Hier und da machen Sie auch einen Teil der Übungen. Sie machen sich Gedanken über die Bedeutung einzelner Absätze und markieren auch die eine oder andere Seite farbig, um den Abbildungen Leben einzuhauchen. Das Einführungskapitel sagt Ihnen zu, weil es einen Überblick über das Buch beinhaltet. Auch das Kapitel über das Forschungsmaterial stößt bei Ihnen auf Interesse – aus dem gleichen Grund. Auch dieses Kapitel bietet einen Überblick. Sie sind ganz zufrieden, wenn Sie die Aussage des Buches im wesentlichen erfassen.

Stark ausgeprägte Hart-Grün-Komponente Da Sie sehr daran interessiert sind, neue Verbindungen herzustellen, verschlingen Sie das Buch wegen der darin enthaltenen Gedankengänge. Sie können die Ideen übernehmen, um sie dann für sich zu verwenden. Sie betrachten ein Buch als eine willkommene Quelle, aus der Sie alle Ideen zu einem bestimmten Thema erschöpfen können. Mit diesem jonglieren Sie dann. Sie bauen darauf auf und kombinieren sie, bis sich für Ihre Bedürfnisse etwas Befriedigendes ergibt. Sie sehen sich veranlaßt, das hier Dargebotene abzuwandeln, indem Sie sich schöpferisch damit umgehen. Sie werden sicher feststellen, daß dieses Buch eine Fülle von Ideen bietet, bei denen Sie sich leichten Herzens als Plagiator betätigen können.

Stark ausgeprägte Weich-Grün-Komponente Sie erhoffen sich etwas Neues, druch das Sie neue Einsichten gewinnen – etwas, das Sie erleuchtet, ein neues Licht auf Ihr Leben wirft und es auf eine andere Ebene verlagert. Das Modell selbst bietet Ihnen das. Hier bekommen Sie die Erlaubnis, Weich-Grün zu denken. Anhand des Modells der Farben, das die ganze Vielfalt menschlichen Denkens beinhaltet, können Sie Ihre Gedanken frei schweifen lassen und erkunden, welche Möglichkeiten sich bieten, wenn die Gesellschaft die Macht des Weich-Grünen Denkens erst einmal akzeptiert und nützt. Sie können sich etwas darauf zugutehalten, wenn Sie sich damit durchsetzen.

Nützen Sie die Farben für das Lesen und Lernen

Welches auch die bevorzugte Farbe Ihres Denkens sein mag – jeder schwarz-weiße Text erwacht durch die Farbe zum Leben.

Sie verfügen jetzt über einen Farb-Kode, der eine tiefere Bedeutung in sich birgt. Die Farben sprechen eine Sprache, die überall verstanden wird. Es gibt die Farben in allen Sprachen, allen Texten, allen Bildern, allen Vorträgen und Darstellungen, allen Theaterstücken, allen Gedichten, allen Gesprächen, allen Verhaltensmustern.

1. Malen Sie die graphischen Darstellungen farbig an. Durch die Wiederholung prägt sich die Farbkodierung besser ins Gedächtnis ein.
2. Markieren Sie einzelne Textstellen farbig – wann immer eine der Farben deutlich hervortritt. Gehen Sie auch bei Berichten, Zeitungen und Anzeigen so vor. Raten Sie, welche Farbe wann zur Anwendung kommt. Natürlich wird ständig die eine oder andere Farbe benutzt, da man immer in Farbe denkt. Aber streichen Sie nicht alles an! Markieren Sie nur, was wichtig ist. Wenn man bestimmte Textstellen durch Farben hervorhebt, enthüllt man damit auf intelligente Weise Textstrukturen. Es zeigt sich dadurch deutlicher, welche Denkarten zur Anwendung kommen und welche nicht. Damit kann man die Absichten des Autors dechiffrieren.
3. Heben Sie auch bei dem, was Sie selbst schreiben, bestimmte Textstellen durch die entsprechenden farbigen Markierungen hervor. Mit Hilfe des Fabkodes können Sie Ihre Denkart selbst analysieren. Daraus wird ersichtlich, was Sie noch zusätzlich tun oder aber unterlassen müssen, um Ihre Leistung noch zu steigern.

Die Denkart eines Menschen erraten

Die Menschen sind es gewöhnt, andere Leute anhand ihrer Charakterzüge zu beschreiben. »Sie ist extravertiert«, »Er ist ziemlich schüchtern«, »Er ist ein Heißsporn« etc. Man wird sich erst daran gewöhnen müssen, Menschen nach ihrer Denkart zu beurteilen, beziehungsweise diese erst einmal zu erkennen. Es ist gar nicht so einfach, › hinter ‹ die Persönlichkeit zu schauen. Wir wollen einmal einen Vergleich aus der Natur zu

Hilfe nehmen. Beim ersten Blick auf einen rauschenden, rasch dahinfließenden Fluß sehen wir nur Aufruhr, Chaos und Verwirrung. Doch wenn wir länger auf das Wasser schauen, fällt uns auf, daß der Fluß aufgrund der Felsen, der Steine und des Pflanzenwuchses im Flußbett so ungestüm dahinströmt. Hatten wir zunächst den Eindruck eines Chaos, so müssen wir uns bald berichtigen, da wir inmitten dieses Aufruhrs gewisse Gesetzmäßigkeiten erkennen. Ein stiller See kann dagegen ganz harmlos und ungefährlich wirken. Doch unter der trügerisch glatten Wasseroberfläche können gefährliche Strudel wirbeln. Wir sprechen ja auch bei Menschen von › verborgenen Abgründen ‹, oder wir sagen von jemandem: »Stille Wasser sind tief.«

Es erfordert viel Zeit und Geschick, andere Menschen zu beobachten, um ihre Denkart zu erraten. Man täuscht sich allzuleicht, wenn man dem ersten Eindruck Glauben schenkt. Man braucht schon Geduld, um die Informationen zusammenzutragen, die einem enthüllen, wie dieser oder jener Mensch in Wahrheit denkt. Da Sie nicht erwarten können, daß Ihre Freunde und Kollegen dieses Buch gelesen und die darin enthaltenen Fragen beantwortet haben, müssen Sie sich anderer Mittel und Wege bedienen, um ihre Denkart durchsichtig zu machen. Wie gehen Sie da am besten vor?

Zunächst einmal natürlich durch Beobachtung – insbesondere durch › Zuhören ‹. Durch die Art, wie sie sich ausdrücken, verraten uns die Menschen ständig, wie sie denken – durch bestimmte Ausdrücke und Redewendungen, die ihr Vokabular ausmachen. Ein Teil unserer Forschungsarbeit im Hinblick auf die Farben bestand in der Tat darin, die Redewendungen genau zu analysieren, derer sich die Leute tagtäglich bedienen, um sich uns verständlich zu machen.

Aber wie hört man am besten zu? Achten Sie auf Sätze und Redewendungen, die sich ständig wiederholen und schließen Sie davon auf die Farbe, auf der sie beruhen.

Wir bringen ein paar Beispiele für Sätze oder Redewendungen, auf die Sie achten sollten. Versuchen Sie, anhand dieser Beispiele herauszufinden, welche Farbe bei den einzelnen Gruppen dominiert.

GRUPPE I

a) »Ich möchte wissen, ob ...«
b) »Vielleicht könnte man ...«
c) »Wäre es nicht möglich ...«
d) »Versuchen wir es doch einmal mit ...«
e) »Ich spüre instinktiv, daß ...«
f) »Ich weiß eigentlich nicht, warum wir unbedingt ...«
g) »Wenn wir ein wenig von diesem Aspekt abgehen könnten ...«
h) »Was könnte uns sonst noch entgangen sein?«
i) »Was könnte es nicht sein?«

GRUPPE II

a) »Ich glaube ...«
b) »Möchten Sie gern dieses ... oder jenes ...«
c) »Das ... ist anders als ...«
d) »Beweisen Sie es doch ...«
e) »Ich bezweifle, daß ...«
f) »Das Logische daran ist ...«
g) »Ich möchte gerne prüfen ...«
h) »Ich sage voraus ...«
i) »Für mich steht außer Frage ...«
j) »Wir müssen zur Tat schreiten ...«

GRUPPE III

a) »Ich habe eine Liste von ... gemacht ...«
b) »Das müssen wir aussortieren ...«
c) »Gehört das zu?«
d) »Habe ich das richtig verstanden?«
e) »Das wollen wir doch einmal klarstellen ...«
f) »Ich habe den Eindruck, daß ...«
g) »Wenn man zwischen den Zeilen liest ...«
h) »Erklären Sie das doch bitte genauer ...«
(»Drücken Sie sich bitte deutlich aus«)
i) »Ich dachte, ich hätte Sie sagen hören ...«

Ja, ganz richtig, die Redewendungen der ersten Gruppe werden vom Grünen Denken bestimmt, die der zweiten Gruppe vom Blauen und die der dritten Gruppe vom Roten Denken. Oder zweifeln Sie daran? Dann lesen Sie doch bitte weiter!

Versuchen Sie nun, zu erraten, ob die obengenannten Redewendungen Hart oder Weich sind. Machen Sie sich an die Arbeit, bevor Sie sich die nachstehenden Antworten ansehen.

ANTWORTEN

GRUPPE I - *Grün*

a) Weich	b) Hart	c) Hart/Weich	d) Weich	e) Weich
f) Hart	g) Hart	h) Hart	i) Hart	

GRUPPE II - *Blau*

a) Weich	b) Weich	c) Hart	d) Hart	e) Weich/Hart
f) Hart	g) Hart	h) Weich	i) Hart/Weich	j) Weich

GRUPPE III - *Rot*

a) Hart	b) Hart	c) Weich/Hart	d) Hart	e) Hart
f) Weich	g) Weich	h) Hart	i) Weich/Hart	

Sie ersehen aus diesen ›Antworten‹, daß es oft unsicher ist, ob die Farbe in Hart oder Weich zur Anwendung kommt. Manchmal ist es Ihnen sicher schwergefallen, sich mit unserer Einstufung einverstanden zu erklären. Die Sprache ist nicht immer eindeutig. Worte können die wahre Bedeutung des Gesagten ebenso verschleiern wie enthüllen. Wenn Sie auf die Redewendungen der Menschen achten, bekommen Sie einen Hinweis auf ihre wahren Intentionen. Manchmal zeigt es sich jedoch ganz deutlich, daß jemand einen starken Hang zu einer Farbe hat. Höchstwahrscheinlich benutzen diese Menschen dann ein paar bevorzugte Redewendungen immer und immer wieder, um auf ihr Hauptanliegen hinzuweisen. Mrs. Thatcher ist ein Paradebeispiel dafür. Seit sie Premierministerin ist, ist sie im Radio und im Fernsehen immer wieder von Imitatoren verulkt worden, die ihren Stil ganz einfach dadurch imitieren, daß sie immer wieder sagen: »Und ich glaube, ich bin ganz fest davon überzeugt, ich glaube, wir müssen . . .« Diese ständig wiederholte Redewendung spricht für eine Überzeugungspolitik und zeugt von einer stark ausgeprägten Weich-Blau-Komponente.

Auf die Lieblingsredewendungen der Menschen zu achten, ist eine einfache und sehr direkte Methode, ein › Gefühl ‹ für die vorrangigen Farben der Menschen zu bekommen.

Achten Sie auf die Intentionen, die sich hinter den Redewendungen verbergen

Wenn die Menschen sprechen oder etwas tun, propagieren sie ihre Absichten natürlich nicht immer unbedingt durch entsprechende Redewendungen, die anzeigen würden, in welche Richtung ihr Denken sich bewegt. Manchmal kann man sich daher nicht auf ein Urteil verlassen, das lediglich auf dem Sprachgebrauch beruht. Dann kann es uns helfen, auf den Tonfall ihrer Stimme zu achten. Eine weitere Schwierigkeit besteht darin, daß die Menschen die Sprache oft völlig falsch benutzen und mißbrauchen. Damit kommen wir zu der Vielschichtigkeit unserer Konversation. Sieht man nur die Bedeutung der Redewendungen › laut Lexikon ‹, wird man unter Umständen um die Chance gebracht, anhand der bevorzugten Redewendungen auf die Farben eines Menschen zu schließen. Zwischen einem Mann und seiner Frau fallen z. B. Sätze in einem ganz besonderen Tonfall, die versteckte Intentionen übermitteln, die sich hinter der augenscheinlichen Intention der Redewendung selbst verbergen. Kennt man jemanden gut, erfaßt man die tiefere Bedeutung automatisch. Kennt man jemanden jedoch nicht gut, so kann es zu amüsanten oder katastrophalen Fehlinterpretationen kommen. Im 6. Kapital gehen wir auf die falsche Auslegung der Intentionen der Menschen ein.

Es gibt ein paar allgemeine bekannte Redewendungen, durch die der Übergang von der offenkundigen Sprache einer Farbe zu der versteckten, geheimnisvollen Sprache einer anderen Farbe vollzogen wird. Dazu gehört vor allem »Ich frage mich, ob . . .« bzw. »Ich wüßte gern, ob . . .« Genaugenommen ist das ein Grüner Satz bzw. eine Grüne Redewendung, doch jeder erkennt darin die Überleitung zu einer Weich-Blauen

Intention, mit der in Wirklichkeit ausgesagt werden soll »Ich möchte, daß ...« – zum Beispiel, wenn ein Chef zu seiner Sekretärin sagt: »Ich frage mich, ob es nicht vielleicht möglich ist, den Aufbau des Berichts noch zu verbessern.« Der Chef befindet sich nicht etwa in einer Grün-Phase, er ist ein einer Weich-Blau-Phase diplomatisch.

Wir passen unsere Intentionen nicht der Sprache an, sondern biegen uns die Sprache so zurecht, daß sie im Umgang mit Freunden oder Feinden, mit Erwachsenen oder Kindern, zu Hause oder im Beruf unseren Intentionen gerecht wird. Beim Erraten der Farben anderer Menschen stoßen wir immer auf die Schwierigkeit, daß die gesprochene Sprache unausgesprochene Intentionen beinhaltet. Es ist wichtig, die Redewendungen und Ausdrucksweise der Menschen als Fingerzeige zu werten – aber eben nur als Fingerzeige.

Beispiele

- »*Ich glaube,* daß wir im Mai am Ziel sind.«
  (Weich-Blaue Voraussage, basierend auf dem Entschluß, es bis dahin zu schaffen)
- »*Ich bin davon überzeugt,* daß es uns gelingen wird, die Nuß zu knacken.«
  (Weich-Grüne Intuition, daß sich eine Lösung findet)
- »*Ich glaube,* die Konkurrenz wird baden gehen.«
  (Weich-Rote Vorstellung angesichts der Eindrücke, die Weich-Rot von der Konkurrenz gewonnen hat)
- »*Habe ich das richig verstanden,* daß diese Zahlen jetzt vollständig sind?«
  (Hart-Rote Forderung nach der Wahrheit – ja oder nein)
- »*Habe ich richtig verstanden,* daß dieser Leim auch auf Wänden nicht richtig hält?«
  (Hart-Grüne Schlußfolgerung, basierend auf der Bemerkung, daß der Leim auf Papier nicht richtig hält.)
- »*Habe ich richtig verstanden,* daß die Bremskraft nicht ausreicht, um das Gewicht des Fahrzeugs zu halten?«
  (Hart-Blaue Testfrage, um eine Tatsache gegen eine andere abzuwägen.)

Wir verwenden so viele Redewendungen, die unsere Absichten verschleiern, daß man sich nicht allein auf den Sprachgebrauch der Leute verlassen sollte. Das ist nur *eine* von mehreren Methoden, die Farben zu erraten, die die Menschen prägen. Es kann natürlich durchaus sein, daß sich manche Menschen ihrer Redewendungen bedienen, um andere daran zu hindern, ihren Gedankengängen zu folgen oder herauszubekommen, welche Denkart bei ihnen dominierend ist: »Die Sprache ist uns gegeben, um unsere Gedanken zu verbergen.« Man muß also oft auch noch andere Methoden verwenden, um die Denkart eines Menschen zu identifizieren.

Jagd auf Farben

Es gibt mehrere Methoden, dieses Spiel zu spielen. Wir machen Ihnen hier zwei Vorschläge.

1. Verlegen Sie sich aufs Raten – aber nicht, ohne informiert zu sein. Machen Sie sich das zunutze, was Sie wirklich über einen Menschen wissen. Dadurch verringert sich die Wahrscheinlichkeit, ein Fehlurteil zu fällen. Sie können einen Menschen zum Beispiel unter anderem danach beurteilen, wie es in seinem Büro aussieht. Sieht es in einem Büro immer chaotisch aus, arbeitet darin wahrscheinlich ein Grüner Denker. Wenn ein Büro immer sehr ordentlich und sauber wirkt, haben Sie es höchstwahrscheinlich mit einem Hart-Roten Denker zu tun. (Sie sollten unsere Büroräume einmal sehen!) Ihre Mutmaßungen richten sich so schon viel genauer auf die entsprechende Person. Sie können viel schärfer beobachten. Sie erhalten alle möglichen Hinweise darauf, ob Ihr erster Eindruck Sie getrogen hat oder ob er Bestand hat. Das ist eine sehr gute Übung. So trainieren Sie Ihre Hart-Roten und Weich-Roten Fähigkeiten. Das funktioniert folgendermaßen: Wenn Sie absichtlich einen ganz bestimmten Blickwinkel wählen, um zu Ihrer Einschätzung zu kommen, lauschen und beobachten Sie eifriger. Dadurch können Sie mehr relevante Informationen im Hinblick auf die Farben zusammentragen, als wenn Sie sich einfach nur seelenruhig aufs Beobachten verlegen wollten.

Beispiel: Wir wollen einmal annehmen, daß ein Freund (nennen wir ihn einfach John) von Weich-Rot motiviert wird. Welche Beweise haben wir dafür? Uns ist aufgefallen, daß er sich dafür interessiert, wie wir uns kleiden. Er läßt sich oft über die Farben der Kleidungsstücke aus, die wir miteinander kombinieren und auch über den Stil unserer Garderobe. Aufgrund seines Interesses an unserer Aufmachung nehmen wir an, daß bei ihm Weich-Rot dominiert. Wir haben auch bemerkt, daß er großen Wert auf seine eigene Kleidung legt sowie auf das, womit er sich umgibt. Sein Büro ist voll von Zierrat und allen möglichen Bildern. Wir haben auch oft beobachtet, daß er sich für Werbeplakate interessiert, obwohl er beruflich gar nichts mit Werbung zu tun hat. Das alles sind Beweise, die wir zusammengetragen haben. Daraus schließen wir auf die Farbe, die bei John dominiert.

Wenn wir John auf die Farbe Weich-Rot hin aber genauer unter die Lupe nehmen, stellen wir fest, daß er sich oft so verhält, daß es mit Weich-Rot nicht in Einklang zu bringen ist. Er tritt jetzt vor unserem geistigen Auge viel deutlicher in Erscheinung, weil wir ja genau darauf achten, was an ihm Weich-Rot ist und was nicht. Uns fällt zum erstenmal auf, daß er oft Änderungs- oder Verbesserungsvorschläge macht. Wenn er sich über die Werbekampagnen ausläßt, fallen ihm immer wieder neue Mittel und Wege ein, die Ideen besser an den Mann zu bringen. Er macht uns auch Vorschläge unsere Kleidung betreffend – sagt uns, was wir da anders machen könnten, was für uns vorteilhafter wäre. Wir begreifen, daß sein Weich-Rotes Interesse eine starke Hart-Grüne Komponente in sich birgt.

An diesem Punkt fragen wir uns dann, ob Hart-Grün Johns Denken dominiert. Die Frage lautet: »Was erregt Johns Aufmerksamkeit am meisten? Amüsiert er sich zum Beispiel vor allem über den Humor einer Werbeaktion? Will er ihn übertreffen, oder interessiert es ihn vor allem, welchen Eindruck das Produkt dadurch vermittelt?« Auch wenn wir zwischen seinem Grün und Rot nicht unterscheiden können, wissen wir doch immerhin, daß Blau bei ihm nicht dominierend ist. Das ist sehr sehr wichtig. Zu wissen, welche Farbe einem Menschen am wenigsten liegt und infogedessen auch am seltensten zur

Anwendung kommt, ist ebenso wichtig, wie zu wissen, welches seine führende Farbe ist. Zu entdecken, welche Denkart einem Menschen am wenigsten zusagt, spielt offensichtlich eine wichtige Rolle, wenn man wissen will, wie dieser Mensch so ist und wie man am besten mit ihm zusammenarbeitet.

2. Anhand von Gesprächen können Sie die Verfolgungsjagd auf die betreffende Farbe sogar noch besser aufnehmen. Einmal angenommen, wir wollten wissen, ob bei John Grün oder Rot dominiert. Nach welchen weiteren Hinweisen können wir da suchen? Was kann uns darüber Aufschluß geben? Können wir überhaupt genaueres über ihn in Erfahrung bringen? Wir machen Ihnen einen Vorschlag, wie Sie die Sache angehen können. Im Gespräch reagieren die Menschen normalerweise zunächst einmal mit ihrer Lieblingsfarbe. Wenn man einem Menschen, bei dem Rot in Führung liegt, eine rote Behauptung auftischt, reagiert er meistens in der gleichen Farbe. Das ist seine Lieblingsfarbe, dabei fühlt er sich am wohlsten. Deshalb ist es unwahrscheinlich, daß er gleich zu Anfang zu einer anderen Farbe übergeht. Umgekehrt gesagt: Es ist wahrscheinlich, daß ein Grüner auch dann Grün reagiert, wenn man zu Beginn des Gesprächs eine Rote Behauptung aufstellt. Es würde wahrscheinlich eine ganze Weile dauern, ihn dazu zu verleiten, daß er sich auf Rot einläßt. Das gilt natürlich auch für Menschen, bei denen Blau bestimmend ist.

Wenn wir annehmen, daß sich John in einer Rotphase befindet, sehen wir die Antworten voraus, die er eigentlich geben müßte. Wir wissen, wie er reagieren müßte. Daher können wir damit beginnen, das Gespräch in Rot zu führen, um zu sehen, ob er entsprechend reagiert – oder ob er wie folgt Blau oder Grün reagiert:

Das Gespräch beginnt mit Rot: »Ich habe neulich gelesen, daß in England mehr Menschen einem Herzinfarkt erliegen als in irgendeinem anderen Land Europas.«

Die Antwort könnte folgendermaßen lauten: »Ist das nicht entsetzlich? Die Regierung sollte wirklich etwas tun, damit sich der Gesundheitszustand unserer Landsleute bessert.« Diese

Antwort beruht auf Weich-Blau. Der Betreffende äußert seine Meinung zu der Nachricht.

Die Antwort könnte aber auch Hart-Rot ausfallen: »Wer hätte das gedacht? Wissen Sie vielleicht noch, wo Sie das gelesen haben?«

Eine humorvolle Grüne Antwort würde lauten: »Ich habe mich schon oft gefragt, ob es nicht die Statistiker sind, die uns kränker machen als andere Nationen.«

Wenn auf eine Rote Behauptung so eine Grüne Antwort erfolgt, kann man es als Nächstes mit einer Grünen List versuchen, um zu sehen, ob der Betreffende in der gleichen Farbe darauf eingeht:

Grüne Eröffnung: »Würde es nicht Spaß machen, einmal die Rollen zu vertauschen, so daß der Direktor mal einen Tag lang Laufbursche spielt und der Laufbursche einen Tag das Unternehmen leitet?«

»Ach, das ließe sich doch gar nicht machen. Was gäbe das für einen Aufruhr.« Das ist die Weich-Blaue Reaktion, bei einem unkonventionellen Grünen Denker unwahrscheinlich.

»Es wäre interessant, in Erfahrung zu bringen, was der Direktor daraus lernt.« Das wäre die Rote Reaktion. Rot sieht die Idee ganz realistisch und will die interessante Information davon ableiten.

Wenn sich durch unsere Fragen der Verdacht erhärtet hat, daß der Betreffende ein Grüner Denker ist, könnten wir es mit einer Blauen Herausforderung versuchen:

»Der Vertrag, den unsere Abteilung kürzlich ausgehandelt hat, gefällt mir gar nicht.«

»Mir auch nicht. Entschieden zu viele Auflagen und nicht genügend freie Hand.« Eine solche Reaktion ist dazu angetan, Sie in Ihrem Verdacht zu bestärken, daß der Betreffende in der Tat ein Grüner Denker ist.

Eine typisch Rote Entgegnung würde lauten: »Aber wieso denn das?«

Eine Blaue defensive Entgegnung könnte zum Beispiel folgenden Wortlaut haben: »Jetzt hören Sie aber auf. Das ist doch wohl ein bißchen übertrieben. Sie machen doch auch Fehler.«

Wenn Sie nach dieser Strategie vorgehen und die Reaktion eines Menschen auf Rote, Blaue und Grüne Behauptungen systematisch unter die Lupe nehmen, haben Sie Gelegenheit, Ihre Hypothese im Hinblick auf die führende Farbe dieses Menschen (es können auch mehrere Farben dominieren) unter Beweis zu stellen. Sie können dann versuchsweise eine erste Schlußfolgerung ziehen und sich allmählich vorsichtig nach Ihren neugewonnen Erkenntnissen im Hinblick auf die Denkart des oder der Betreffenden richten.

Vielleicht finden Sie auch noch andere Dinge heraus, zum Beispiel wie lange der Betreffende in einer Farbphase verharrt und wie tief er sich hineinversenkt. Vielleicht stellen Sie auch fest, daß manche Menschen ihre dominierende Farbe absichtlich zurückhalten, um sie dann als Trumpfkarte einzusetzen. Achten Sie auf Menschen in der Weich-Blau Phase, die unverhofft zum Angriff übergehen – und das auch noch hinterrücks!

Direkte Befragung

Es besteht natürlich auch die Möglichkeit, Freunde und Kollegen nach ihrer Denkart zu *fragen* und ihnen dann dabei zu helfen, darüber nachzudenken, wie sie denken.

Mary: »Es macht mir Freude, Nachforschungen anzustellen, was die Denkart der Menschen angeht. Ich frage mich, wie es bei dir darum bestellt ist.«
Michael: »Ich bin gut in Mathe.«
Mary: »Und wie kommt das?«
Michael: »Ich gehe gern mit Zahlen um. Da bin ich in meinem Element. Mir liegt auch viel an der richtigen Lösung. Es ist eine Wohltat, ganz genau zu wissen, daß die Lösung die einzig richtige ist und damit basta.«

Mary: »Aber was ist denn so schlimm daran, wenn man einmal nicht die richtige Antwort bzw. Lösung findet?«
Michael: »Ach, das Dilemma, nicht zu wissen, was richtig und was falsch ist. Ich möchte um nichts in der Welt über irgendwas im Zweifel sein. Ich möchte alles klar und deutlich vor mir sehen.«

Auch in einer so kurzen Unterhaltung erfährt man eine Menge über Michaels Denkart. Auffallend ist seine Vorliebe für Hart-Blau und Hart-Rot. Man muß jedoch sehr geschickt mit Rot umzugehen wissen, wenn eine solche direkte Befragung von Erfolg gekrönt sein soll. Menschen, deren Beruf es ist, andere zu interviewen oder die eine Beratertätigkeit ausüben, ist das schon zur zweiten Natur geworden. Doch die meisten von uns haben sicher Schwierigkeiten, den › Roten Faden ‹ nicht zu verlieren. Wir sind gehemmt, da eine wiederholte Rot-Befragung leicht wie ein Verhör klingt. Bei einem offiziellen Interview rechnet man mit Fragen und findet sich auch damit ab, wenn man jedoch Freunde oder Familienmitglieder befragen möchte, muß man das wohl auf spielerische Weise tun, damit sie sich nicht vor den Kopf gestoßen fühlen.

Finden Sie Ihre eigene Denkart

Die Methoden, die wir Ihnen vorgeschlagen haben, um die Denkart anderer Leute zu erraten, können Sie natürlich auch bei sich selbst anwenden. Obwohl Sie ja die Fragen in diesem Buch zur Verfügung haben, möchten Sie sich vielleicht auch gern ein bißchen selbst beobachten und sich auf den Zahn fühlen, um die Ergebnisse noch einmal zu überprüfen. Deren Glaubwürdigkeit hängt davon ab, wie ehrlich Sie bei der Beantwortung der Fragen waren. Vielleicht sind Sie bei Ihrer Selbsteinschätzung ein wenig voreilig gewesen, so daß Ihre Antworten nicht ganz der Wahrheit entsprechen. Versuchen Sie es mit einer anderen Methode, um Ihre Denkart genauer festzustellen.

Erstens: Achten Sie vor allem auf die Redewendungen, die Sie oft benutzen, insbesondere auf diejenigen, die Sie ständig wiederholen, um Ihre Absichten zu verdeutlichen. Manche Leute benutzen zum Beispiel liebend gern das Wort ›wirklich‹, um damit dem tiefempfundenen Wunsch Ausdruck zu verleihen, ganz ehrlich und objektiv zu sein – eben Rot. Sagen Sie oft »ich wette«, um eine Weich-Blaue Absicht auszudrükken? Oder wie steht es mit der Hart-Blauen Redewendung: »Das wollen wir mal überprüfen?«

Zweitens können Sie auch Jagd auf die eigene Farbe machen. Tun Sie so, als sei bei Ihnen eine ganz bestimmte Farbe führend. Beobachten Sie sich daraufhin, um festzustellen, wie oft diese Farbe wirklich Ihr Denken bestimmt. Es macht auch Spaß, dieses Spiel allein zu spielen, vor allem, wenn man so tut, als sei die Farbe dominierend, von der man es eigentlich am wenigsten vermutet. Indem Sie Ihre Erwartungen ins Gegenteil verkehren, machen Sie erstaunliche Entdeckungen. Dadurch kann leicht Ihr bisheriges Selbstbild ins Wanken geraten.

Drittens können Sie eine Selbstbefragung durchführen. Beziehen Sie einen Freund mit ein, der Ihnen die Fragen stellen kann, damit Sie freie Hand haben und Ihrer Erfahrung auf den Grund gehen können. Sie können die entsprechende Übung aber auch schriftlich machen. Verfertigen Sie eine umfassende Aufstellung der für Sie typischen Tätigkeiten: Was Sie zu Hause tun, z. B. Weihnachtskarten schreiben, was Sie im Dienst tun wie z. B. den Vorsitz bei Konferenzen führen, Berichte schreiben, dringende Dinge erledigen, usw. Ihre Angaben sollten so genau wie möglich sein, ohne daß Sie Zeit verschwenden. Gehen Sie folgendermaßen vor:

- Geben Sie an, was Sie am liebsten tun (sechs Beispiele sollten es schon sein).
- Führen Sie auf, was Sie am wenigsten gern tun (ebenfalls sechs Beispiele).
- Geben Sie an, was Sie am besten können (sechs Beispiele)
- Führen Sie die Tätigkeiten auf, die Ihnen gar nicht liegen (sechs).

Wenn Sie jetzt jeder Tätigkeit eine Farbe zuordnen, ohne allzu lange darüber nachzugrübeln, können Sie daran ablesen, welche Farbe für Sie bei jeder Tätigkeit dominierend ist. Jede Tätigkeit könnte mit jeder Farbe in Angriff genommen werden – die Frage ist nur, welche *Sie* anwenden.

Beispiele

- Bei einer Tätigkeit wie der › Gobelinstickerei ‹ kommt es darauf an, ob Sie die Unterlage schon bedruckt mit Angabe der Farben kaufen, die Sie dafür benutzen sollen. Das würde bedeuten, daß Sie die Sache in Rot angehen. Wenn Sie sich das Muster und die Farbkombinationen aber von Grund auf selbst ausdenken, so sticken Sie den Gobelin nach der Grün-Methode.
- Eine Tätigkeit wie das › Entwerfen von Berichten ‹ könnte von Hart-Blau bestimmt sein, wenn Sie unter › entwerfen ‹ verstehen, daß Sie aus bestehenden Informationen eine wohlfundierte Argumentation erstellen. Wenn mit › entwerfen ‹ aber gemeint ist, daß der Bericht auf Ihren eigenen Ideen beruht, so handelt es sich einwandfrei um Grün. Ein Entwurf, bei dem der logische Aufbau im Vordergrund steht, liegt Ihnen vielleicht am wenigsten. Vielleicht sind Sie eher in Ihrem Element, wenn es darum geht, in den Entwurf auch eigene Ideen mit einzubringen.

Wenn den Tätigkeiten Ihrer Wahl nicht so leicht Farben zuzuordnen sind, gehen Sie auf die einzelnen Aspekte dieser Tätigkeiten ein. Dann fällt es Ihnen sicher leichter, zu erkennen, welche Farben dafür in Frage kommen. Jede körperliche Arbeit beinhaltet auch einen Denkvorgang, wenn man sich eingehend damit befaßt. »Man gewinnt ein Rennen mit dem Kopf« (Daley Thompson, Weltmeister im Zehnkampf).

Die obigen Beispiele zeigen, daß die Art Farbe, die Sie einer Tätigkeit zuordnen, darauf hinweist, wie Sie diese Tätigkeit ausüben und welche Bedeutung diese für Sie hat. Dadurch entsteht ein ganz lebendiges Bild dessen, was Sie gut und was Sie schlecht machen, was Sie mögen und was Ihnen gar nicht behagt.

Sie können blaue, rote, grüne Filzschreiber benutzen, um

die Farben in die Liste der Tätigkeiten einzutragen. Diese visuelle Kennzeichnung sorgt für Übersicht. Im Anschluß daran können Sie noch alles in die richtige Reihenfolge bringen – also das, was Ihnen am meisten liegt, an die erste Stelle usw.

- Häufen sich manche Farben ganz oben auf den Listen und andere ganz unten?
- Zeigen diese Häufungen, welche Farbe Ihre Lieblingsfarbe ist?
- Welche Farbe liegt Ihnen am wenigsten?
- Vergleichen Sie die Vorlieben und Abneigungen mit dem, worin Sie am besten und worin Sie am schlechtesten sind. Weist das, worin Sie am besten sind, die gleiche Farbe auf wie das, was Sie am liebsten mögen? (Das muß nicht unbedingt der Fall sein).
- Bestätigt das wiederum, daß die Farbe, die Sie für Ihre treibende Kraft halten, es auch wirklich ist?
- Was ist aber, wenn die Farbe, die Sie Ihrer Lieblingsbeschäftigung zugeordnet haben, nicht mit der Farbe dessen übereinstimmt, was Sie am besten können? Beweist das, daß Sie sich gut im Griff haben, daß Sie den Hang zu einer Lieblingsfarbe überwunden haben und sich auch in einer Farbe zu bewegen und durchzusetzen wissen, der Sie nicht den Vorzug geben?
- Verwirrt Sie diese Diskrepanz zwischen dem, was Sie mögen und dem, worin Sie gut sind im Hinblick darauf, wie Sie Ihre Art zu denken eingeschätzt bzw. eingestuft hatten?

Diese Fragen können Sie vielleicht nicht ohne weiteres beantworten, aber vielleicht denken Sie weiter darüber nach, wenn Sie sich mit den Farben Ihres Denkens beschäftigen.

6. KAPITEL

FARBVOREINGENOMMENHEIT

In diesem und dem nächsten Kapitel beschäftigen wir uns damit, wie Beziehungen durch die Farben geklärt und verständlich gemacht werden können. Mit einem so komplexen Thema wie dem der ›Beziehungen‹ könnte man selbstverständlich viele Bücher füllen, wir müssen unsere Untersuchungen daher aus praktischen Gründen einschränken. Also beschränken wir uns auf folgende Punkte:

- Wie beeinflußen sich Menschen mit ähnlichen oder unterschiedlichen treibenden Farben gegenseitig?
- Welche Probleme ergeben sich beim Vermischen der Farben?
- Wie holt man das Beste aus Menschen heraus, bei dem andere Farben dominieren als bei einem selbst?
- Wie wirkt es sich bei der Teamarbeit aus, wenn bei den verschiedenen Mitarbeitern verschiedene Farben dominieren?

Wahrnehmung, Aufgabe und Integrität

Wahrnehmung: Beziehungen werden stark durch unsere Wahrnehmungen beeinflußt. Wie ein Mensch einen anderen einschätzt, wird sowohl davon bestimmt, wie sich dieser verhält, als auch davon, wie jener dieses Verhalten interpretiert. Die Faszination und Freude, das Elend und die Mißverständnisse bei Beziehungen rühren von dem Bemühen her, unsere Auffassung eines Menschen zu heiraten, der sich aber selbst mit ganz anderen Augen sieht und der zudem umgekehrt das Gleiche macht. Wenn sich Ihre Intention und die Wahrnehmung dieser Intention durch andere nicht decken, wer soll dann beurteilen, was eher Gültigkeit hat oder was wichtiger ist? Die Farben sind eine zuverlässige Brille, durch die Sie Ihren Blick bewußt auf andere Menschen richten können. Sie sehen dadurch auch die Brillengläser, durch die andere unbewußt den Blick auf Sie richten.

Aufgabe und Person: Ein anderer Gesichtspunkt, der bei den Farben eine große Rolle spielt, ist die Tatsache, daß man eine zwischenmenschliche Beziehung in einem zweifachen Zusammenhang sehen muß: man muß sich den *Zweck* der Beziehung vor Augen halten und auch die unmittelbare *Aufgabe,* die es zu erfüllen gilt. Wir gehen Beziehungen ein, um etwas gemeinsam zu tun. Doch manchmal gerät diese Zweckgebundenheit dann in Vergessenheit. Beim › Sensitivity Training ‹ in den 70er Jahren und beim › lebensbejahenden Training ‹ in den 80er Jahren hat man sich darauf verlegt, das Hauptaugenmerk auf die › Beziehungen ‹ zu richten. Dadurch hat man die tatsächliche Aufgabe aus den Augen verloren. Manch ein Manager ist ganz verwirrt von einem solchen Kursus zurückgekehrt, den Kopf voll von › Beziehungen ‹, jedoch außerstande, das Gehörte auf bestimmte Tätigkeiten bzw. bestimmte Stellen zu beziehen. Mit Hilfe der Farben können wir naturgemäß allen Dreien gerecht werden: Wir sehen die Menschen, ihr Ziel und ihre Aufgabe gleichzeitig aus der gleichen Perspektive.

Integrität: Ein dritter Gesichtspunkt ist das Anerkennen der Integrität des anderen. Eine grundlegende These des Farbmodells lautet, daß ein Mensch, der denkt, bemüht ist, › das Richtige richtig zu machen ‹. Das soll keine fromme Behauptung sein, sondern lediglich besagen, daß sich niemand vornimmt, dumm zu handeln. Wir tun oft das Falsche und/oder machen etwas schlecht, doch das ist nicht etwa so geplant oder böse Absicht, das hat seinen Grund darin, daß die Menschen nicht unfehlbar sind. Wenn Sie wissen möchten, was in einem Menschen vorgeht (aus was für Gründen auch immer – z. B. um besser mit ihm zusammenarbeiten zu können oder um die Antipathie aus der Welt zu schaffen, die zwischen Ihnen herrscht), so müssen Sie unserer Meinung nach die Tatsache akzeptieren, daß der Betreffende aus einer Position der Integrität heraus handelt. Jeder Mensch tut das, was er für › richtig ‹ hält. Das ist ein so wichtiger Punkt, daß es sich lohnt, näher darauf einzugehen.

› Der Zweck heiligt die Mittel ‹. Vom moralischen Standpunkt mag das höchst strittig sein, doch es sagt etwas über die Intention aus. Bei zwischenmenschlichen Beziehungen ist es ungeheuer wichtig, sich über die Intention des jeweils anderen im klaren zu sein. Das wird oft vergessen, weil für viele nur das Ergebnis zählt. Der Absicht, die dahinterstand, wird keine Bedeutung beigemessen. Dabei muß man gerade sie erfassen. Wenn ich etwas »Schlimmes« mache, so liegt das daran, daß ich etwas »Gutes« erreichen will. Das trifft auch auf die folgenden Beispiele zu.

- Wenn jemand seinen letzten Pfennig verspielt, so tut er das, weil er fest damit rechnet, daß er dieses Mal eine Glückssträhne hat.
- Wenn ein Vertreter die Produkte einer anderen Firma herunterputzt, so tut er das im Interesse seiner eigenen Firma.
- Wenn der Arzt einem sterbenden Patienten die traurige Wahrheit verschweigt, so tut er das, weil ihm daran gelegen ist, dessen Seelenfrieden nicht zu stören.
- Daß Robin Hood die Reichen ausgeraubt hat, um die Armen zu beschenken, hat ihm den Ruf eines Helden eingebracht und nicht den eines berüchtigten Räubers.

Da wir nicht unfehlbar sind, verfügen wir wohl nicht über das Wissen, die Weisheit oder die Phantasie, um alles besser zu machen – aber wie sehr wir auch in die Irre gehen mögen, unsere Intentionen beweisen unsere Integrität weit mehr als das Ergebnis. Interessant ist, daß wir von Menschen, die sich sonderbar benehmen, sagen sie seien › von Sinnen ‹.

Die folgenden Kapitel sind also von folgenden Gesichtspunkten inspiriert: Wahrnehmung, Zusammenhang zwischen Ziel und Aufgabe, Anerkennen der Integrität eines Menschen.

Beziehungen basieren darauf, wie wir einander wahrnehmen, deshalb wollen wir uns jetzt mit Hilfe der Farben einmal genauer ansehen, was mit ›Wahrnehmungen ‹ gemeint ist.

Wahrnehmung: Rot? Grün? Blau?

»Er ist ein sehr scharfsichtiger Mensch!« ist ein großes Kompliment. Aber was bedeutet es? Wenn jemand das sagt, so möchte er damit seinem Erstaunen, vielleicht sogar seiner Begeisterung, auf jeden Fall aber seiner Verwunderung darüber Ausdruck verleihen, daß jemand enthüllt hat, was bis dahin verborgen war. Das, was dabei ans Licht gekommen ist, wird als wahr angesehen, zumindest in gewisser Weise. Welche Farbe hat die Wahrnehmung?

Rot

Eine lexikalische Definition der Wahrnehmung in Rot könnte folgendermaßen lauten: »Die eindringliche Beschäftigung mit der Welt um uns herum und unserer Innenwelt und deren ständige Beobachtung mittels aller physischen Sensoren und Wahrnehmungsmöglichkeiten des menschlichen Körpers.« Die aktive Aufnahme von Informationen mittels der Augen, des Gehörs, des Geschmackssinns, des Geruchssinns – durch Wärme, Schmerzen und durch Kinästhetik (Bewegungssinn). Wenn Sie zum Beispiel tanzen, sendet Ihr Wahrnehmungs- und Empfindungsvermögen aktiv Signale von den Gelenken über die Reflexe zum Gehirn. Dadurch ist garantiert, daß Sie aufrecht auf der Tanzfläche verweilen. Das geschieht ganz automatisch. Wir sind uns dessen gar nicht bewußt, wenn wir nicht besonders darauf achten. Wenn also jemand etwas wahrnimmt, wozu unsere eigenen Sinne nicht imstande waren, so nennen wir ihn › scharfsinnig ‹.

So kann es zum Beispiel sein, daß ein Freund auf dem Meer am Horizont einen kleinen Punkt entdeckt, den er als Schiff bezeichnet, während wir überhaupt nichts sehen. Oder ein Naturfreund › hört ‹ ein Geräusch ganz in der Nähe und sagt: »Im Gebüsch hat sich ein Igel bewegt.« Oder ein Freund, der ein Gourmet ist, entdeckt in einem Käse oder Wein eine Geschmacksrichtung, die unsere eigenen Geschmacksnerven nicht wahrnehmen.

Hier handelt es sich um eine Rote Art der Wahrnehmung –

vermutlich eher Hart- als Weich-Rot, weil dabei die physische Realität ganz konsequent beobachtet wird.

Unsere Sinne reichen natürlich über das rein Physische hinaus. Wir nehmen die Welt in uns auf, und wir beschäftigen uns auch mit unserer Innenwelt – und zwar mittels nicht-physischer Sinne, die wir als Weich-Rot bezeichnen können. Diese nicht-physischen Sinne, die man manchmal auch die Höheren Sinne nennt, beobachten auf einer tieferen Realitätsebene als die physischen. Im Sinne von Weich-Rot ist › ein sehr scharfsinniger Mensch ‹ jemand, dessen Antennen darauf ausgerichtet sind, die Atmosphäre und die versteckten Andeutungen einzufangen, die die Wahrheit hinter dem äußeren Schein übermitteln. Ein hellwacher Mensch, der Weich-Rot wahrnimmt, würde zum Beispiel merken, wenn sich hinter einem fröhlichen Lächeln Trauer verbirgt. Der menschliche Geist kann erraten, was sich hinter äußeren Anzeichen und persönlichen Neigungen in Wahrheit verbirgt. Nun könnte zwar behauptet werden, es übersteige die menschlichen Fähigkeiten, eine solche Realität zu erfassen, doch Sie müssen bedenken, daß es bei den Farben um die Intentionen geht. Ein Mensch befindet sich also in einer Weich-Roten Phase, wenn er vorhat, sich auf unausgesprochene Informationen einzustellen, die unter der Oberfläche liegen.

Diese Fähigkeit kommt uns bei unseren zwischenmenschlichen Beziehungen sehr zugute, denn wir verbergen unser wahres Selbst, sehnen uns aber gleichzeitig danach, daß unsere ureigene Realität wahrgenommen wird. Die offizielle Geschäfts- und Handelswelt sowie das Establishment beruhen auf der Annahme von Rollen, die unser › wirkliches ‹ Selbst überlagern. Diese Verkleidung dient oft einem wichtigen Zweck – so zum Beispiel dem Richter, dem Polizisten bei einem Tumult, dem Chirurgen im Operationssaal, dem Anwalt bei der Scheidung. Doch die Menschen verhalten sich dabei oft so, wie es ihrem Wesen nicht entspricht – unmenschlich, herzlos oder sogar dumm. Wie begrüßenswert ist daher eine Wahrnehmung, die durch die Uniform hindurch das Gesicht des Menschen sieht, die inneren Qualen, den ureigenen Schmerz, die ganz persönlichen Ängste.

Grün

Es ist üblich, nicht-physische ›Wahrnehmungen‹ zu akzeptieren, die in ganz andere Sparten fallen als Weich-Rot. Wir sagen von einem Menschen, »er ist scharfsinnig«, wenn er Einblick in eine andere Realität gewährt, die nur durch einen großen Sprung der Phantasie zu erreichen ist und die visionär etwas ankündigt, das es vielleicht einmal geben könnte – aber eben nur vielleicht.

Es handelt sich dabei um Weich-Grüne Prophezeihungen. Manchmal schenkt man ihnen Glauben, und manchmal lehnt man sie ab. H. G. Wells schrieb zu Anfang des Jahrhunderts: »Es kann gut sein, daß in Zukunft viele Londoner ihren Stadtbüros den Rücken kehren, um ihre Geschäfte in einer angenehmeren Umgebung abzuwickeln.« Das bewahrheitet sich jetzt. In Science-Fiction-Büchern und Romanen wimmelt es von solchen Visionen. Ein Weich-Grüner ›scharfsinniger Mensch‹ warnt sein Publikum und fesselt es durch seine Erkenntnisse. Er erreicht sogar, daß man zur Tat schreitet, um zukunftsträchtige Möglichkeiten lebendige Wirklichkeit werden zu lassen.

Das Wahrnehmungsvermögen tritt auch Hart-Grün-verkleidet in Erscheinung. Hier wird die ›normale‹ Rote Wahrnehmung sehr geschickt verdreht, der direkte Weg verzerrt, so daß ein altes Thema in einem neuen Licht erscheint. Junge aufstrebende Unternehmen werden normalerweise aufgrund einer so gefundenen Idee gegründet. Ein kleines Unternehmen wurde mit Hilfe der Idee ins Leben gerufen, gebrauchte Metallteile durch Sprühtechnik wieder aufzupolieren. Als die Nachfrage nachließ, aktivierte der Firmeninhaber sein Hart-Grünes Denken, um einen neuen Absatzmarkt zu finden. Während er noch alles Mögliche erwog, beeinflußte eine Reihe von Zufällen seine Wahrnehmung so, daß sich das Denken bezahlt machte und er einen Durchbruch erzielte. Er kam auf die Idee, neue Produkte mit Hilfe der Sprühtechnik haltbarer zu machen, genauer gesagt korrosionsfest. »Wie scharfsinnig, darauf zu verfallen!« – und eine ganz andere Art der Wahrnehmung als bei Weich-Grün.

Blau

Und wie steht es nun mit Blau? Wir können zwischen Hart und Weich unterscheiden. Dieses › Unterscheiden ‹ ist in der Tat selbst schon eine Hart-Blaue Auffassung. Wenn wir uns bemühen, den Aufbau und das Wesen der Dinge zu erfassen, aktivieren wir unser Hart-Blaues Denken. Wenn wir uns zum Beispiel einem schwierigen Problem gegenübersehen, so bietet sich als Lösung beispielsweise an, verschiedene Vergleiche anzustellen. Wenn sich bei einigen Elementen Ähnlichkeiten feststellen lassen und wir erkennen, wodurch sie sich eigentlich unterscheiden, kann das ein wichtiger Schritt zu Klärung eines verworrenen Problems sein. Hier wird von uns verlangt, daß wir rational denken. Wenn wir in einer langwierigen Verhandlung alles auf einen einfachen Nenner bringen, heißt es: »Wie scharfsinnig!« Hier wird der Verstand anders eingesetzt als bei der Weich-Roten Wahrnehmung. In beiden Fällen hat es den Anschein, als bemühe man sich, das Verborgene zu enträtseln, doch Weich-Rot nimmt mittels eines ganzheitlichen Gespürs wahr und leitet mehr von der › lebendigen ‹ Erfahrung ab als bei einer pedantisch genauen Auslegung der Situation gerechtfertigt wäre. Hart-Blau nimmt mittels reiner Vernunft wahr und läßt die Roten Informationen arbeiten. Die Fakten werden so zusammengestellt, daß sich gewisse Regelmäßigkeiten davon ableiten lassen. So läßt sich feststellen, in welchem logischen Zusammenhang sie stehen.

Weich-Blau ist wieder etwas völlig anderes – meine Güte, welche Schwierigkeiten wir da haben. Die Weichen Farben sind keineswegs ›Weiche Möglichkeiten ‹. Mit ihrer Hilfe kann man sich nicht etwa leicht aus der Affäre ziehen. Ganz im Gegenteil! Sie erweisen sich immer wieder als schwieriger als die Hart-Varianten, weil man in diesen Phasen alles persönlicher und subjektiver sieht. Sie umfassen ein viel breiteres Spektrum, daher sind Irrtümer hier erst recht nicht ausgeschlossen.

Wenn jemand das eigene Urteil unterbaut, geht ein Risiko von Weich-Blau aus. Manche Entscheidungen können nicht so lange aufgeschoben werden, bis die Informationen zur Verfügung stehen, die ein › gußeisernes ‹ Hart-Blaues Gehäuse liefern. Manchmal stehen einem alle Hart-Blauen Analysen zu Verfügung, die man sich beschaffen kann, trotzdem beruht die Entscheidung auf der Weich-Blauen Überzeugung. Nehmen wir zum Beispiel den Generaldirektor einer kleinen Firma namens Zanos, die gerade bei einem ungewöhnlich umfangreichen Exportauftrag den Zuschlag erhalten hat. Um diesem Auftrag gerecht werden zu können, muß der Direktor seine Wahl zwischen einer ganzen Anzahl verschiedener Lieferanten treffen. Er besucht diese und befragt sie. Er versucht (in Hart-Blau), ihre Vorzüge und Mängel in Erfahrung zu bringen. Doch alle Harten Fakten, an die er sich halten kann, basieren auf der Gegenwart und der Vergangenheit. Er muß selbst ergründen, wie es in Zukunft um die Leistungen der Lieferfirmen bestellt sein wird. Er verläßt sich auf seine Urteilsfähigkeit, (Weich-Blau) wenn er anhand ihrer bisherigen Leistungen voraussagt, was sie in Zukunft leisten werden. Es bleiben dann nur ein paar Lieferfirmen übrig, die seinen hohen Ansprüchen genügen. Zum Schluß braucht er nur noch zwischen Firma A und Firma B zu wählen. Doch diese beiden Firmen sind praktisch gleichwertig. Seine Entscheidung beruht dann auf dem Vertrauen, das er zu dem Generaldirektor der Lieferfirma A hat.

Die Monate verstreichen. Firma A ist eine große Hilfe und arbeitet zufriedenstellend. Firma B geht pleite. »Wie scharfsinnig!« heißt es bei dem Mitarbeiterstab der Firma Zanos. Was soviel heißen soll wie »Gut, daß er sich für die erfolgreiche Firma entschieden hat.« Er war in der Tat scharfsinnig. Es sollte sich herausstellen, daß sein Verhalten begründet war, wenn er das auch zu der Zeit noch gar nicht wissen konnte.

Das Problematische am Verbinden verschiedener Denkarten

Hart versus Weich

Die Vielschichtigkeit der Wahrnehmung der Menschen (bedingt durch unterschiedliche Farben) wirkt sich auf ihre Beziehungen aus. Sie nehmen sich selbst und einander vor allem durch die Farbe wahr, die ihr Denken vorrangig bestimmt. Es ist, als trügen sie ständig eine Brille im Farbton ihrer führenden Farbe.

Wenn zwei Menschen zusammen sind, bedienen sie sich dieser vier Wahrnehmungsbereiche (mindestens). Siehe Abbildung 6.1.

Abb. 6.1

Nun beschäftigen wir uns mit der Wechselwirkung der Farben, um zu sehen, wie sie aufeinander wirken. Beginnen wir mit der ersten Hauptregel:

**Hart gegen Weich
ist die große Trennungslinie
zwischen den Menschen.**

Das trifft ganz besonders auf die Menschen zu, bei denen die gleiche Farbe die treibende Kraft ist, die aber in unterschiedlichen Modi denken. Man sollte meinen, daß zwei solche Menschen miteinander auskommen müßten, da sie die führende

Farbe gemeinsam haben. Aber die Trennwand zwischen Hart und Weich ist so hoch, daß sie einander nur mit getrübten Blicken sehen. Nehmen wir einmal an, daß zwei Menschen vorrangig Blau denken, der eine Weich, der andere Hart. Aus Abbildung 6.2 ist ersichtlich, zu welchen Mißverständnissen und Verzerrungen das führen kann. Es gibt so viele Spielarten dieser Art von Konfrontation, daß wir dem Syndrom einen Namen gegeben haben: *j'accuse.*

Abb. 6.2

J'accuse bei der gleichen Farbe

Blau: Bei Abb. 6.2 könnte Ihnen ein vertrautes Klischee einfallen: Die Beziehung zwischen Chef (Hart-Blau) und Sekretärin (Weich-Blau) oder zwischen Ehemann (Hart-Blau) und Ehefrau (Weich-Blau). Er brüstet sich seiner Vernunft und seines logischen Denkens und findet ihren Enthusiasmus unlogisch und unvernünftig. In seinen Augen läßt sie sich von Gefühlen leiten. Das ärgert ihn und geht ihm auf die Nerven. Er findet, daß ihre Entschlüsse auf Vernunftgründen und nicht auf

Gefühlen beruhen sollten. Sie spürt jedoch, daß ihre Integrität mit ihren Gefühlen steht und fällt und kann mit Recht von sich behaupten, daß sie fähig ist, in Übereinstimmung mit dem zu handeln, was ihr lieb und teuer ist. Wenn sie etwas für richtig hält, braucht sie das nicht mit Vernunftsgründen zu belegen. In ihren Augen macht er sich unnötige Arbeit und Mühe, wenn er erst das Für und Wider lange gegeneinander abwägt, bevor er sich entscheidet, ob er etwas tun soll oder nicht. Für sie ist die Entscheidung klar. Und wenn sie mit seiner Entscheidung nicht einverstanden ist, regt sie sich auf, weil sie nach ihren Namen und Maßstäben das Gefühl hat, daß er wichtige Werte nicht beachtet und ihnen zuwidergehandelt hat.

Rot: Eine andere Klischee-Beziehung soll uns hier als Beispiel dienen: die zwischen einem Buchhalter (Hart-Rot) und einem Vertreter (Weich-Rot) (Abb. 6.3). Der Buchhalter sieht seine Integrität in der Genauigkeit und Richtigkeit (ohne Meinungsäußerung). Die Bücher müssen stimmen, alle Vorschriften und Bestimmungen buchstabengetreu eingehalten werden. Bringt ihm der Vertreter seine monatliche Spesenabrechnung, so

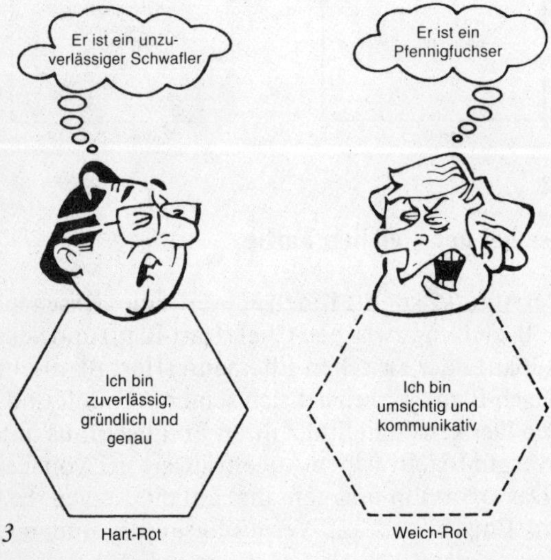

Abb. 6.3

bringt er den Buchhalter wegen Ungenauigkeiten und verlorener Quittungen auf die Palme. In seinen Augen ist der Vertreter unzuverlässig, auch wenn dieser die Termine mit Interessenten und möglichen Kunden auf die Minute genau einhält. Der Vertreter hält den Buchhalter für kleinkariert und engstirnig. Das empfindet er als lästig. Er findet, der Buchhalter sollte die Nase nicht immer nur in seine Bücher stecken, sondern lernen, die Menschen menschenwürdig zu behandeln und nicht wie Roboter, die Formulare auszufüllen haben.

Grün: Zwei Menschen, bei denen Grün dominiert, würden nie so aneinandergeraten, wie das bei Blau und Rot der Fall ist, denn sie verwenden beim Denken nicht ihre ganze Kraft und Energie auf den Menschen. Ob bei ihnen nun Hart-Grün oder Weich-Grün dominiert, sie beide können Zuflucht zu ihrer Phantasiewelt nehmen, in der es von Ideen nur so wimmelt. Menschen machen beileibe nicht den Hauptteil ihres Denkens aus. Jeder verfolgt seine Ideen auf seine eigene Art und Weise, keiner gerät dem anderen mit seinem ›modus vivendi‹ ins Gehege. Wenn diese beiden Typen zufällig im gleichen Graphikatelier an vergleichbaren Projekten arbeiten würden, käme es wohl kaum zu Zwistigkeiten. Derjenige, der Grün verkörpert, würde sich viele verschiedene Möglichkeiten ausdenken, jede Variante mit einem kleinen neuen Dreh, der ihn zur Erkundung weiterer Möglichkeiten anregt. Sich Beispiele zu überlegen macht ihn noch produktiver. Der Kollege, bei dem Weich-Grün dominiert, geht vielleicht spazieren, trinkt ein Glas, läßt ein paar Kassetten laufen, liest Gedichte und wartet darauf, daß er eine Eingebung hat. Er würde seine Phantasie beschneiden, wenn er etwas ganz Bestimmtes täte. Er darf nicht unter Druck stehen und keinen Zwängen unterliegen, weil die Inspiration sonst ausbleibt. Der Kollege, bei dem Hart-Grün dominiert, betrachtet den anderen als Glückspilz, dem die Ideen nur so zufliegen, während er seine Zeit mit Nichtstun verschwendet. Dieser wiederum hat für die Betriebsamkeit des Hart-Grünen Kollegen nur ein geringschätziges Lächeln übrig, würde aber dessen Arbeit ehrliche Bewunderung zollen, wenn dabei etwas wirkliches Neues, Ursprüngliches herauskäme.

Diese Beispiele zeigen ganz deutlich, daß es zwischen Menschen, bei denen zwar die gleiche Farbe, aber nicht der gleiche Modus dominiert, zu einer voreingenommenen Wahrnehmung kommen kann. Sie sehen die Intentionen des anderen, die zwar auf der gleichen Farbe beruhen, aber nichtsdestoweniger aus der entgegengesetzten Richtung kommen, völlig verzerrt. Was geschieht dann erst, wenn die Leute nicht nur gegensätzliche Standpunkte - Hart und Weich - einnehmen, sondern wenn sie sich zu allem Überfluß auch noch in verschiedenen Farbphasen befinden?

J'Accuse bei verschiedenen Farben

Wir haben gesehen, welche Dynamik in der Beziehung zwischen zwei Menschen der gleichen Farbe herrschen kann. Sie prallen aufeinander, wenn der eine mehr zu Hart und der andere mehr zu Weich neigt. Jetzt wollen wir uns einmal Hart und Weich im Falle von verschiedenen Farben ansehen. Wir entdecken erwartungsgemäß, daß wir - je nachdem in welcher

Abb. 6.4 Jaccuse: Weich-blau gegenüber Hart-Grün

Farbphase wir uns befinden - unsere Mitmenschen unterschiedlich wahrnehmen. Wesentlich erstaunlicher ist jedoch, daß sich auch unsere Selbstwahrnehmung von der jeweils führenden Farbe unseres Gegenüber abhängig ist. Man sieht sich dann plötzlich in einem völlig neuen Licht. Und auch andere Leute können den Eindruck gewinnen, man habe sich wirklich verändert.

Achten Sie zum Beispiel auf die ganz verschiedene Selbsteinschätzung von Weich-Blau bei einem Hart-Grünen (Abb. 6.4) bzw. Hart-Blauen Gegenüber. (Abb. 6.2) Auch Hart-Blau (Abb. 6.2) und Hart-Grün (Abb. 6.4) sehen Weich-blau ganz unterschiedlich.

Nehmen wir einmal an, ein Ehemann (Peter, Hart-Blau) und seine Frau Teresa (Weich-Blau) betreiben ein kleines Unternehmen. In der Dynamik ihrer Beziehung stehen sich Hart und Weich gegenüber, doch Blau ist bei beiden die führende Farbe. Das wirkt sich so aus, daß Teresas Enthusiasmus und Unternehmungsgeist noch gesteigert werden durch den Gegensatz, durch Peters kühles rationales Denken. Vor kurzem haben sie den Designer John in ihr Team aufgenommen. Ihn dominiert Hart-Grün. Da sich John gleich vehement und enthusiastisch an die Arbeit macht und um Ideen nicht verlegen ist, nimmt Teresa zunächst fälschlicherweise an, sie habe es mit ihresgleichen zu tun. John feuert sie sogar noch an mit seinem Enthusiasmus. Doch in Wahrheit ist sein Enthusiasmus von ganz anderer Art als ihrer. John ist energiegeladen und begeisterungsfähig, jedoch ständig auf der Suche nach neuen Ideen und weiteren Möglichkeiten. Teresa begreift allmählich, von welcher Art sein Enthusiasmus ist.

Teresa verliert John gegenüber allmählich die Geduld. Aufgrund der stark ausgeprägten Weich-Blau Komponente kann sie es kaum erwarten, endlich › zur Tat ‹ zu schreiten. Ideen haben für sie nichts mit Handeln zu tun. Die unglaublich vielen Vorschläge und Ideen, die John von sich gibt, bringen sie aus dem Konzept. die meisten sind in ihren Augen unbrauchbar. Sie versucht, sich einen Weg durch den Morast zu bahnen. Was ihr nicht zusagt, das verwirft sie einfach. Sie fängt an, John mit leiser Verachtung zu begegnen, weil sie das Gefühl hat, daß er ihr nur die Zeit stiehlt. Dabei könnte er doch leicht warten, bis sich aus diesem Wust von Vorschlägen eine gute Idee herauskristallisiert und erst dann zu ihr kommen. John empfindet das als Zumutung und fühlt sich dadurch in seiner Kreativität gehemmt und eingeengt. Dadurch, daß Teresa seine Ideen so schroff zurückweist, gelangt er zu der Überzeugung, daß sie gar nicht mehr zu schätzen weiß, was er in das Unternehmen einbringt. Er rettet seine Ideen vor ihrem zerstörerischen Zugriff. In den Ideen sieht er eine Unmenge versäumter Gelegenheiten, denn er findet, man hätte diese nur weiterzuentwickeln brauchen, dann hätte sich eine Vielzahl neuer Möglichkeiten eröffnet.

Wenn Teresa (Weich-Blau) mit ihrem Buchhalter (Hart-Rot) zusammenarbeitet, wird sie ein ganz anderer Mensch (Abb. 6.5). Der Büchhalter müht sich damit ab, alles bis ins letzte Detail gründlich durchzuarbeiten, er trägt immer neue Fakten zusammen. Teresa empindet es allmählich fast als abenteuerlich, daß sie bereit ist, einfach zur Tat zu schreiten, ohne erst darauf zu warten, daß ihr alle nur erdenklichen Daten zur Ver-

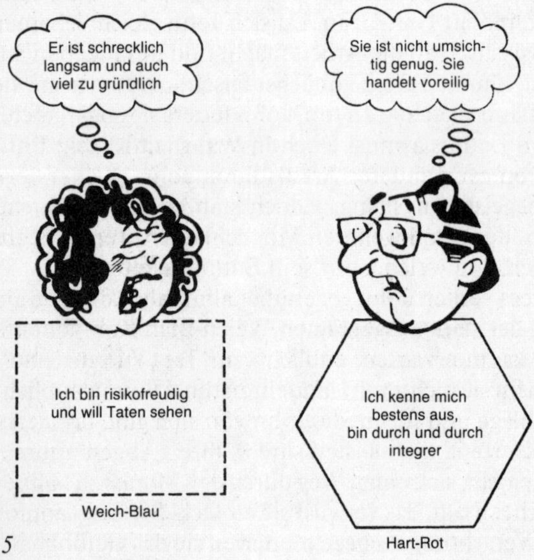

Abb. 6.5

fügung stehen. »Wie um alles in der Welt sollte dieser Laden laufen«, denkt sie »wenn wir alle immer bloß herumsäßen, um Daten zusammenzutragen? Da kämen wir ja niemals auf einen grünen Zweig. Wir müssen handeln, oder wir gehen unter.« Der Buchhalter kommt überhaupt nicht weiter. Seine Langsamkeit geht ihr auf die Nerven. Nichts geschieht, nichts tut sich. Sie gelangt immer mehr zu der Überzeugung, daß ihre Methode viel wirkungsvoller ist. In ihren Augen ist sein Jonglieren mit Zahlen und das Sammeln von Informationen gar keine › richtige ‹ Arbeit. Sie treibt ihn an, legt ihm nahe, sich doch endlich einmal zu beeilen. Daß sie ihn so drängt, entsetzt ihn. Er geht ausschließlich nach der Methode vor, sich zunächst alle nötigen Informationen zu beschaffen und erst dann zu handeln. Er betrachtet sich bei dem Projekt als › Beschützer der Integrität ‹. Er befürchtet, daß es mit einer Katastrophe endet und sie sich ganz falsch entscheiden, wenn sie sich von Teresas Schwung leiten lassen. Er steht auf dem Standpunkt, daß man erst alle Fakten und Daten zusammentragen muß, bevor man sich entschließen kann, zur Tat zu schreiten.

Wir sehen also, daß die Integrität des Buchhalters damit steht und fällt, ob es ihm vergönnt ist, alle Roten Informationen zusammenzutragen. So und nicht anders sieht *er* die Integrität. Für Teresa sieht das ganz anders aus. Für sie liegt die Integrität darin, das zu tun, woran man glaubt und wovon man überzeugt ist – zur Tat zu schreiten, wenn man es für richtig hält. (Siehe Abb. 6.2). Sie steht auf dem Standpunkt, daß dieses ewige Zögern und Schwanken die Erfolgschancen verringert.

Stellen wir uns einmal eine große Elektronikfirma vor. Colin, ein Forscher und Wissenschaftler, ein Spezialist in seinem Fach, bei dem Weich-Grün dominiert, wird abkommandiert, um an einem Projekt mit der Leiterin Janice (Hart-Blau) zusammenzuarbeiten (Abb. 6.6). Wie würden sie wohl miteinander auskommen? Da ihn die Farbe Weich-Grün prägt, muß er sich mit › irrelevanten ‹ Dingen beschäftigen, damit neue Ideen in sein Bewußtsein dringen. Janice dagegen interessiert sich ausschließlich für › relevante ‹ Dinge und eiskalte Logik. Bei Projektbesprechungen verfolgt Janice so streng exakte Strukturen, daß Colin immer das Gefühl hat, er habe

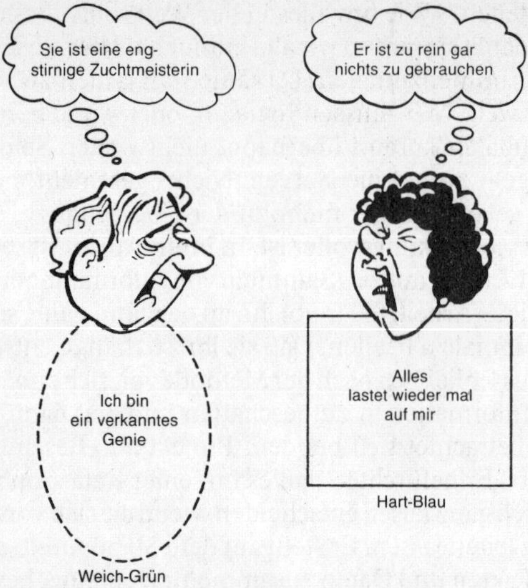

Abb. 6.6 J'Accuse: Weich-Blau gegenüber Hart-Rot

den Kopf in einer Schlinge, die sich immer fester zuzieht und seine Gedanken schon im Keim erstickt. Je mehr Janice ihn bedrängt, damit er sich am Gespräch beteiligt, desto mehr zieht er sich in sich selbst zurück. Wollte er Janice einen seiner Gedankensprünge unterbreiten, würden sie ihm sofort über den Mund fahren:» Nicht abschweifen. Das gehört nicht zur Sache.« Kein Wunder, daß sich die beiden schließlich in einem negativen Licht sehen, jeder den anderen und auch sich selbst.

Claudette (Hart-Grün) belegt Physik-Vorlesungen an einer Universität. Sie ist immer auf der Suche nach neuen Ideen, egal, was andere Leute davon halten und egal, ob ihnen etwas anderes vielleicht viel lieber wäre. Ihr Professor Robin (Weich-Rot) leidet unter ihrer intellektuellen Unersättlichkeit, mit der sie ihn zu verschlingen droht. Sie beutet seinen Verstand auf der Suche nach Ideen aus und macht sich seine Empfindsamkeit und Energie zunutze, damit er sie unterstützt. Claudette profitiert dabei eine Menge, doch sie erkennt nicht, was sie Robin damit antut. Sie freut sich einfach nur darüber, daß ihre

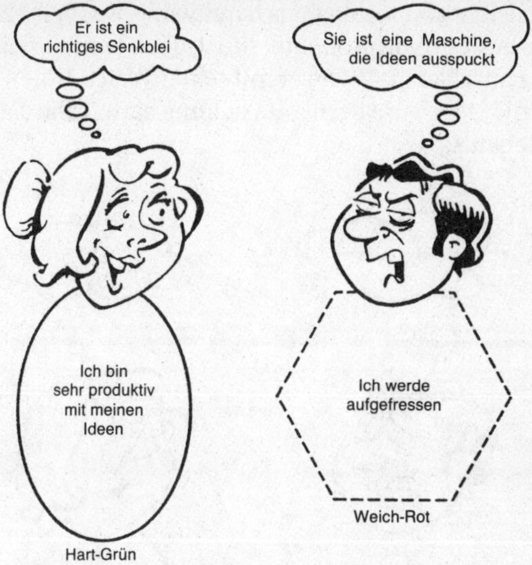

Abb. 6.7

Kreativität den Höhenpunkt erreicht und sie nur so übersprudelt vor Ideen, wenn sie mit ihm zusammen ist.

Kurze Zusammenfassung: »Hart gegen Weich ist die große Trennungslinie«

Mit dem, was wir Ihnen bisher zum Thema ›Hart versus Weich‹ demonstriert haben, ist das Thema noch keineswegs erschöpfend behandelt. Wenn wir die Beispiele noch einmal ganz genau unter die Lupe nehmen, zeigt sich, daß Sie eine oder andere Farbe dazu neigt, die Beziehung zu bestimmen. Wer führt und wer sich anschließt, wer nimmt und wer gibt, wer spricht und wer zuhört, hängt von der Geistesstärke des einzelnen ab. Überlegen wir uns anhand des letzten Beispiels einmal, wer der Stärkere ist. Da ging es um Claudette (Hart-Grün) und Robin (Weich-Rot). Trotz ihres unterschiedlichen Status ist Claudette ganz eindeutig die stärkere Persönlichkeit. Wann immer sie zusammentreffen, nimmt Claudette sich was sie will. Vielleicht gibt Robin ihr ja bereitwillig, was er ihr zu geben hat, weil er sieht, wie produktiv sie ist, doch er fühlt sich hinterher ganz ausgelaugt. Wenn er mit seiner Weich-Roten Persönlichkeit die Oberhand bei der Beziehung hätte, sähe das folgendermaßen aus:

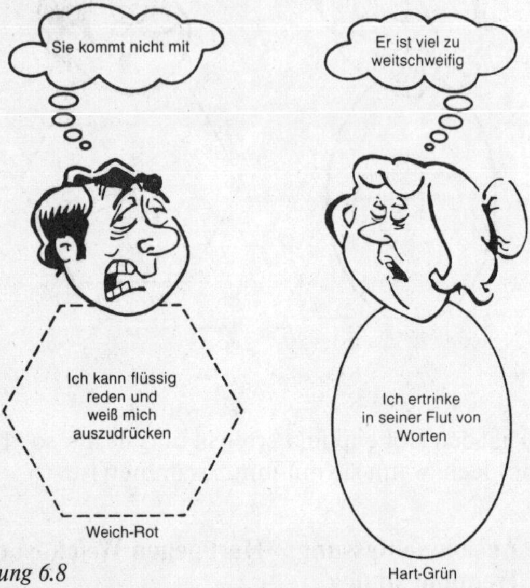

Abbbildung 6.8

Jetzt sieht die Sache ganz anders aus – und Claudette hat den kürzeren gezogen.

Gute Kombinationen

Bisher haben wir uns nur mit den Farben befaßt – als hätten die beschriebenen Menschen nur eine einzige Farbe zu bieten. Das ist natürlich nicht der Fall, doch es demonstriert die Macht der dominierenden Farben und zeigt, wie diese zwischen zwei Menschen bestimmte Bande knüpfen, wodurch die beiden, wenn sie nicht auf der Hut sind, auf j'accuse-Positionen festgelegt werden. Der krasse Widerstreit wird durch die Miteinbeziehung der anderen Farben etwas gemildert. Wir können in der Tat durch Zuhilfenahme unserer anderen Farben diese j'accuse-Bande durchbrechen. Dann können die miteinander im Widerstreit liegenden Aspekte zusammenwirken (Synergie). Dieses Zusammenwirken ist größer und stärker als die Summe der beiden Teile. Man kann mit jedem Menschen auskommen, wenn man sich einmal klarmacht, wie die anderen Menschen einen wahrnehmen wie man sie wahrnimmt – und wie man es anstellt, dafür zu sorgen, daß es zu dieser Synergie kommt. Im folgenden Kapitel ist davon die Rede.

Gleich und gleich gesellt sich gern

Wie sie sich aufgrund der Regel › Zwischen Hart und Weich steht eine Trennwand ‹ vielleicht schon denken können, trifft auch das Gegenteil zu: › Gleich und gleich gesellt sich gern ‹ – bis zu einem gewissen Grad. Wir könnten das dahingehend einschränken, daß alle Weich-Typen gern zusammenarbeiten und alle Hart-Typen ebenfalls. Das entspricht der Wahrheit, aber es gibt auch Abweichungen. Die Affinität ist naturgegeben bei zwei Menschen vom gleichen Modus und der gleichen Farbe, d. h. Hart-Blau kommt mit Hart-Blau glänzend aus. Wenn man die Farben aber mischt, sieht die Sache gleich ein wenig anders aus. Rot spielt hierbei eine ganz besondere Rolle. Mit Hilfe von Rot kommt es zu einer Versorgungs-Beziehung, wobei Rot als eine Art Depot dient. Wir sprechen z. B. von Hart-Rot in Verbindung mit Hart-Blau oder Weich-Rot mit Weich-Grün. Wir sprechen von ›Versorgungen ‹, weil Rot benutzt wird, um den Bedürfnissen von Blau und Grün gerecht zu werden. Es gibt eben auch die Abweichungen, die Fälle, in denen der gleiche Modus dominiert, wo es aber trotzdem zu einem j'accuse-Widerstreit kommt.

AFFINITÄT (Anziehungskraft)

Hart-Blau/Hart-Blau	Hart-Grün/Hart-Grün
Hart-Rot/Hart-Rot	Weich-Grün/Weich-Grün
Weich-Rot/Weich-Rot	(Weich-Blau gehört nicht dazu)

NÜTZLICHE VERBINDUNGEN

Hart-Rot/Hart-Blau
Hart-Rot/Hart-Grün
Weich-Rot/Weich-Grün
Weich-Rot/Weich-Blau

ABWEICHUNGEN (Anomalien)

Hart-Blau/Hart-Grün
Weich-Blau/Weich-Blau
Weich-Blau/Weich-Grün

Es erscheint Ihnen sicher selbstverständlich, wenn wir sagen, daß zwei Menschen, in deren Denken die gleiche Farbe dominiert, keine Schwierigkeiten haben, miteinander auszukommen. Trotzdem verhält es sich nicht immer so. Und wenn es nicht der Fall ist, kann das besonders schwerwiegende Folgen haben. Illustrieren wir das also, um zu verdeutlichen, wo die Affinität zum Tragen kommt.

Affinität in Hart-Blau: *Spiegelbild: Logik, Stabilität, Vernunft*

Hier herrscht harmonische Übereinstimmung zwischen zwei Menschen. Jeder erfaßt, wie der Verstand des anderen arbeitet. Jeder spiegelt die Auffassung und Wahrnehmung des anderen wider. So ist einer des anderen Spiegelbild. Die Affinität beruht auf der Erkenntnis, daß sie einander gleichen.

Affinität in Hart-Grün: *Spiegelbild: Freude und Anregung*

Tom und Reg arbeiten beim Finanzamt. Dort ist alles Routine. Die Arbeit stellt keine hohen Anforderungen an die beiden Männer. Sie sitzen sich gegenüber. Um sich während der langen eintönigen Dienststunden bei Laune zu halten, erfinden sie Geschichten anhand der Unterlagen, die sie gerade bearbeiten. Wenn Tom den Anfang macht, nimmt Reg den Faden auf und spinnt ihn weiter, indem er anhand der Unterlagen auf seinem Schreibtisch neue Personen einflicht und sie miteinbezieht. Tom fährt auf ähnliche Weise fort. Auf ihren Rekord sind sie sehr stolz. Eine Geschichte haben sie nämlich zwei Monate lang immer weitergesponnen. Tag für Tag ergehen sie sich in den verrücktesten Phantasien. Es steigert ihr Vergnügen noch, wenn sie die Akteure in größte Schwierigkeiten bringen und es dann dem anderen überlassen, einen Ausweg zu finden. Jeder belohnt die Leistung des anderen mit Schokoladenkeksen, die zur Tee- bzw. Kaffeestunde bereitzustellen sind. (Wenn bei Ihnen Blau stark ausgeprägt ist, sind Sie wahrscheinlich indigniert!)

Affinität in Hart-Rot: *Spiegelbild: Gründlichkeit, Genauigkeit und Ordnungssinn*

Bei den Freundinnen Jane und Margaret dominiert Hart-Rot. Beide haben ein Hobby, das sehr viel Zeit in Anspruch nimmt und sie sind sehr beschäftigt. Jane befaßt sich mit Gobelins und Stickereien. Margaret sammelt Porzellan. Jane ist für Margaret eine Freundin, die ihr gerne zuhört und Zwischenfragen zu den einzelnen Punkten stellt. Die Beziehung ist für beide Freundinnen eine ausgesprochene Bereicherung. Margaret interessiert sich für Janes Arbeit und sieht sie sich gerne an. Sie läßt sich gern von Jane erzählen, wie diese die Seidenstoffe zusammenstellt, die Themen und Bilder auswählt und wie sie die Muster entwirft. Es spielt keine Rolle, daß die Freundinnen verschiedene Hobbies haben. Beide sind an umfassenden genauen Informationen interessiert, bei denen auch für die Feinheiten noch Zeit bleibt. (Wenn Ihr Denken ausgesprochen Blau geprägt ist, klingt das in Ihren Ohren möglicherweise entsetzlich langweilig!)

Affinität in Weich-Rot: *Spiegelbild: empfängliche Sensibilität, Einklang, Zweckmäßigkeit*

Gerald und Joe sind Ärzte für Allgemeinmedizin, die eine gemeinsame Praxis betreiben. Es handelt sich um ein geschäftiges Ärztecenter. Die Patienten gehen gern zu diesen beiden Ärzten, weil sich beide wirklich rührend um sie kümmern. Sie schenken ihnen bereitwillig Gehör und beraten sie bestens. Gerald und Joe haben sich zusammengetan, weil beide großen Wert darauf legen, gut mit den Patienten umzugehen und auch die psychische Seite nicht außer acht zu lassen. In ihren Augen ist das eine Kunst, die in der modernen Medizin nicht mehr zu finden ist.

Affinität in Weich-Grün: *Spiegelbild: Intuition und Phantasie*

Helen und Philippa verbringen Stunden miteinander. Sie erzählen sich immer wieder ihre Wunschträume. Dabei geht es meistens darum, was sie einmal tun oder werden wollen. Dabei kümmert es sie gar nicht, ob sich die Pläne auch durchführen lassen. Es ist, als teilten sie ihr ureigenes, geheimnisvolles mysteriöses Leben miteinander, als lebten sie in ihrer eigenen Welt der Phantasie, in der jede die Geschichten der anderen kennt. Keine stört es, wenn sich die Dinge ganz dramatisch ändern.

Nützliche Verbindungen

Bei den nützlichen Verbindungen bereichern sich die Farben gegenseitig. Der Satz: »Wir sind ein gutes Team« drückt diese Erfahrung aus. Leute mit ganz unterschiedlichen Fähigkeiten arbeiten wie selbstverständlich gut zusammen. Ihr Denken wird zwar von verschiedenen Farben gespeist, doch ihr Modus vereint sie. Wenn der eine schiebt, so zieht der andere. Durch dieses Koordinieren der Kräfte schaffen sie die Arbeit besser, leisten sehr viel mehr. Rot ist der gemeinsame Faktor. Rot tritt als Vermittler in Aktion. Man kann Rot fast als Leiter ansehen, die bis zu den hochfliegenden Ideen hinaufreicht, die die Menschen anstreben (Grün), damit sie wieder auf den Erdboden der Tatsachen zurückgeholt werden können. Denn ohne die Blaue Urteilskraft geht es nun einmal nicht. Mit dieser Mittlerrolle kommt Rot eine ganz besondere Position zu. Rot verkündet nämlich die Wahrheit. Und die Wahrheit ist neutral. Angesichts der Wahrheit kommt alles zur Ruhe. Urteile und Entscheidungen (Blau) erübrigen sich, wenn wir die Wahrheit kennen. Wir müssen nur dann urteilen, wenn wir *nicht* Bescheid wissen. Wir können gar nicht mehr urteilen, wenn wir alles wissen. Ideen (Grün) gehen in Erfüllung, wenn sie sich bewahrheiten. Die Idee ist dann keine Ausgeburt der Phantasie mehr, sondern eine Tatsache. In gewissem Sinne brauchen Blau und Grün Rot, um sich zu vervollkommnen. Rot kann nur von Vorteil für sie sein.

Nützliche Verbindungen in Hart

Sharon (Hart-Rot) und Nick (Hart-Blau) streben beide leitende Positionen bei einer großen Girobank an. Sie haben sich bei dem ersten Einarbeitungskurs der Bank kennengelernt. Sie wurden aufeinander aufmerksam, weil sie feststellten, daß sie gemeinsam gute Arbeit leisten konnten. Jeder hatte zuvor auch schon versucht, sich mit anderen Kursteilnehmern zusammenzutun, doch da mußte immer erst lange und umständlich besprochen werden, wie man eine Aufgabe wohl am besten anging. Nick und Sharon erwiesen sich jedoch als ausgesprochen produktives Team. Geben und Nehmen hielten sich die Waage. Man hätte fast meinen können, daß sie schon jahrelang eng zusammenarbeiteten.

Solch eine nützliche Partnerschaft könnte ebensogut zwischen Hart-Rot und Hart-Grün zum Tragen kommen. Diese Wechselwirkung und gegenseitige Beeinflussung hat nichts Aufregendes an sich. Es handelt sich hier lediglich um die ideale Zusammenarbeit, die bei jedem Team die Voraussetzung dafür ist, daß die Ergebnisse sich sehen lassen können. Hart-Blau und Hart-Rot arbeiten entschieden besser zusammen als zwei Menschen, bei denen Hart-Blau dominiert. Ebenso arbeiten Hart-Rot und Hart-Grün weitaus besser zusammen als ein Team aus zwei Hart-Grünen Leuten. In der Praxis heißt das: Ein Team, dessen Aufgabe es ist, die Harte Seite des Denkens zu strapazieren, sollte immer ein starkes Hart-Rotes Element hinzuziehen.

Nützliche Verbindungen in Weich

Bei den Weichen Modi sind die Auffassungen bzw. Wahrnehmungen anders als bei Hart. Die Vorteile, die eine solche Beziehung den Beteiligten bietet, sind eher › sozialer ‹ Art. Bei den Harten Modi unterliegt das Denken viel augenscheinlicher › Nützlichkeitserwägungen ‹. Hart-Roten Denkern ist Feinfühligkeit anderen Menschen gegenüber kein vorrangiges Anliegen. Hart-Rot geht es lediglich darum, auf Biegen und Brechen Informationen zusammenzutragen. Weich-Rot tritt dagegen als Vermittler in Erscheinung und ist bestrebt, feinfühlig vorzugehen. Wir können annehmen, daß das bei den Beziehungen zu Weich-Blau und Weich-Grün eine wichtige Rolle spielt.

Alex (Weich-Rot) und Krystal (Weich-Blau) sind junge Staatsbedienstete. Von Zeit zu Zeit begegneten sie sich auf Ausschußsitzungen. Dann unterhielten sie sich immer ganz spontan allerbestens miteinander. Als Krystal daher mit einem kniffligen Problem zu kämpfen hatte, dachte sie daran, es Alex zu unterbreiten. Obwohl sie sich immer nur ganz kurz gesehen hatten, bewiesen ihr die Gespräche mit ihm, daß sie sich gut verstanden und sie ihm vertrauen konnte. Sie tippte einmal vorsichtig an. Es stellte sich heraus, daß er genau wie sie empfand. Wir weisen darauf hin, daß › verstehen ‹ für Alex soviel heißt wie › Tatbestände erkennen ‹. Für Krystal hingegen (Weich-Blau) bedeutet › verstehen ‹, daß man ihr zustimmt und mit ihr einverstanden ist. Das ist der einzige Unsicherheitsfaktor. Wenn Krystal von Alex erwartet, daß er die Methode unterstützt, mit deren Hilfe sie das Problem zu lösen gedenkt, wird sie möglicherweise enttäuscht. Daß er versteht, was in ihr vorgeht und auch ihre Gründe nachvollziehen kann, muß nicht unbedingt auch heißen, daß er damit einverstanden ist.

Das gleiche wiederholt sich zwischen Rot und Grün. Wenn Weich-Grün und Weich-Rot zusammentreffen, so interessieren sie sich füreinander und verstehen sich. Wenn sich Weich-Grün aber vorstellen sollte, daß Weich-Rot tatsächlich die gleichen Gedanken durch den Kopf gehen, so wäre das ein Irrtum. Weich-Rot sieht Weich-Grün und Weich-Blau mit den gleichen Blicken an und hört mit den gleichen Ohren zu, ohne darauf aus zu sein, mit ihnen übereinzustimmen. Weich-Rot bringt lediglich Verständnis für die anderen auf und bleibt dabei ganz unparteiisch. Dank seiner Sensibilität erweckt Weich-Rot ganz zu Recht den Eindruck des aufmerksamen Zuhörers. Und es bleibt genug Raum, um auch das eigene Anliegen an den Mann zu bringen. Kein Wunder, daß Weich-Rot bei guten Vertretern und Verkäufern, Lehrern, Journalisten, Reportern und Beratern als großer Pluspunkt gilt.

Abweichungen (Anomalien)

Alle drei Abweichungen beinhalten Blau, die Farbe des Urteils, der Entscheidung. Durch ein Urteil wird zerschnitten, entschieden und geteilt. Mit einer Entscheidung wird dieses befürwortet und jenes abgelehnt. Daß Blau immer trennen oder teilen muß, bewirkt oft Unstimmigkeiten, denn wann immer eine Entscheidung zugunsten einer Sache fällt, bedeutet das, daß alles andere abgelehnt wird. Irgend jemand stört das. Jeder, der Blau-dominiert ist, muß sich völlig darüber im klaren sein, daß dieses Trennen ein zweischneidiges Schwert ist. Die Annäherung von Blau ist sehr verschieden von der Mittlerrolle von Rot und der Fruchtbarkeit von Grün. Rot vermittelt bei Konflikten durch die Wahrheit. Grün hingegen entzieht sich den Konflikten durch neue Ideen und umschifft die Schwierigkeiten durch Phantasie und Scharfsinn. Blau aber schafft Konflikte.

Hart-Blau und Hart-Grün: Ja, nun sind wir wieder bei j'accuse. Hart-Blau und Hart-Grün kommen wirklich nur schwer miteinander aus. Ihre Intentionen gehen in ganz verschiedene Richtungen, und wenn Rot nicht eine Brücke zwischen ihnen baut, können sie nicht miteinander in Verbindung treten. Im Hart-Grünen Denken wimmelt es von Ecken, Winkeln, Schwüngen, Sprüngen, es ist bestimmt von Tiefe und Bewegung. Hart-Grün entwickelt ständig neue Gedanken, um etwas anders oder noch besser zu machen, schneller zu erreichen oder zu vereinfachen. Hart-Blau hingegen bewegt sich auf schmalen Pfaden, von denen es nicht abweicht. Hart-Blau beschreitet ausschließlich vorgeschriebene Wege und begibt sich nicht in unbekanntes Territorium. Läßt Hart-Blau einmal einen Schritt aus, so befürchtet es, einen Fehler zu machen, wider alle Logik zu handeln und alles zu verderben.

Ken und seine Frau Dorothy wollen sich scheiden lassen. Die Ehe geht auseinander, weil sie sich in praktischen Fragen des Familienlebens nicht einig werden können. Ken, bei dem Hart-Blau dominiert, kann sich nicht an die Hart-Grüne Lebensart seiner Frau gewöhnen. Er findet, daß durch die Lebenseinstellung seiner Frau zu Hause so chaotische Zustände herrschen, daß er es nicht mehr erträgt. Dorothy bringt nie etwas zu Ende und ist niemals pünktlich oder rechtzeitig fertig. Das Essen kommt immer zu spät auf den Tisch, die Kinder sind auch zu nachtschlafender Zeit noch nicht im Bett, und die Wohnung ist nie aufgeräumt. Als Ken Dorothy den Hof machte, war sie ihm lebhaft und attraktiv erschienen, doch während ihrer Ehe wurde er immer unzufriedener. Auch Dorothy ist von ihrem Gatten tief enttäuscht. Sie hatte sich von ihm erhofft, daß er es beruflich sehr weit bringen würde und damit auch ihr gesellschaftliches Leben einen Aufschwung nehmen würde. Dadurch wäre sie mit ihrem Drang nach Neuem auf ihre Kosten gekommen und hätte ihren Horizont erweitern können. Kens Verlangen nach einem ruhigen gesicherten Leben empfand sie immer mehr als geisttötend.

Weich-Blau und Weich-Blau: Warum sollte das eine Abweichung sein? Haben denn nicht beide das gleiche Ziel vor Augen – eine Entscheidung herbeizuführen bzw. sich ein Urteil zu bilden? Man sollte meinen, daß sie das vereint. Schließlich haben sie sich das gleiche Ziel gesetzt und verfahren vermutlich auch nach der gleichen Methode. Wenn beide im Hinblick auf ihre Meinungen, Wertvorstellungen, Voraussagen und Interpretationen übereinstimmen, harmonisieren sie ja auch bestens miteinander. Wenn das jedoch nicht der Fall ist, könnte es zu einem ernsten Konflikt kommen.

Es kommt fast einer Verschwörung gleich, wenn zwei Menschen entdecken, daß sie alles auf der Basis der gleichen Überzeugungen erledigen. Nehmen wir einmal zwei Leute, die beide an das Gewerkschaftswesen glauben. Der Vorarbeiter Bill (Weich-Blau), hat oft mit seinem Betriebsobmann Andy zu tun, bei dem Weich-Blau ebenfalls stark ausgeprägt ist. Beiden ist stets daran gelegen, ohne viel Theater zu einer Entscheidung zu gelangen. Da sie auf verschiedenen Seiten stehen, könnte man glauben, daß sie sich auf Kollisionskurs befinden und es häufig zu Konflikten kommt. Doch das ist keineswegs der Fall. Beide Männer, nicht nur Andy, unterstützen die Gewerkschaft voll und ganz. Bill stammt aus einer Familie aktiver Gewerkschafter. Er ist tief in dieser Tradition verwurzelt. Trotz ihres verschiedenen Status haben sie sich ein höheres gemeinsames Ziel gesetzt: die Erhaltung der Rechte der Gewerkschaft. Darauf kommt es ihnen vor allem an, wenn sie miteinander Probleme zu bewältigen versuchen.

Mit Mike, seinem Chef hingegen, ergeht es Bill ganz anders, obwohl auch bei diesem Weich-Blau dominiert. Mike ist ein Liberaler. Es fällt ihm nicht weiter schwer, das Recht seines Vorarbeiters zu respektieren, an das Gewerkschaftswesen zu glauben und es zu unterstützen, doch er ist entschieden gegen die gewerkschaftliche Abgrenzungspolitik und verwehrt sich

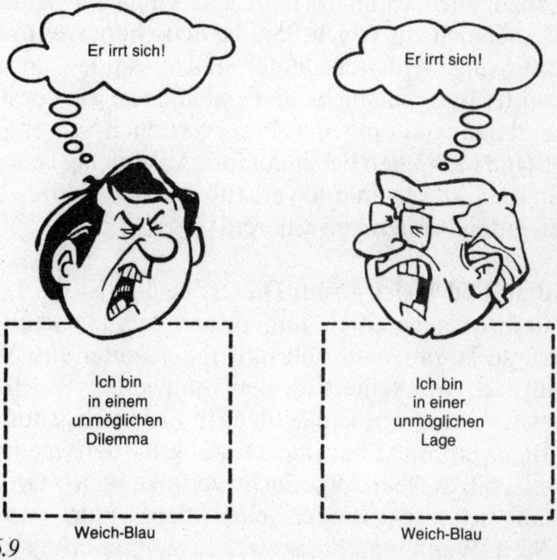

Abb. 6.9

gegen jede Bevormundung. Die beiden Männer geraten sich immer wieder in die Haare, wenn es darum geht, wie die Werkstatt gemanagt werden sollte. Mike findet, daß Bill Verrat an der Verantwortung des Managements begeht, wenn er Vereinbarungen trifft, mit denen Rechte der Gewerkschaft unterstützt und gebilligt werden, die nach Mikes Meinung eine Einschränkung der Rechte anderer Leute mit sich bringen. (Abb. 6.9 echter Konflikt).

Echter Konflikt: Da diese Männer beide stark Weich-Blau geprägt sind, ist es für sie nicht einfach, der Schwierigkeiten Herr zu werden, die sie miteinander haben. Beide halten es für wichtig, bei allem was sie tun, das zu vertreten, woran sie wirklich glauben. Alles was sie tun, beruht stets auf ihrer Überzeugung. Sie gehören zu der Art von Menschen, die während des religiösen Umschwungs der Reformation lieber auf dem Scheiterhaufen ihr Leben gegeben hätten als ihrem Glauben abzuschwören. Thomas More und Martin Luther sowie sein Namensvetter Martin Luther King waren solche starken Persönlichkeiten. Viele Leute sind bereit, von ihren Wertvorstellungen abzugehen, wenn das politische Klima eine Änderung erfährt – aber nicht die Weich-Blauen Menschen. Wenn andere ihre Auffassungen den veränderten Umständen anpassen, weil sie unter Integrität nicht ein Festhalten an ganz bestimmten Überzeugungen um jeden Preis verstehen, so verzichten Weich-Blaue Menschen lieber auf ihre Ansprüche, lassen sich lieber an die Luft setzen und verkaufen lieber all ihren Besitz als ihren guten Namen zu verlieren.

Weich-Blau und Weich-Grün: Diesen beiden ist die Leidenschaft für ihre eigenen Ziele gemeinsam. Wenn diese übereinstimmen, so kommen sie sehr gut miteinander aus. Weich-Blau läßt sich von seinen Idealen motivieren, Weich-Grün hingegen wird ganz von seinen Ideen in Anspruch genommen. Weich-Blau vertraut seiner Überzeugung, hat den festen Glauben daran, daß es die richtige Sache verfolgt. Weich-Grün hingegen läßt sich von Visionen leiten, dem Traum von einer neuen Welt. Wenn man diese zwei zusammenbringt und sie für ihre Überzeugungen und Ideen eine gemeinsame Basis finden, so können sie die Welt aus den Angeln heben.

Echter Konflikt: Und wenn die Ziele unterschiedlich sind? Dann zerstört und vernichtet Weich-Blau die ketzerischen Grünen Ideen so weit wie möglich. Man braucht ja nur daran zu denken, was es für ein Theater gibt, wenn ein Mitglied der englischen Königsfamilie für etwas eintritt, das den Ansichten des Establishments voraus ist (Grün), z. B. alternative Therapien, vegetarische Ernährung oder ökologischen Anbau. Die Zeitungskolumnisten stürzen sich sofort darauf, um diese unerhört fortschrittlichen Ansichten in Mißkredit zu bringen, der Lächerlichkeit preiszugeben oder sie herabzusetzen. So reagiert Weich-Blau, denn wenn die Presse auch behauptet, uns mit Nachrichten zu versorgen (Rot), vermittelt sie uns in Wahrheit Ansichten (Weich-Blau). Wären die Nachrichten tatsächlich Rot, so würde über Grün ganz unparteiisch berichtet, und die Leser könnten sich ein Bild von den aktuellen Ereignissen machen (Rot) und sich dann ein Urteil bilden (Blau), ob sie mit denen, die sie regieren, einverstanden sind oder nicht. Es ist jedoch so, daß die Journalisten und Fernsehreporter meistens ihren persönlichen Standpunkt vertreten. Alles wird tendenziös serviert, so daß dem Leser bzw. Fernsehzuschauer keine Nachrichten, sondern Ansichten übermittelt werden. Ist es da nicht bezeichnend, daß die Bevölkerung von England, als sie 1985 in einer Umfrage gebeten wurde, die verschiedenen Berufe nach Ehrlichkeit und Ethik einzustufen, die Parlamentsmitglieder ganz unten auf die Liste setzte. Die Journalisten waren bei dieser Untersuchung nicht miteingeschlossen. Im Jahre 1986 wurden sie dann auch miteinbezogen, und prompt traten sie an die Stelle der Parlamentsmitglieder. Jetzt standen sie ganz unten auf der Liste.

Welches ist nun das wahre Selbst?

Jetzt haben wir uns die verschiedenen Beziehungen zwischen den einzelnen Farbmodi angesehen und wissen, was diese voneinander halten – als gäbe es Farbmodi nur bei verschiedenen Menschen. Der eigene Geist und Verstand setzt sich daraus zusammen, der Ihre genauso wie der unsere. Wir alle vereinigen die j'accuse-Konflikte, die Affinitäten, die Verbindungen aus Nützlichkeitserwägungen sowie die Abweichungen und Unregelmäßigkeiten in uns. Wir sehen, welche Farbdynamik zwischen zwei Menschen im Gange ist. Sie spielt sich auch in unserer eigenen Seele ab. Die Trennwand zwischen Hart und Weich, die uns bei anderen Menschen auffällt, beherbergen auch wir. Beziehen Sie dieses Kapitel also bitte auch auf Ihr persönliches Denkvermögen. Wie wichtig das ist, werden Sie erkennen, wenn Sie das 7. Kapitel lesen. Dort erfahren Sie, wie man diese Konflikte lösen kann. Dadurch, daß Sie untersuchen, wie man die Kluft zwischen Menschen verschiedener Farben überbrücken kann, erhalten Sie auch Hinweise darauf, wie Sie Ihrer eigenen inneren Konflikte Herr werden können. Wir alle wissen manchmal nicht, was wir eigentlich wollen. Ein Teil des Verstandes scheint in die eine Richtung zu ziehen, ein anderer Teil jedoch genau in die entgegengesetzte Richtung. Mit Hilfe der Sprache der Farben und Modi verstehen Sie bald, wie es dazu kommt, daß Ihre Intentionen Sie einmal in diese und einmal in jene Richtung treiben. Haben Sie das erst einmal erfaßt, werden Sie auch besser damit fertig.

7. KAPITEL

FARBVORURTEILE ÜBERWINDEN

In diesem Kapitel zeigen wir, daß unterschiedliche Denkarten nicht unbedingt zu Konflikten führen müssen. Man kann sie kreativ koordinieren. Zu einer solchen Kooperation gelangt man, indem man die Denkart des anderen erkennt und anerkennt, indem man richtig damit umgeht. Obwohl unser Denken auf sehr unterschiedliche Weise zum Ausdruck kommt, so haben wir die Grundstruktur der Farben doch alle gemeinsam.

Eine ganz augenscheinliche Analogie liegt in der Verschiedenheit der äußeren Erscheinung, die trotzdem auf universellen Komponenten der physischen Struktur des Menschen beruht. Alle Menschen haben Glieder aus Knochen und Muskeln, die durch das Zentralnervensystem gesteuert werden. Auch der Geist hat genau wie der Körper Grundkomponenten. Wir wollen die physischen Analogien noch ein wenig weiter ausbauen. Die Gliedmaßen können mit den Farben Blau, Rot und Grün verglichen werden, die Knochen mit dem Hart-Modus und die Muskeln mit dem Weich-Modus.

Wenn eine Farbe bestimmend für die Denkart eines Menschen ist, so fällt es oft schwer, zu glauben, daß der Geist und Verstand dieses Menschen auch die anderen Farben in sich birgt. Wie aus dem 6. Kapitel ersichtlich wird, fällt es zwei Menschen, die von gegensätzlichen Intentionen bestimmt werden, ausgesprochen schwer, die Integrität des anderen anzuerkennen. Doch jeder hat die Möglichkeit, den bösen Zauber dieses Ungleichgewichts zu durchbrechen und dem verzerrten Bild, das er uns auferlegt, entgegenzuwirken.

Damit wird dem Denken nicht die Individualität genommen. Ohne das wären wir alle weit weniger kreativ. Wir wollen überlegen, wie man trotz der äußeren Verschiedenartigkeit eine gemeinsame Basis innerhalb der Grundstruktur der Farben finden kann.

Überqueren der grossen Trennungslinie

Das vorhergehende Kapitel illustriert, daß eine Farbe, die stark in Führung liegt, einen Menschen unter Umständen davon abhalten kann, die ganz andere Denkart eines anderen Menschen zu erfassen. Diese Unterschiede können in der Tat zu Verärgerung, Reizbarkeit, Ungeduld oder sogar Zorn führen. Das liegt daran, daß wir alles durch unsere führende Farbe betrachten. Dadurch bietet sich uns nur ein verzerrtes Bild von den Farben der anderen Menschen. Wenn wir sie nur sehen könnten, wie sie selbst sich sehen, würden wir feststellen, daß die Unterschiede nur im Prozeß, nicht aber in den Daten liegen. Prozeßkonflikte kann man durch eine Änderung des Denkprozesses bewältigen. Das liegt ganz bei Ihnen. Im Gegensatz zum Datenkonflikt, der wirklich ein echter Konflikt ist (siehe Abb. 6.9), ist j'accuse (der Prozeßkonflikt) nicht weiter tragisch. Wenn man sich um Verständnis bemüht und an seinen geistigen Fähigkeiten arbeitet, geht ein Großteil dessen, was man für mangelnde Übereinstimmung und Mißhelligkeit hält, gar nicht so tief – eben nur › Prozeß ‹-tief. Zwischen Hart und Weich liegt ein wundervolles Potential für eine unglaubliche Fülle von Synergie, wenn man sie nur richtig zusammenarbeiten läßt. Jetzt bringen wir zur Sprache, wie man die Kluft, die sie vorerst noch trennt, am besten überbrücken kann.

Brückenschlag über J'accuse

Die Charakteristika des j'accuse-Syndroms sind ständige Wiederholungen und ausweglose Situationen. Beide Seiten sagen die gleichen Dinge immer und immer wieder. Dadurch tritt eine zunehmende Entfremdung ein. Jeder wird in eine festgefahrene opponierende Position getrieben. Die beiden Farben, die miteinander kämpfen oder vielmehr gegeneinander angehen, überlagern die sonstige Denkfähigkeit so voll und ganz, daß diese gar nicht mehr zur Geltung kommt. In ganz extremen Fällen gehen die Gegner regelrecht aufeinander los und werfen sich Ausdrücke wie »Lügner!«, »Betrüger!« oder »Trot-

Abb. 7.1

tel!« an den Kopf, obwohl sie sich in Wahrheit vielleicht gar nicht so uneinig sind. Das liegt daran, daß die Menschen bei allem, was sie denken oder sagen, von den Farben geleitet werden, die sie im Augenblick benutzen. Keiner der beiden Streitenden erkennt, daß die Farben den Zusammenstoß bewirken. Beide Seiten denken nur noch eingleisig, gegängelt und geknebelt von den führenden Farben, die ihr Tun bestimmen und die anderen Farben ausschließen, die die Rettung sein könnten. Niemand ist von Natur aus an eine einzige Farbe gebunden, aber bei einer j'accuse-Beziehung zu einem anderen Menschen kann dieser Eindruck entstehen.

Nehmen wir zum Beispiel den Hart-Blauen Gatten und die Weich-Blaue Ehefrau. Sie sehen ja immer die gleiche Reaktion des anderen voraus (um welches alte oder neue Thema es auch gehen mag) und bestätigen sich dadurch gegenseitig immer wieder, daß ihre führenden Farben nicht miteinander in Einklang zu bringen sind.

Auch wenn es nur um eine kleine, unwichtige Entscheidung geht, legen sie von vornherein den Grundstein für irgendwelche Differenzen. So zum Beispiel mit Bemerkungen wie: »Ich weiß natürlich ganz genau, wie du dir das wieder vorstellst, aber ich ...« Sie errichten eine Trennwand zwischen sich, indem sie den anderen immer und unbedingt in die übliche vorherrschende Farbe drängen.

Schritt eins:

Wir können die j'accuse-Zwänge erst überwinden, wenn wir ihre Symptome erkennen und wirklich etwas ändern wollen.

Da man sich nur allzuleicht durch die Debatten und die Verwirrung, die j'accuse zu stiften pflegt, verunsichern läßt, müssen wir angesichts dieses strittigen Themas einen Schritt zurück tun, um uns darüber klarzuwerden, welche Farbe bei uns dominiert. Unsere Untersuchungen haben ergeben, daß es durch eine unglückliche Verbindung der Farben häufiger zu Streitigkeiten kommt als es bei tatsächlichen Informationsdiskrepanzen der Fall wäre. Mit anderen Worten: der Denkprozeß führt zu den Schwierigkeiten, nicht aber die Daten. Wenn es aussieht, als seien die Daten die Wurzel allen Übels, so liegt das gewöhnlich daran, daß sie über gegensätzliche Farben ins Gespräch gekommen sind. Dadurch kommt es dann zu unterschiedlichen Auffassungen im Hinblick auf die Daten.

Der Buchhalter Howard (Hart-Rot) und der Vertreter Ben (Weich-Rot) aus dem vorigen Kapitel gerieten sich unweigerlich jeden Monat aufs neue in die Haare (Abb. 7.2). Ob sie wohl jemals einen Blick unter die Oberfläche werfen, um zu ergründen, wieso es zwischen ihnen regelmäßig zu Streitigkeiten kommt? Ben bringt Howard immer damit auf die Palme, daß seine Spesenabrechnungen unvollständig sind. Howard wiederum treibt Ben damit zum Wahnsinn, daß er ständig genauere Abrechnungen von ihm verlangt. Keiner hat viel für den anderen übrig oder nimmt ihn auch nur ernst. Das beruht auf den Farben, die bei ihnen dominieren. Dabei müssen sie nur einmal in sich gehen, um ihrer Verbohrtheit und Verärgerung Herr zu werden. Sie müssen ein wenig auf Distanz gehen,

Abb. 7.2

damit jeder die Farben des anderen unter die Lupe nehmen kann.

> *Schritt zwei:*
>
> Zu den meisten Konflikten kommt es dadurch, daß die Denkintentionen des anderen falsch aufgefaßt und falsch verstanden werden. Dabei muß man nur ein wenig auf Distanz gehen und sich fragen, welche Farben miteinander im Widerstreit liegen.

Sobald bei einem j'accuse-Konflikt einer der beiden erkannt hat, welche Farben daran schuld sind, daß sie sich nicht einig werden können, kann bereits nach einem Weg gesucht werden, den Konflikt beizulegen. Man kann sowohl körperlich als auch geistig aus dem Teufelskreis ausbrechen: Ändern Sie Ihren Sitzposition. Stehen Sie auf, setzen Sie sich wieder, laufen Sie herum, strecken Sie sich. Die körperliche Bewegung hilft einem dabei, auch geistig andere Einsichten zu gewinnen.

Nehmen Sie geistig Abstand von dem Konflikt und wechseln Sie zu einer anderen Farbe über.

> *Schritt drei:*
>
> Durchbrechen Sie den Teufelskreis. Bewegen Sie sich. Damit bewegt sich auch in Ihrem Kopf etwas, so daß Sie auf eine Farbe stoßen, die der Harmonie dient.
>
> - Schließen Sie sich dem anderen in seiner Farbe an oder
> - gehen Sie zu einer Farbe über, die sich mit der Farbe des anderen verträgt oder
> - wechseln Sie zu einer Farbe über, die der Farbe des anderen von Nutzen sein kann.

Jeder dieser Schritte ist dazu geeignet, die Spannung zu lockern, die zwischen Ihnen und dem anderen herrscht. Beide sind dann besser in der Lage, aufeinander einzugehen. Zu welchem Schritt man greift, hängt davon ab, was einem unter den gegebenen Umständen machbar erscheint. Es ist selbstverständlich einfacher, sich für eine Farbe zu entscheiden, die einem mehr oder weniger liegt als sich mit einer anzufreunden, die einem vom Wesen her fremd ist und mit der man so gut wie gar nichts anzufangen weiß. Wir möchten anhand mehrerer Beispiele zeigen, wie diese Schritte aussehen können.

1. Beispiel

Der Buchhalter Howard und der Vertreter Ben

Howards Denkarten in der bevorzugten Reihenfolge	*Bens Denkarten in der bevorzugten Reihenfolge*
1. Hart-Rot	1. Weich-Rot
2. Hart-Blau	2. Weich-Blau
3. Hart-Grün	3. Hart-Blau
4. Weich-Blau	4. Weich-Grün
5. Weich-Rot	5. Hart-Grün
6. Weich-Grün	6. Hart-Rot

Normalerweise treten sie sich allmonatlich in ihrer führenden Farbe gegenüber. Das bewirkt, daß sie sich niemals einig werden können (eine ganz typische Situation, in die Vertreter und auch › kreative ‹ Menschen wie z. B. Journalisten immer wieder geraten). In diesem Falle stehen sich Hart-Rot und Weich-Rot gegenüber. Welche anderen Farben könnten die beiden anhand der obigen Listen hinzuziehen, die sie aus dem Teufelskreis hinausführen würden? Es bieten sich drei verschiedene Möglichkeiten an:

a) Eine Möglichkeit besteht darin, sich der Farbe des anderen anzuschließen. Doch das ist ziemlich unwahrscheinlich und kaum durchführbar! Bei Ben steht Hart-Rot ganz unten auf der Liste. Diese Farbe liegt ihm am allerwenigsten. Beiden würde es unendlich schwerfallen, sich auf die führenden Farbe des anderen zu verlegen. Um Zugang zu der Farbe zu gewinnen, die bei dem anderen dominiert, müßte sich jeder eine der Farben versenken, die ihm am wenigsten liegt.
b) Man wechselt zu einer verwandten Farbe über. Diese Möglichkeit bietet sich nun wirklich an. Die drittliebste Denkart Bens ist Hart-Blau. Bei Howard steht Hart-Blau an zweiter Stelle. Wenn Ben sich auf Hart-Blau verlegen kann, so steht er Howards Hart-Blau schon sehr nah. Wenn Howard diesen Schritt so sehr begrüßt, daß auch er sich auf Hart-Blau verlegt, so bietet sich den beiden eine reelle Chance, sich zu verständigen und die Unstimmigkeiten, die zwischen ihnen herrschen, aus der Welt zu schaffen.
c) Die wahrscheinlich beste Möglichkeit ist, eine nützliche Verbindung anzustreben. Auf den ersten Blick könnte es vielleicht so aussehen, als sei das der gleiche Schritt wie der zu einer artverwandten Farbe. Doch das ist nicht der Fall, denn Ben sucht aus Nützlichkeitserwägungen nach einer Farbe, über die er mit dem Hart-Rot von Howard in Verbindung treten kann, ohne daß dieser die Farbe überhaupt zu wechseln braucht. Hart-Blau und Hart-Rot verkehren auf freundschaftlicher Basis miteinander. Sie kommen auf jeden Fall ganz gut miteinander aus.

Wie wirkt sich das wohl in der Praxis aus? Wie gehen davon

aus, der Schritt aus Nützlichkeitserwägungen sei die beste Wahl, da er zumindest einem der beiden Opponenten die wenigste Mühe macht. Nehmen wir einmal an, der Vertreter Ben, bei dem Weich-Rot dominiert, hat den Wunsch, sich mit allen Menschen gut zu vertragen, wie es nun einmal seinem Wesen entspricht. Nehmen wir weiter an, daß er beschließt, etwas zu unternehmen, um den Ärger aus der Welt zu schaffen, zu dem es jeden Monat wieder kommt, wenn er dem Buchhalter seine Spesenabrechnung vorlegt. Seine Weich-Rote › Antenne ‹ läßt ihn erkennen, daß der Buchhalter in einer ganz anderen Welt lebt als er selbst und daß von ganz anderer Seite her Druck auf ihn ausgeübt wird.

Durch sein Einfühlungsvermögen motiviert sagt sich Ben, daß sie in Zukunft unbedingt anders miteinander umgehen müssen. Insgeheim gesteht er sich ja ein, daß er mit seinem Verhalten einen starken Druck auf Howard ausübt – ebenso wie der auf ihn, was wiederum auf Howards Verhalten ihm gegenüber zurückzuführen ist. Er erkennt auch, daß der Buchhalter, der die Ausgaben ja nur anhand der abgelieferten Quittungen überprüfen kann, Zweifel an seiner Ehrlichkeit hegt. Ben sagt sich folgendes: Er ist der beste Vertreter und macht den größten Umsatz. Da es sich nur um eine kleine Firma handelt, fallen die Aufträge, die er beschaffte, wirklich ins Gewicht. Man kann ihm nicht zumuten, sich mit diesem ganzen Papierkram abzugeben, wenn er unterwegs ist. Die anfallenden Kosten sind natürlich unterschiedlich – einmal sind sie höher, im nächsten Monat wieder niedriger. Trotzdem leuchtet ihm natürlich ein, daß für einen Buchhalter nur die Quittungen bzw. Rechnungen zählen. Das Denken des Vertreters, bei dem Weich-Rot dominiert, wird von der Suche nach der Wahrheit seiner Lage bzw. der des Widersachers bestimmt. Er stellt sich den Buchhalter als möglichen Interessenten vor, mit dem er zusammenarbeiten und den er infolgedessen möglichst auch verstehen muß. Er bemüht sich, in Howard nicht mehr den Kollegen zu sehen, der ihm das nötige Geld zur Verfügung stellt. Vielleicht sollte ihm Howard da zu Diensten sein, doch im Augenblick sieht dieser das eben nicht so, und auch die Firma fördert eine solche Einstellung nicht gerade. Da der Buchhalter gezwungen ist, sich an die Vorschriften zu halten, ist es ziemlich unwahrscheinlich, daß er seine Haltung ändert. Also sieht der Vertreter sich gezwungen, den ersten Schritt zu tun.

Wie geht Ben in seinem Denkprozeß vor? Aufgrund seines Weich-Rots weiß er die Situation ganz richtig einzuschätzen. Jetzt bringt er seine Weich-Blauen Möglichkeiten mit ins Spiel (Weich-Blau liegt ihm nach Weich-Rot am meisten). Er legt Wert darauf, mit allen Leuten erfolgreich zu verhandeln. Er ist ein ausgesprochener Menschenfreund, und es bedrückt ihn, daß es zwischen ihm und Howard allmonatlich zu Zwistigkeiten kommt. Der Buchhalter tut ihm leid. Der Beruf des Buchhalters erscheint ihm schrecklich eintönig und langweilig. Ihm bietet sich die Chance, Howard das Leben ein wenig zu erleichtern, was für ihn selbst auch nur von Nutzen ist. Also versucht er, mit Hilfe seiner Weich-Blauen Fähigkeiten etwas in Gang zu bringen. Im Anschluß daran geht er zu Hart-Blau über. Diese Farbe steht bei ihm an dritter Stelle. Er nimmt seine Spesenabrechnungen selbst einmal unter die Lupe. Da Hart-Rot bei ihm kaum eine Rolle spielt, kommt er nicht sehr weit mit der Überprüfung seiner Spesenabrechnungen – er beschäftigt sich zuwenig mit den Details, ohne die eine genaue Analyse gar nicht möglich ist. Doch er versucht es wenigstens. Ihm fällt ein, wie oft er es nach dem Dienst versäumt, die Abrechnung zu machen. Aber wie oft genau? Er ist sich nicht ganz sicher. Vielleicht jeden dritten Tag. Vergißt er es ganz regelmäßig? (Hart-Blaue Frage). Das kann er gar nicht wissen, denn was solche Details im Zusammenhang mit seiner Arbeit angeht, läßt sein Gedächtnis ihn im Stich. Hart-Rot (denn darum würde es sich handeln) liegt ihm nun einmal nicht. Es rangiert bei ihm ganz unten auf der Liste.

Welche Schritte könnte er in der Praxis unternehmen, um sein Gedächtnis täglich aufzufrischen, damit er die Abrechnung nicht mehr vergißt? Vielleicht könnte er sich ganz routinemäßig angewöhnen, nicht aus dem Wagen auszusteigen, bevor er alle Quittungen beisammen hat und das geregelt ist. Doch *das* behagt ihm gar nicht. Oft ist er so müde, daß er nicht einmal seine Familie sehen möchte, bevor er sich eine halbe Stunde ausgeruht hat. An dieser Stelle tritt Weich-Grün in

Aktion und gaukelt ihm wunderbare Möglichkeiten vor, wie er das Problem in den Griff bekommen könnte ... eine schöne Sekretärin als ständige Hilfskraft ...

Erschrocken fährt er aus seinen Träumen hoch. Er hat eine andere Idee (Hart-Grün). Er müßte Howard dazu bringen, ihm die Lösung anzubieten. Wenn er ihm in Hart-Blau gegenübertritt (eine nützliche Verbindung mit Hart-Rot eingeht), besteht immerhin die Möglichkeit, sich mit ihm zu verständigen und zu einem Ergebnis zu kommen. Er könnte dem Buchhalter zum Beispiel ein paar Hart-Blaue Testfragen stellen. Muß man wirklich ins Detail gehen, um die Garantie zu haben, daß alles reibungslos verläuft? Warum hat man sich entschlossen, ausgerechnet so und nicht anders vorzugehen? Warum hat man sich nicht auch mit anderen Methoden angefreundet? Warum hat man die Leute, denen das System ja schließlich dienen soll, nie zu Rate gezogen? Haben die Verantwortlichen denn noch nie von Näherungswerten oder einem Standardbetrag pro Tag gehört?

Damit wird nach der Hart-Blauen Logik des Systems gefragt. Das verleitet den Buchhalter dazu, eine ganze Menge Antworten in Hart-Rot zu geben, wozu er auch die Hintergrundinformationen liefert. Dann mobilisiert er auch bei sich Hart-Blau und überlegt, ob die derzeit angewandte Methode wirklich vernünftig ist. Er zeigt sich sehr aufgeschlossen, weil Ben Interesse an der Methode bekundet, nach der Howard tagtäglich arbeitet und auch Fragen stellt, was deren Ziel und Zweck betrifft. Mit Hilfe von Hart-Blau gehen sie aufeinander zu. Eine Verständigung ist endlich möglich. Howard gesteht Ben sogar, daß die Methode in so mancher Hinsicht nicht optimal funktioniert. Er bekundet seine eigene Unzufriedenheit mit dem System. Es läuft nicht, wie es laufen sollte. Er hat dadurch viel mehr Arbeit als eigentlich nötig wäre. Er erklärt Ben, wie man die Formulare vereinfachen könnte. Die Männer stellen beide fest, daß sie unter dem gleichen System zu leiden haben, wenn auch aus verschiedenen Gründen (Weich-Blau). Jetzt gilt es zu überlegen, wie sich gegenseitig helfen können (Hart-Grün). Der Buchhalter hat viele Beispiele dafür parat, wie man die Abrechnung machen und die Bücher führen könnte. Er geht sie geduldig durch, bis er auf eine Möglichkeit stößt (Hart-Blau), die sich im Falle des Vertreters anbietet, weil die Abrechnung nach dieser Methode selbst für ihn eine Kleinigkeit ist.

Solche eigentlich trivialen Probleme sind allen Firmenmitgliedern und Angestellten wohlvertraut, doch sie sind dem Arbeitsklima alles andere als zuträglich. Sie erschweren es, effektiv zu arbeiten. Die Lösung des Problems scheint auf der Hand zu liegen, doch vielleicht fehlt es an dem Willen, diesen kleinen Schritt zu tun. Aber kleine Ursachen können eine große Wirkung haben. Vielleicht möchte der Vertreter sein Glück lieber anderswo versuchen. Der Manager der Firma steht vielleicht unter starkem Druck und sieht nur zwei Möglichkeiten: den Vertreter entweder zur Raison zu bringen oder ihn vor die Tür zu setzen ... seinen allerbesten Außendienstmitarbeiter!

2. Beispiel

Teresa und John (aus dem 6. Kapitel)

Wie sieht die Reihenfolge der Denkarten bei ihnen aus?

Teresa	*John*
1. Weich-Blau	1. Hart-Grün
2. Weich-Rot	2. Weich-Grün
3. Hart-Rot	3. Weich-Rot
4. Hart-Grün	4. Hart-Blau
5. Hart-Blau	5. Hart-Rot
6. Weich-Grün	6. Weich-Blau

Ihr übliches j'accuse-Verhalten (Abb. 7.3) führt dazu, daß sie sich im Kreise drehen und es bei der Arbeit immer wieder zu Mißverständnissen kommt, wie wir ja schon wissen. Teresa legt großen Wert darauf, daß etwas geschieht und daß es vorwärtsgeht. John ist daran gelegen, neue Möglichkeiten vorzuschlagen, um die Dinge zu bewältigen. Wie können Sie die grundlegenden Meinungsverschiedenheiten beilegen, was ihre Intentionen und Zielsetzungen angeht?

Auch hier bieten sich wieder drei Möglichkeiten an.

Abb. 7.3

a) Zur Farbe des anderen überwechseln. John würde es sehr schwerfallen, sich an Teresa anzupassen, denn Weich-Blau steht bei ihm an letzter Stelle. Teresa könnte es vielleicht gelingen, die Brücke zu John zu schlagen, denn Hart-Grün steht bei ihr an vierter Stelle.
b) Affinität anstreben. Da wäre eine reelle Möglichkeit. Weich-Rot steht bei Teresa an zweiter und bei John an dritter Stelle.
c) Eine nützliche Verbindung anstreben. Johns Weich-Rot (steht bei ihm an dritter Stelle) harmoniert vielleicht mit dem dominierenden Weich-Blau von Teresa. Bei John dagegen dominiert Hart-Grün. Damit harmoniert vielleicht Hart-Rot, an dritter Stelle bei Teresa.

Diese Möglichkeiten bieten ihnen eine Menge Spielraum, um Zusammenstöße zwischen den beiden führenden Farben zu vermeiden. Aber einer muß den ersten Schritt tun, um den Teufelskreis zu durchbrechen. Wie könnte sich das abspielen? In der Weich-Roten Phase wird Teresa höchstwahrscheinlich

Anstalten machen, sich um eine bessere Verständigungsmöglichkeit zwischen ihnen beiden zu bemühen. Die augenscheinlichste Methode wäre es, an Johns Weich-Rot Komponente zu appellieren. Sie nimmt sich fest vor, nicht mit Verärgerung zu reagieren, wenn er ihn das nächste Mal so richtig auf Nerven geht. Als sie dann aber doch wieder ungehalten ist, weil John ein Projekt nicht zum Abschluß bringt und alles immer wieder aufschiebt (er hat inzwischen beschlossen, noch eine hochinteressante Idee miteinzubringen, sieht sie, was er für ein Gesicht macht. Er ist offensichtlich tief geknickt. Teresas Weich-Roter Komponente bleibt seine Gemütsverfassung nicht verborgen. Sie kann sich noch besinnen, bevor sie sich wieder richtig in die Haare geraten und das alte j'accuse-Spiel wieder losgeht. Anstatt nach ihrer führenden Farbe Weich-Blau handelt sie nach ihrer Weich-Rot-Komponente.

Weich-Rot hat ihr eingegeben, folgendes zu sagen: »Sieh mal, ich weiß doch, daß du dein Bestes tust, um das Projekt erfolgreich zum Abschluß zu bringen. Verrate mir doch bitte, welchen Umfang du der Aufgabe beimißt und inwieweit es dir freistand, das zeitliche Limit zu verlängern.« Sie bittet ihn, ihre Weich-Rote Frage Weich-Rot zu beantworten. Wenn John heraushört, daß sie nicht die Absicht hat, ihn zu beschimpfen, sondern daß sie nur etwas in Erfahrung bringen will, reagiert er vielleicht auf die gleiche Art und Weise. Wenn ihre Frage aber in seinen Ohren wieder wie ihre übliche Weich-Blaue Kritik klingt, reagiert er wahrscheinlich wie gewöhnliche Hart-Grün. »Es gibt doch noch so viele Möglichkeiten, die wir außer acht gelassen haben. Ich sehe mindestens drei Chancen, einen höheren Umsatz zu erzielen. Wir könnten zum Beispiel versuchen, uns nicht an so starre Pläne zu halten, wir könnten mehr Leute einstellen oder bessere Software benutzen. Ich habe mich schon gefragt, ob wir unser Budget nicht erhöhen könnten, um auch neue Hardware in Erwägung zu ziehen.«

Damit ist ihre Frage mit Hilfe seines Grüns indirekt beantwortet, wenn sie die Intelligenz besitzt, das zu erkennen. Er hatte das Gefühl, er könne sich mit dem Projekt befassen, bis ihm die beste Idee käme. Und die ist ihm eben noch immer nicht gekommen. Durch das subtile Weich-Rot müßte Teresa in der Lage sein, zu erkennen, was er ihr da gesagt hat. Er ist jedoch bei Grün geblieben. Wenn sich das nicht ändert, so ist Teresa gezwungen, durch Weich-Rot für die Verständigung zu sorgen, und zwar ganz allein. Dadurch wird ihre Weich-Blaue Verärgerung und Frustration wieder aufleben. Sie muß ihn unbedingt von Hart-Grün abbringen. Ihre erste List ist fehlgeschlagen. Sie kann sich nicht sicher sein, ob er ihr Weich-Rot bemerkt. Doch sie kann es noch einmal versuchen. »Ich verstehe ja, daß du nach der besten Möglichkeit suchst, die Sache anzugehen. Es ist ja auch notwendig, viele Möglichkeiten in Betracht zu ziehen. Ist das jetzt die komplette Liste?«

John: »Ach, vollständig wird die niemals sein. Es fällt einem immer noch was Neues ein. Ich habe zum Beispiel angefangen, eine Art Zehnjahresplan aufzustellen. Dadurch gewinnen wir weit bessere Erkenntnisse, was neue Möglichkeiten angeht, als das bisher der Fall war.« (Hart-Grün).

Durch Teresas Weich-Rot kommt es wiederum zu einer j'accuse-Situation. Anstatt von seinem Hart-Grün abzugehen, macht er sich Weich-Rot zunutze und mißbraucht es zur Untermauerung seiner eigenen Hart-Grün Methode. Teresa hatte gehofft, daß er selbst zu Weich-Rot übergehen würde. Diese Hoffnung hat sich nicht erfüllt. Weich-Rot steht bei John an letzter Stelle auf der Liste der Denkarten. Anstatt den Konflikt »Blau gegen Grün« aus der Welt zu schaffen, hat Teresa eine Weich-Rot gegen Hart-Grün j'accuse-Situation herbeigeführt.

Und was jetzt? Der Versuch, über Weich-Rot eine Brücke zu John zu bauen, ist fehlgeschlagen. Vielleicht kann sie durch Einsatz ihrer Hart-Rot-Komponente eine nützliche Verbindung bewirken, damit der Druck entfällt und sie irgendeine Lösung finden. Hart-Rot steht bei ihr an dritter Stelle auf der Liste. Sie könnte zum Beispiel folgendermaßen vorgehen:

Teresa: »Zeig mir doch bitte, was du bisher an Ergebnissen vorliegen hast. Wir können uns gemeinsam die verschiedenen Möglichkeiten näher ansehen (Hart-Rot). Dann sind wir beide voll und ganz im Bild, und ich verstehe besser, womit du dich abplagst.« (Weich-Rot).

John: »Du wartest vielleicht besser noch bis nächste Woche. Dann kann ich dir nämlich viel mehr schriftlich zeigen. Ich könnte Jessica allerdings auch diktieren, was mir vorschwebt. Wenn sie zu beschäftigt ist, kann ich es ja auch auf Band sprechen.« (Immer und immer wieder Hart-Grün)
Teresa ignoriert das und bleibt weiterhin bei Hart-Rot: »Wenn wir von dem ausgehen, was du hast, kannst du mich ja über die Details mündlich informieren - ich notiere mir das dann.«
John: »Einverstanden. Womit fangen wir am besten an?« (Endlich reagiert er Hart-Rot.)

Sie befinden sich jetzt beide in der Hart-Rot-Phase. Das versetzt sie in die Lage, das Material gründlich durchzugehen. Das ist für sie beide wichtig, um das Ausmaß des Problems so richtig zu erfassen, dem John sich gegenübersieht. Teresa war gezwungen, beharrlich und selbstlos bei der Stange zu bleiben, doch ihre Bemühungen waren schließlich von Erfolg gekrönt. Natürlich muß man von Teresas und Johns beruflicher Zusammenarbeit sagen: Eine Schwalbe macht noch keinen Sommer. Wenn man die j'accuse-Trennwand überwinden will, muß man manchmal lange darum kämpfen, bevor die Beziehung in eine neue Phase gerät und sich bessert. Das stellt hohe Anforderungen an denjenigen, der sich bemüht, eine Brücke zum anderen zu schlagen, jedenfalls solange, bis der ihm seinerseits entgegenkommt.

3. Beispiel

Bill und Mike (aus dem 6. Kapitel)

Die Trennwand zwischen Hart und Weich ist nicht der einzige Grund für das j'accuse. Im 6. Kapitel haben wir uns mit den Abweichungen bzw. Anomalien befaßt. Bill und Mike dienten uns hierfür als Beispiel. Weich-Blau war bei beiden sehr stark ausgeprägt. Wenn zwei Menschen vom gleichen Modus der gleichen Farbe aufeinanderstoßen, kann es anstelle der Affinität, mit der man rechnet, auch zu konfliktgeladenen Situationen kommen. Eine solche Anomalie ist Weich-Blau gegen Weich-Blau. Man ist versucht anzunehmen, daß zwei Menschen, bei denen Weich-Blau dominiert, glänzend miteinander

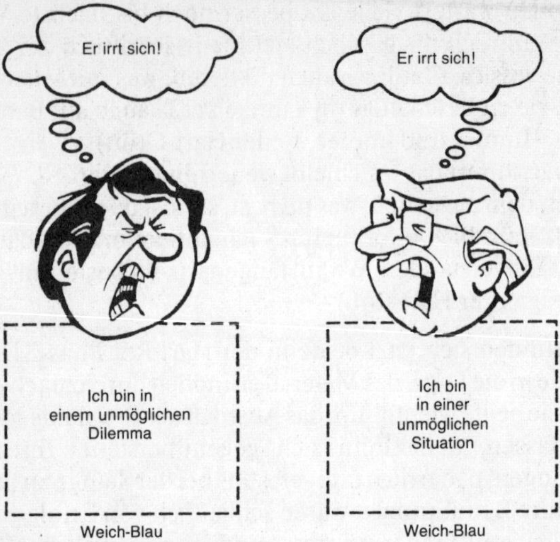

Abb. 7.4

auskommen müßten, doch das ist nur so lange der Fall, wie sie die gleichen Dinge schätzen. Es kommt unweigerlich zum Zusammenstoß, wenn sich ihre Weich-Blauen Daten, ihre Überzeugungen, ihre Wertmaßstäbe, ihre Meinungen und ihre Voraussagen voneinander unterscheiden (Abb. 7.4).

Welche Möglichkeiten gibt es, solche Konflikte beizulegen? Wie wäre es zum Beispiel mit den drei Schritten, die gerade erst zur Bewältigung von j'accuse vorgeschlagen worden sind? Leider sieht es damit nicht sehr gut aus. Dadurch, daß Weich-Blau immer rasch auf einen Abschluß dringt, entfallen viele Möglichkeiten. Eine Schwierigkeit tritt bei Weich-Blau immer wieder auf: Es strebt immer auf einen ganz bestimmten Punkt zu. Diese Abschlußstrategie ist sinnvoll, wenn die Zeit reif dafür ist, zu einer Entscheidung zu gelangen, doch bis dahin ist der Hang von Weich-Blau, allzuschnell alle Alternativen auszuschließen, lediglich ein Handicap. Welche Schritte kann man also stattdessen unternehmen?

a) Da sich beide ja bereits im gleichen Farbmodus befinden und den Konflikt gerade dadurch heraufbeschworen haben, erübrigt es sich, zur Farbe des anderen überzuwechseln.

b) Es entfällt ebenfalls, zu einer verwandten Farbe überzuwechseln, da es für Weich-Blau keine verwandte Farbe gibt.

c) Und was ist mit der Möglichkeit, sich eine Farbe anzueignen, die für die Farbe des anderen nützlich ist? Hier gibt es eine Möglichkeit: nämlich Weich-Rot. Da eine nützliche Verbindung sich der Farbe Rot als Vermittler bedient, kann mit Weich-Blau verhandelt werden. Doch das funktioniert nur dann, wenn einer oder beide bereit sind, darauf einzugehen. Das ist nicht immer möglich – so zum Beispiel dann nicht, wenn Weich-Rot bei beiden Beteiligten auf der Liste der Denkarten ganz unten steht.

Bei Bill und Mike ist Weich-Blau führend. Hier die Listen ihrer Denkfarben.

Bill	*Mike*
1. Weich-Blau	1. Weich-Blau
2. Hart-Blau	2. Weich-Grün
3. Hart-Rot	3. Hart-Grün
4. Hart-Grün	4. Weich-Rot
5. Weich-Rot	5. Hart-Rot
6. Weich-Grün	6. Hart-Blau

Es ist unwahrscheinlich, daß einer der beiden fähig ist, sein Weich-Rot zu benutzen, um mit dem Weich-Blau des anderen eine nützliche Verbindung einzugehen. Offen gesagt ist höchstwahrscheinlich keiner von beiden in der Lage, so weit zu gehen, um den Konflikt aus der Welt zu schaffen, wenn ihn nicht schwerwiegende Gründe dazu veranlassen. Es müßte einem oder beiden schon große Hilfe zuteil werden, damit er bzw. sie ihre Fähigkeiten im Umgang mit Weich-Rot ausbauen kann. Wenn man seine Geschicklichkeit im Umgang mit Farbmodi steigert, die einem weniger liegen, so ist das gewiß ein positiver Schritt, der die Beteiligten der Beilegung des Konflikts entschieden näherbringt (siehe 8. Kapitel). Aber einmal angenommen, Bill und Mike müssen auf ihre Art mit ihren Problemen fertigwerden – was können sie dann tun, um ihrer tiefgreifenden Differenzen Herr zu werden?

Die Frage ist gar nicht so leicht zu beantworten. Für irgendwelche Manöver bleibt da nur wenig Raum. Wir haben es hier mit einem Phänomen zu tun: Wenn zwei Weich-Blau ausgerichtete Menschen bei einem Konflikt auf entgegengesetzten Seiten stehen, so kann das in einen langen erbitterten Kampf ausarten. Denn jeder hält mit grimmiger Entschlossenheit an seiner Meinung fest. Die britischen Gewerkschaften und das Management sind ein gutes Beispiel dafür. Jede Verhandlungsmannschaft scheint sich einer gemeinschaftlichen, Weich-Blauen Denkart zu bedienen. In der Industrie werden solche Dispute gewöhnlich aus der Welt geschafft, indem man sich auf eine Formel einigt, die es beiden Seiten erlaubt, das Gesicht zu wahren (wie es so schön heißt). Das wird so formuliert, daß es den Anschein hat, als erhielten beide Seiten ihren traditionellen Standpunkt aufrecht (Weich-Blau). In Wahrheit aber bekommt keiner, was er wirklich bräuchte. Beide gehen als Verlierer aus dem Kampf hervor, um sich weiter zäh an das zu klammern, was ihnen lieb und teuer ist. Wenn sich die Beteiligten bei den Verhandlungen auf eine führende Farbe, nämlich Weich-Blau, beschränken müssen, bringen sie die Dinge zwar auch in Bewegung, aber nur langsam. Sie brauchen Phantasie (Grün), um andere Wege und Möglichkeiten zur Beilegung des Konflikts vorschlagen zu können. Sie brauchen aber auch Informationen (Rot), um mehr Verständigung für die Einstellung der Gegenseite aufzubringen.

Wenn sich zwei Menschen in einem solchen Konflikt befinden, müssen sie zunächst einmal für mehr Bewegungsfreiheit sorgen. Das kann auf zwei verschiedene Arten geschehen: Man kann entweder noch jemanden hinzuziehen, bei dem eine andere Farbe dominiert, oder man kann einen Denkplan aufstellen.

Der Denkplan

Wir wollen zunächst einmal die zweite Möglichkeit ansehen. Mit Hilfe solcher › Denkpläne ‹ kann man die Leute dahin bringen, daß sie zu bestimmten Farben überwechseln und diese wieder fallenlassen – je nachdem was erforderlich ist, um aus einer Sackgasse herauszukommen. So ein Denkplan, wir wollen ihn Farbplan nennen, zeigt mit Hilfe welcher Farbe man welches Ergebnis erzielt. Man kann diesen Farbplan auch benutzen, um das Gespräch in eine bestimmte Richtung zu lenken. So kann man den Denkstil einer gewissen Ordnung unterwerfen, damit er den Anforderungen der Aufgabe gerecht wird. › Farbplan ‹ ist ein ganz neuer Begriff in der Welt des Managements. Mit seiner Hilfe kann ein einzelner, ein Paar oder eine Gruppe die Denkstrategie so ausrichten, daß sie sich nicht nur der gestellten Aufgabe gewachsen zeigt, sondern auch gut miteinander auskommen.

Wenn sich zwei Weich-Blaue Menschen in einer Konfliktsituation gegenüberstehen, so können ihnen solche Denkpläne von allergrößtem Nutzen sein. Wenn sie es fertigbringen, sich ganz diszipliniert an einen solchen Plan zu halten, wirkt er wie eine Kraft von außen und weist ihnen neue Wege, so daß sie mit der leidigen Gewohnheit brechen können, die Wertvorstellungen des anderen zu verteufeln. Sie landen bei Rot und Grün sowie auch bei Blau. Diese Denkpläne sind für jeden von unschätzbaren Wert, der sich in einer j'accuse-Situation befindet. Wenn keiner bereit ist, aus eigenem Antrieb zu einer anderen Farbe überzuwechseln, könnten sie sich vielleicht darauf einigen, den gleichen Denkplan zu benutzen. Dieser könnte sie aus ihrer ausweglosen Lage befreien und dann als unparteiischer › Schiedsrichter ‹ fungieren.

Farbpläne sind aber nicht die einzige Möglichkeit. Eine weitere Möglichkeit besteht darin, andere Leute mit anderen Denkarten hinzuzuziehen, um die verfügbaren Farbquellen zu erweitern. Auch dadurch kann sich manches bessern. Bei j'accuse brauchen zwei Menschen, bei denen Weich-Blau dominiert, vor allem einen Roten Vermittler. Ein Grüner schöpferischer Mensch, der andere Alternativen bietet, ist jedoch auch sehr nützlich – vorausgesetzt, daß die Vermittlung auch wirklich funktioniert. Es ist also sehr wichtig, die richtigen Kollegen zum richtigen Zeitpunkt hinzuzuziehen. Das ist sogar immens wichtig, wenn es sich z. B. um Arbeitsteams auf einer Baustelle handelt, die ihre Konflikte innerhalb der eigenen Reihen austragen müssen. Wie kommt man zu einem

Team von Leuten, die zerstörerische Konflikte selbst aus der Welt zu schaffen wissen?

Einsatz der Farben bei Teamwork

Das Wort ›Team‹ besagt, daß Menschen erfolgreich zusammenarbeiten. Im Geschäftsleben ist es heutzutage fast schon Mode, schwer zu lösende Probleme einer hastig zusammengewürfelten Gruppe zu übertragen – in der irrigen Annahme, daß diese dann automatisch und wie durch Zauberkraft das Problem aus der Welt zu schaffen wüßte. Bei so manchem Team kann jedoch von guter Zusammenarbeit keine Rede sein. Es erfordert nicht nur Zeit, ein gutes Team zusammenzustellen, man muß auch eine sorgfältige Auswahl treffen. Die einzelnen Mitglieder eines Teams müssen die Denkprozesse voll und ganz verstehen – sowohl als Individuen als auch im Hinblick auf die Gruppendynamik. Es wäre albern anzunehmen, daß das Hinzuziehen eines Dritten bei einem j'accuse-Konflikt allein schon das Allheilmittel ist. Auch ein Dritter macht aus zwei Kampfhähnen nicht unbedingt ein Team. Er kann auch nicht dafür garantieren, daß der Konflikt durch sein Eingreifen aus der Welt geschafft wird.

In unserem Leben wimmelt es von Teamwork. Fast jeder Mensch hat darin Erfahrung, um was für Partnerschaften es auch geht – sei es nun in der Ehe, im Beruf (Sekretärin und Chef), beim Sport (Trainer und Sportler) oder auch in der Kunst (Gesangslehrer und Schüler). Wir haben uns ja schon ausführlich mit Zweier-Teams befaßt, um zu sehen, wie es bei diesen um die Farbdynamik steht. Uns ist bewußt geworden, zu welchen Zusammenstößen es da kommen kann. Auch mit den Synergien haben wir uns befaßt. Größere Teams bzw. Gruppen wie zum Beispiel die Familie, die Management-Projektgruppe, die Abteilung einer Firma, das Reporterteam, das Buchprüfungsteam, das Dezernat der Polizei, das Streichquartett oder die Popgruppe auf Tournee sind etwas völlig anderes. Man könnte sich fast fragen: »Wann ist ein Team ein Team?« Ist ein Aufsichtsrat ein Team?

Ein Team könnte man vielleicht so definieren: Es besteht

aus drei oder mehr Leuten (wahrscheinlich sind es nicht mehr als acht oder zehn), die aktiv zusammenarbeiten. Durch die Zusammenarbeit steigern sich die Leistungen der einzelnen. Alle verfolgen ein gemeinsames Ziel. Manchmal treffen alle Mitglieder schon als Team aufeinander, manchmal auch nur ein paar. Ein Team ist eine wachsende, lernende Gemeinschaft mit einem Eigenleben. Die Mitglieder des Teams arbeiten auch getrennt auf das gemeinsame Ziel hin. Jeder sollte sich für die Fortschritte und die Entwicklung der anderen ebenso interessieren wie für das Projekt und die Aufgabe, die es gemeinsam zu bewältigen gilt. Vielleicht möchten Sie jetzt selbst entscheiden, ob man bei Ihrem Aufsichtsrat von Teamwork sprechen kann.

In einem guten Team, sozusagen einem ›Allzweckteam‹, sind nicht nur alle Farben vertreten – auch Hart und Weich halten sich in etwa die Waage. Da das Denken so breit gefächert ist, kann die Gruppe dafür sorgen, daß es niemals dazu kommt, daß zwei Mitglieder des Teams in einen j'accuse-Konflikt geraten. Selbstverständlich kann es trotzdem zu Kontroversen und Meinungsverschiedenheiten kommen, doch das Team darf dann die zwei, die sich befehden, keinesfalls sich selbst überlassen. Die Empfänglichkeit und Feinfühligkeit des Teams in Bezug auf seine Farben, müßten dieses in die Lage versetzen, die richtigen Farben zum Einsatz zu bringen, wenn es gilt, eventuelle Kontroversen beizulegen. Die drei Schritte, die wir schon anhand anderer Beispiele vorgeschlagen haben, können auch hier angewandt werden:

- zur Farbe des anderen überwechseln
- Affinität bewirken, indem man zu einer Farbe überwechselt, die mit der des anderen verwandt ist
- zu einer anderen Farbe überwechseln, um eine nützliche Verbindung herzustellen.

Bei den Mitgliedern eines Teams befinden sich die Farben manchmal nicht im Gleichgewicht. Ein Buchprüfungsteam setzt sich zum Beispiel oft nur aus Hart-Blauen und Hart-Roten Denkern zusammen. Das kann sich als hinderlich erweisen bei Umgang mit den Angestellten einer Firma, deren Bücher sie zu prüfen haben. Die Buchprüfer neigen dazu, ihre Aufgabe buchstabengetreu auszuführen. Der nette Umgangston, der menschliche Aspekt entfällt dann leider völlig. Im Endeffekt erweist sich gerade das Streben nach Hart als Hemmschuh beim Zusammentragen der Harten Daten, denn genau die Leute, für die sie keine Zeit aufbrachten, sind dafür zuständig. Ein derartiges Team täte gut daran, darauf zu achten, daß sich Hart und Weich beim kollektiven Denken in etwa die Waage halten. Es könnte zwar aussehen, als sei es ziemlich unproduktiv, jemanden in das Team aufzunehmen, der weniger auf die Daten fixiert ist, doch in Wahrheit wäre das ein geschickter Schachzug. Ein optimales Team hat immer auch ein Quentchen Grün aufzuweisen, das manchmal das älteste Mitglied verkörpert.

Es ist gar nicht so einfach, ein Team zusammenzustellen. Die Gruppe muß nicht nur über das nötige Geschick und die Denkfähigkeit verfügen, die sie in die Lage versetzt, der gestellten Aufgabe gerecht zu werden, sie muß auch einigermaßen in der Lage sein, die Gefahr eines j'accuse-Konflikts rechtzeitig zu erkennen und sofort dagegen anzugehen. Nach dieser Maxime kann man vorgehen, wenn man das Personal für eine kleine Abteilung einer Firma zusammenstellt. Das oben Gesagte gilt auch für ein Apollo Raumfahrt-Team, die Angestellten einer kleinen Werkstatt oder eines kleinen Ladens, für die Schwestern einer Krankenhausstation, ein Streichquartett usw. Zu einer erfolgreichen Zusammenarbeit eines Teams gehört weit mehr als Fachwissen.

Zusammenfassung

Zwischen Arbeitskollegen kommt es immer wieder zu kleineren Reibereien, Mißverständnissen und lächerlichen Streitigkeiten um Lappalien. Das liegt an den bunt durcheinandergewürfelten Denkarten. Der Farbcocktail, der am Arbeitsplatz umgerührt und geschüttelt wird, kann zu einem unangenehmen, ja geradezu katastrophalen Gebräu werden. Wenn man jedoch umsichtig ist, dem Denkprozeß hinreichende Aufmerksamkeit widmet und bereit ist, darauf zu achten, daß es nicht zu

Konflikten kommt, können Frontalzusammenstöße eventuell vermieden werden. Teresa und John sowie Ben (der Vertreter) und Howard (der Buchhalter) sind gute Beispiele dafür, wie Menschen, die ganz unterschiedlich denken, dafür sorgen können, daß es zwischen ihnen nicht zu Farbkonflikten kommt. Wenn es um die ziemlich schwer zu handhabenden Weich-Blauen Wertvorstellungen geht - echte Konflikte - brauchen die Beteiligten wahrscheinlich Hilfe von außen - entweder durch einen Farbplan oder durch einen Dritten, der als Roter Vermittler in Aktion tritt.

Persönliche Integrität ist bei allen unproduktiven Konflikten eine unbekannte Größe. Ganz gleich, ob es zum Streit mit einer aufgebrachten Sekretärin, einem rechthaberischen Chef, einem aufsässigen Untergebenen, einem unmöglichen Kollegen, einem widerspenstigen Kunden, einem linkischen Teenager oder einem unglückseligen Ehepartner kommt - wann immer zwischen zwei Menschen ein Konflikt herrscht, liegen unausgesprochene Gemeinheiten und Abscheulichkeiten in der Luft, die den Respekt vor der Integrität des anderen unterminieren. Es erfordert schon eine starke Persönlichkeit, um in einer solchen Situation trotz des Grolls, den man gegen jemanden hegt, auch den Menschen zu sehen, der sich die größte Mühe gibt, alles richtig zu machen. Wenn man auch nur bereit ist, einmal darauf zu achten, so ist das schon der erste Schritt zur Lösung des Konflikts.

Dann folgt der schwierige Schritt, Verantwortung zu übernehmen, sich richtig darum zu bemühen, den Konflikt aus der Welt zu schaffen. Teresa war bereit, sich einzugestehen, daß ihre Art zu denken und ihre Handhabung der Dinge dazu beigetragen hatten, daß es zu diesen Schwierigkeiten mit John gekommen war. Sie ergriff die Initiative - unabhängig davon, wer mit den Streitigkeiten angefangen hatte oder wen die Hauptschuld daran traf, daß der Streit noch immer nicht beigelegt worden war. Sie wollte erreichen, daß es zu einer produktiven Zusammenarbeit kam. Sie nahm sich vor, nicht aufzugeben und es immer wieder zu versuchen.

Der nächste Schritt besteht darin, daß man erkennt, was die Ursache für den Konflikt war, was ihn ausgelöst hat. Normalerweise fragen wir uns, was eigentlich schiefgelaufen ist (Weich-Blau). Aber wir müssen uns den Prozeß der gegenseitigen Beeinflussung und Wechselwirkung durch die Rote Brille ansehen, um ihn zu begreifen. Man muß sich die folgenden Fragen stellen:

- »Inwiefern kann meine Art, die Dinge anzugehen (meine Denkart) die anderen über meine Intentionen im Unklaren lassen (irreführend sein)«
- »Inwiefern läßt mich ihre Art, die Dinge anzugehen (ihre Denkart) über ihre Intentionen im Unklaren?«

Mit diesen beiden Fragen wird man aufgefordert, die Denkart des anderen zu erraten (siehe 5. Kapitel), so daß man der Disharmonie zwischen den beiden Parteien auf den Grund gehen kann. Listen Sie Ihre Denkfarben auf und numerieren Sie sie von 1 bis 6. Daneben notieren Sie die Denkfarben Ihres Widersachers – so wie Sie sie sich vorstellen. Der augenscheinliche Kontrast müßte Sie eigentlich sofort auf einige Gedanken bringen, was die Ursachen des Konflikts betrifft. Das 6. Kapitel, in dem die j'accuse-Konflikte ausführlich besprochen wurden, könnte Ihnen dabei auch eine Hilfe sein.

Durch das Analysieren der Denkarten bekommt man ein Gefühl für die Wurzeln des Konflikts, die entweder in den Prozessen der j'accuse-Farben oder in der Stärke der Differenzen zwischen den Weich-Blauen Wertvorstellungen zu suchen sind. Wenn Sie der Ursache erst einmal auf die Spur gekommen sind, können Sie sich der Richtlinien in diesem Kapitel bedienen und Ihre Phantasie einsetzen, um weiterzukommen. Sie sollten dabei immer daran denken, daß alles, was Sie so über die Beilegung von Konflikten lernen, auch Ihnen selbst zugutekommt.

8. KAPITEL

DAS DENKEN MIT HILFE DER FARBEN BEFRUCHTEN

In diesem Kapitel wollen wir Ihre Denkart einmal einer langfristigen Betrachtung unterziehen. Wir möchten in zweierlei Hinsicht überlegen, wie wir Ihre Farben weiterentwickeln können: Erstens möchten wir die Farben aufbauen, in denen Ihre Fähigkeiten noch zu wünschen übriglassen und diesen Farben auf die Sprünge helfen – zweitens möchten wir die Farben, die Ihnen am allermeisten liegen, noch bereichern.

Wir warnen vor gesundheitlichen Schäden!

Es kann zu geistiger Verstopfung führen, dieses Kapitel in einem Zuge zu lesen. Es ist nur zum Nachschlagen gedacht.

Treffen Sie Ihre Wahl ganz nach Wunsch, überlegen Sie sich genau, was Sie wollen und wählen Sie entsprechend aus. Konzentrieren Sie sich ganz auf das Gewählte, so daß Sie damit auch wirklich arbeiten können. Der erste und zweite Abschnitt vermitteln Ihnen, wie Sie am besten in Gang kommen, was Sie aufhält und wie Sie Ihre Weiterentwicklungsstrategie am besten planen. Das restliche Kapitel enthält vor allem Übungen zu jeder Farbe.

ERSTER ABSCHNITT

WIE SIE ANFANGEN UND WAS SIE AUFHÄLT

Wenn Sie lernen wollen, besser mit Ihren Farben umzugehen, gehen Sie den Weg, der immer Erfolg verheißt, wenn man Dinge lernen möchte, die sich über einen langen Zeitabschnitt entwickeln. Da heißt es nämlich üben, und zwar regelmäßig. Nehmen wir zum Beispiel Sportler. Ganz gleich ob es sich nun um Amateure oder Profis handelt, sie müssen täglich ihr Trainingsprogramm absolvieren, um sich ihre Beweglichkeit zu erhalten und speziell die Muskeln zu trainieren, denen bei ihrer Sportart am meisten abverlangt wird. Dieses Trainingsprogramm wird sorgfältig zusammengestellt. Die Reihenfolge der Übungen wird festgesetzt. Das Training wird überwacht und innerhalb eines bestimmten Zeitraums absolviert. Dabei haben die Sportler keine Konkurrenz zu fürchten und stehen daher nicht so sehr unter Druck. Die Routine trägt zu ihrem körperlichen Wohlbefinden bei und ist eine gute Grundlage für sie, so daß sie auch unter starkem Druck noch Spitzenleistungen erbringen, wenn es wirklich darauf ankommt. Die langfristige Strategie des täglichen Trainingsprogramms hält ihre Muskeln fit, so daß sie im entscheidenden Augenblick voll einsatzbereit sind. Man könnte vielleicht glauben, daß diese Methode den Sportlern wirklich liegt, doch auch für die Weiterentwicklung anderer Fähigkeiten ist ein Trainingsprogramm nötig – gerade, wenn es darum geht, die ›geistigen Muskeln‹ zu stärken.

Die folgenden Übungen sollen der ganz bewußten Weiterentwicklung und Vervollkommnung des Geistes dienen. Das setzt natürlich Zielstrebigkeit voraus und den festen Willen, etwas zu erreichen. Dabei ist es wichtig, daß Sie an Ihren Fähigkeiten im Umgang mit Ihren Farben arbeiten. Doch um jemanden dazu zu bringen, daß er Übungen nach einem Buch macht, ist entschieden mehr vonnöten als das Gefühl, etwas Nützliches zu tun. *Sie* müssen fest entschlossen sein, sich das Buch vorzunehmen – und zwar nicht nur dann, wenn Sie einen besonderen Grund haben, danach zu greifen. Von Zeit zu Zeit, wenn Vegetarier zum Essen kommen, wird das Kochbuch hervorgezogen! Die Notwendigkeit treibt die Leute an ihre Bücherregale oder in die Bibliotheken, weil sie Hilfe suchen oder die Lösung für ein ganz besonderes Problem. Dann haben die »Wie man . . .«-Bücher Hochkonjunktur.

Wie stehen die Chancen, daß Sie je das ›Wie man . . .‹ in diesem Kapitel für sich in Anspruch nehmen? Wenn Sie nicht gerade extrem motiviert sind, hält sich die anfängliche Begeisterung für die Weiterentwicklung Ihrer Fähigkeiten im Umgang mit Ihren Farben vermutlich nur, wenn Ihnen auch weiterhin ein Anreiz dafür geboten wird. Eine Möglichkeit ist, mit einem anderen Menschen zusammen daran zu arbeiten. Eine andere Möglichkeit besteht darin, durch Anwendung der Farben ein oder zwei Erfolgserlebnisse zu verbuchen. Jedenfalls machen wir Ihnen hier ein paar praktische Vorschläge.

1. Nehmen Sie sich die Fragen im zweiten Abschnitt vor, damit Sie überlegen können, worum Sie sich bemühen möchten.
2. Suchen Sie sich aus den Abschnitten drei bis sechs die Übungen aus, die Sie für nützlich halten.
3. Schreiben Sie die Übungen, auf die Ihre Wahl gefallen ist, ab (Ihre eigene Handschrift macht sie persönlicher). Verwenden Sie ein Notizbuch oder Ihr Tagebuch. Arbeiten Sie mit Farbstiften. Zeichnungen und graphische Darstellungen machen alles klarer und anschaulicher.
4. Stellen Sie einen Zweiwochenplan zusammen, z. B.

Datum	*Uhrzeit*	*Übung*
2. 3.	10 Uhr	Übung zur Bewußtmachung
4. 3.	20 Uhr	Wiederholung, Neuformulierung
usw.		

5. Überdenken Sie alles, was Sie getan haben, innerhalb dieser zwei Wochen noch zwei- oder dreimal. Notieren Sie es sich, wenn Sie geschafft haben, was Sie sich vorgenommen hatten. Machen Sie sich auch Notizen, wenn das nicht der Fall war. Sie können mit sich zufrieden sein, wenn Sie die Hälfte geschafft haben. Halten Sie auch die Gedanken, Gefühle und Erfahrungen fest, die die Übungen bei Ihnen hervorrufen.
6. Setzen Sie sich nach Ablauf der zwei Wochen mit Ihrem Freund zusammen. Vergleichen Sie Ihre Erfahrungen miteinander und sprechen Sie darüber. Benutzen Sie dieses Buch zur Beantwortung der Fragen.
7. Nehmen Sie sich vor, einen weiteren Plan für zwei Wochen aufzustellen.

Es liegt ganz bei Ihnen, wie lange Sie das fortsetzen. Je mehr Sie tun und je länger Sie das betreiben, desto größer ist der Nutzen, den Sie daraus ziehen können, bis Sie dieses Buch schließlich voll und ganz ausgeschöpft haben. Wenn es Ihnen wirklich etwas eingebracht hat, selbst ein Programm zur Weiterentwicklung Ihrer Fähigkeiten aufzustellen, können Sie ja unter Zuhilfenahme anderer Bücher, Kassetten, Videokassetten, anderer Leute, Institutionen etc. einen neuen Plan aufstellen. Einer unserer Freunde hat sich ein Zweijahresprogramm zusammengestellt. Der Plan war zunächst sehr allgemein ausgelegt. Dann wurde er detaillierter ausgearbeitet. Unser Freund benützte dabei mehrere Quellen.

Und wenn Sie sich für diesen Vorgang zur Steigerung Ihrer Fähigkeiten im Umgang mit den Farben auch jetzt noch nicht erwärmen können? Vielleicht widerstrebt es Ihnen oder sie haben keine Lust, sich so abzumühen. Vielleicht sagt Ihnen so etwas nicht zu. Das sind ganz normale Reaktionen. Wann immer es darum geht, an seiner Weiterentwicklung zu arbeiten, hat man erst einmal einen inneren Widerstand zu überwinden. Es ist ein Opfer, an sich zu arbeiten. Für Ihre Entwicklung ist es wichtig, daß Sie sich Ihre Lernmethode selbst zusammenstellen, als daß Sie nach einem vorgefertigten Fortbildungs- und Trainingsprogramm vorgehen, wie gut dieses auch sein mag.

Wenn Sie sich in der Hoffnung wiegen, Ihre Weiterentwicklung auf leichtere Art betreiben zu können, so hindert Sie ja nichts daran, sich eine oder zwei Übungen aus diesem Kapitel auszusuchen und damit › herumzuspielen ‹. Auf diese Weise vergessen Sie es aber höchstwahrscheinlich ganz, wenn Sie das Buch nicht in Ihrer Aktenmappe oder Handtasche mit sich herumschleppen oder es auf Ihrem Nachttisch liegen haben, um hin und wieder mal einen Blick hineinzuwerfen. Wir haben zu Hause gut sichtbar eine Kiste stehen, in der sich Bücher, Artikel und Zeitschriften befinden, die gerade › aktuell ‹ sind. Wann immer wir eine Bahnfahrt machen, wühlen wir darin herum, um uns genau die Texte auszusuchen, die wir im Moment gern lesen möchten, weil sie uns besonders interessieren. Manches wird gelesen und dann entweder weggeworfen oder schleunigst in irgendeinem Bücherregal verstaut. Andere Bücher und Artikel wiederum bleiben monatelang › aktuell ‹, weil sie soviel Stoff beinhalten,über den es sich immer wieder nachzudenken lohnt.

Thomas Hobbes hat einmal gesagt: »Eigentum ist, worin man seine Arbeit gesteckt hat.« Man besitzt also, was man sich erarbeitet hat. In diesem Sinne hoffen wir, daß Sie sich das Buch zueigen gemacht haben!

ZWEITER ABSCHNITT

Den Anfang machen: Selbstdiagnose

Wenn Sie ganz systematisch überlegen wollen, mit welchen Farben und Übungen Sie beginnen sollen, hilft Ihnen vielleicht die Methode der Selbstdiagnose.

Wir lassen Ihre Denkart anhand der Farben noch einmal Revue passieren

- Dominiert Hart oder Weich in Ihrem Denken?
- Welche Farbe dominiert bei Ihnen von Natur aus – Hart-Blau, Weich-Blau, Hart-Rot, Weich-Rot, Hart-Grün oder Weich-Grün?
- Was haben Sie in letzter Zeit gesagt oder getan, das etwas über die von Ihnen bevorzugt Farbe und den Farbmodus aussagt? Führen Sie positive und negative Beispiele an.
- Welche Farbe mögen Sie am wenigsten?
- Was haben Sie in letzter Zeit gesagt und getan, das als Beweis für Ihren Mangel an dieser Farbe gelten könnte?

Was tun Sie als nächstes?

Wenn Sie Ihre starken und Ihre schwachen Farben diagnostiziert haben, fragen Sie sich bitten, was Ihnen im Hinblick auf Ihre Weiterentwicklung am wichtigsten ist:

- einem Vorherrschen von Hart oder Weich entgegenzuwirken
- eine bestimmte Farbe, an der es Ihnen mangelt, stärker zu fördern
- die Farbe anzureichern, die Sie allen anderen vorziehen.

Vielleicht ist Ihnen das ja alles wichtig. Entnehmen Sie den folgenden Abschnitten die Übungen, die Ihnen dazu verhelfen, die gesteckten Ziele zu erreichen. Aufgrund der Vielfalt der Übungen haben Sie eine große Auswahl. Wegen Platzmangel sind die Übungen natürlich nicht vollständig, doch sie reichen aus, um die wesentlichen Züge einer jeden Farbe zu erkennen. Wir haben auch bei jeder Übung angegeben, wie Sie sie im Beruf anwenden können. Versuchen Sie das möglichst und überlegen Sie sich auch noch andere Anwendungsmöglichkeiten. Wichtig ist ein Tagebuch. Benutzen Sie es, um sich selbst daran zu erinnern, daß Sie Übungen, die sich über einen längeren Zeitraum erstrecken, auch wirklich fortsetzen.

DRITTER ABSCHNITT

VORHERRSCHEN VON HART-MODI ODER WEICH-MODI

Wenn Sie vornehmlich Hart oder Weich denken, könnte es wichtig für Sie sein, sich Zeit dafür zu nehmen, an dem anderen Modus zu arbeiten, ihn weiterzuentwickeln und zu stärken. Das erweist sich eventuell als schwierig, denn dieser andere Modus ist oft gerade das, was Sie am Denken anderer Leute stört. Für Leute, die Hart denken, kann ›Weich‹ alles mögliche versinnbildlichen. So zum Beispiel ›schlampig, persönlich, privat, zurückgezogen und alles andere als tüchtig‹. Menschen, die Weich denken, setzen ›Hart‹ womöglich gleich mit ›kalt, unmenschlich, mechanistisch, verbohrt und einfach tödlich‹. Aber ganz gleich, ob Sie nun Hart oder Weich denken – Sie sollten es als Herausforderung betrachten, sich ganz bewußt auf das einzustellen, was der ›andere‹ Modus beiträgt und festzustellen, was daran so wichtig und von Wert ist.

Übung zur Bewußtmachung des gegenteiligen Modus

Jedesmal wenn Sie gereizt sind, sich ärgern, wütend werden, Furcht oder Frustration empfinden und damit auf einen anderen Menschen reagieren, sollten Sie sich das bewußt machen, vielleicht sogar noch besser schriftlich festhalten – in Ihrem Tagebuch oder nur auf der Rückseite eines Briefumschlags. So zum Beispiel: »Habe mich um 11.30 Uhr furchtbar über Bill geärgert.« Wenn Sie Weich orientiert sind, ist es wichtig, daß Sie sich dazu zwingen, sich das zu notieren, denn normalerweise widerstrebt Ihnen so etwas.

Wenn Sie dann ganz friedlich zu Hause sitzen, sehen Sie sich Ihre Notizen an. Fragen Sie sich, wie es zu Ihrer Reaktion gekommen ist. Was hat Bill getan und gesagt? Ist sein Verhalten darauf zurückzuführen, daß er von einem Modus ausgegangen ist, der im direkten Gegensatz zu Ihrem Modus steht? Hat er ein Hart-Verhalten an den Tag gelegt, während Sie sich in einer Weich-Phase befanden? Und haben Sie in Weich ganz einfach nicht erkannt, daß er Hart reagiert?

Stellen Sie sich die Schlüsselfrage: »Was war gut daran, wie er die Sache anging?«
Sie sollten sich auch diese Fragen stellen:

- »Was hat er vorgebracht, was ich übersehen haben könnte, weil ich ganz anders ausgerichtet war?«
- »Welches waren seine Beweggründe?«
- »Was hat er vorgehabt (und war die Art und Weise, wie er vorging, nicht einfach seinem Modus entsprechend)?«
- »Was wäre wohl geschehen, wenn ich nicht dagewesen wäre?«
- »Wie hätte ich anders reagieren können?«

Viel Zeit brauchen Sie sich für die Beantwortung der Fragen nicht zu nehmen. Nur eine oder zwei Minuten. Vielleicht hilft es Ihnen, wenn Sie Ihre Gedanken schriftlich festhalten. Dann lassen Sie die Angelegenheit am besten erst einmal ruhen. Es wird ohne Ihr direktes Zutun in Ihnen weiterarbeiten. Die Angelegenheit wird Ihnen ganz von selbst immer bewußter werden, vorausgesetzt, Sie betrachten ähnliche Situationen immer wieder daraufhin, was an ihnen gut ist. Wenn Sie Hart orientiert sind, dürfte es Ihnen schwerfallen, daran zu glauben, daß diese Entwicklung ganz von selbst vonstatten geht, denn aufgrund Ihrer Denkart neigen Sie dazu, die Dinge ganz präzise zu umreißen. Sie üben sich daher bereits in ›Weich‹, wenn Sie akzeptieren, daß sich in Ihnen etwas ändern kann, ohne daß Sie genau wissen wie.

Die Übung des Bewußtmachens ist der erste Schritt auf dem Weg zu einem besseren Umgang mit dem entgegengesetzten Modus.

Sie lernen den positiven Beitrag anzuerkennen, den der andere Modus leistet. Doch dieser andere Modus hat genau wie Ihrer auch seine Schattenseiten – ganz besonders, wenn er nicht richtig eingesetzt wird. Sie müssen lernen, mit dem anderen Modus umzugehen, wenn er »übertrieben reagiert«. Das erfordert einiges Geschick. Darum geht es im 9. Kapitel, in dem die Denkart den Farbplänen zugeordnet wird. Diese Pläne zeigen Ihnen, wie Sie das Denken der Menschen dahin lenken können, daß sie ihre Arbeit zufriedenstellend tun, das Bestmögliche leisten.

Wenn Sie noch ein wenig mit den entgegengesetzten Modi arbeiten wollen, können Sie sich aus jedem der folgenden Abschnitte über Grün, Rot und Blau eine oder zwei Übungen heraussuchen.

VIERTER ABSCHNITT

GRÜNE ÜBUNGEN

Die für den Grünen Verstand so charakteristische Fruchtbarkeit beim Ausbrüten von Ideen hat viele Aspekte. Wer Hart-Grün denkt, ist ganz versessen auf große Vielfalt, verschwenderische Fülle, Überfluß. Bei Weich-Grün kommet es eher zu einer verschwommenen Vorliebe für Phantasie, Analogien und Andeutungen im Hinblick auf noch Unbekanntes. Alle Übungen in Grün dienen dem Zweck, Möglichkeiten für etwas Neues zu eröffnen, damit etwas entstehen kann, was sich von dem bereits Vorhandenen unterscheidet.

Hart-Grüne Übungen

1. Neudefinition: Diese Übung zeigt, daß Wahrnehmung nicht das gleiche ist wie Beobachtung. Die Methode besteht darin, eine Sache unter vielen verschiedenen Aspekten zu betrachten, so daß sie von jedem Standpunkt aus anders definiert wird. Wenn Sie Ihren Geist so manipulieren, entstehen neue Ideen im Hinblick auf die Sache, die Sie sich vorgenommen haben.

Üben Sie diese Neudefinition:

Wählen Sie einen ganz alltäglichen Gegenstand, der leicht zu handhaben ist. Fragen Sie sich:

- Wofür ist das da?
- Was kann man damit anfangen? Was bewirkt es?
- Woraus besteht es?
- Wie ist es gemacht?
- Was könnte es noch für einen Sinn haben?

Jede dieser Fragen drängt Ihr Denken in eine andere Richtung und bewirkt, daß Sie den Gegenstand aus einer anderen Perspektive sehen. Durch die Fragen sehen Sie den Gegenstand in einem neuen Licht.

Umsetzung in die Praxis: Machen Sie die gleiche Übung mit weniger greifbaren Dingen – wie einem Problem, das Sie schon lange belastet.

2. Flucht: Hier schlägt der Geist des Grünen Denkers den eingefahrenen Denkmustern ein Schnippchen, indem er spielerisch mit ihnen umgeht und sich auf diese Weise den ernsthaften Schwierigkeiten entzieht, die entstehen könnten.

Üben Sie es, sich zu entziehen:

Die Kunst besteht darin, das Mittel unabhängig vom Zweck zu sehen, um mit dem Mittel ausgiebigst zu jonglieren.

Zweck: Nehmen Sie ein großes gesellschaftliches oder gesundheitliches Problem wie die Arbeitslosigkeit oder den Krebs und nennen Sie ein Ziel, von dem Sie möchten, daß es angestrebt wird.
Mittel: Welche Mittel stehen zur Verfügung? Halten Sie sich nur nicht stur an das bereits Vorhandene. Hier können Sie nun Ihr Spiel spielen - ungeheuerliche, schelmische, riskante, lächerliche, dumme, gefährliche, paradoxe, unsinnige Dinge tun, zumindest in Gedanken. Halten Sie nach der *schlimmst*möglichen Art Ausschau, die Dinge zu regeln. Überlegen Sie, wie die Natur das regelt und denken Sie sich auch eine völlig außergewöhnliche Methode aus.

Umsetzung in die Praxis: Nehmen Sie nun eine Sache in Angriff, die Ihnen mehr am Herzen liegt und schlagen Sie den gleichen Weg (sich zu entziehen) ein, um auf neue Ideen zu stoßen. Wenn Sie viele wilde Ideen produziert haben, können Sie versuchen, eine davon auszuwählen, die erprobte und bewährte Methoden in den Schatten stellt.

3. Weiterverfolgen: Man sollte die Sache weiterverfolgen, indem man mit wachem Verstand darauf achtet, daß nicht schon vorzeitig Schritte auf Blau zu unternommen werden. Oft gibt man sich allzuleicht mit zwei oder drei Ideen zufrieden und sieht nicht weiter als bis zu seiner eigenen Nasenspitze. Wenn man den Leuten zwei Alternativen bietet, entscheiden sie sich meist sofort für eine dieser beiden, ohne in Betracht zu ziehen, daß es unter Umständen noch andere, bessere Möglichkeiten geben könnte. Wir lassen uns aber auch zuweilen von einem attraktiven Angebot einnehmen, ohne weiterzuverfolgen, welche Widrigkeiten sich darin verbergen könnten.

Üben, eine Sache weiterzuverfolgen:

Stellen Sie sich vor, es sei Weihnachten. Die Zeit drängt. Sie müssen ein Geschenk für Ihre/n Liebste/n kaufen.

Beschränken Sie sich aber bitte nicht auf zwei oder drei Möglichkeiten. Versuchen Sie, sich zwanzig Geschenke auszudenken, die Sie sich leisten können. Sie müssen diese zwanzig Ideen aber innerhalb von drei Minuten haben.
War doch gar nicht so schwierig, nicht wahr? Versuchen Sie es einmal selbst, und wenn Ihre Mutter Sie dann fragt, was Sie sich zum Geburtstag wünschen, warten Sie mit einer Menge von Vorschlägen auf.

Umsetzung in die Praxis: Wenn man Sie das nächste Mal unter Druck setzt und Ihnen ein »Ja« oder »Nein« abverlangt, erkundigen Sie sich, welche Alternativen es sonst noch gibt. Ein Schachzug der Firmenpolitik besteht darin, auf kurzfristige Entscheidungen zu drängen, damit ein ganz bestimmtes Ergebnis garantiert ist. Wenn Sie ganz harmlos fragen: »Welche Möglichkeiten gibt es sonst noch?« und im Anschluß daran »Und was noch?«, wirkt sich das ernüchternd aus auf alle, die versuchen, Sie zu manipulieren.

Kommentar: Inzwischen ist Ihnen sicher aufgefallen, daß diese Übungen dem Wesen nach noch unvollendet und unvollkommen sind.

Aber wenn Sie sich recht erinnern, handelt es sich hier um Grün: Die Übungen haben ihre Berechtigung – trotz unfertiger Ergebnisse. Sie sollten eine Unmenge von Ideen zusammentragen – das ist alles.

Damit hört es bei Grün schon auf. Wenn die Ideen gesichtet und sortiert, weiterverfolgt und in die Tat umgesetzt werden sollen, so muß Rot und Blau das übernehmen. Grün bringt eine Fülle von Ideen hervor, kann jedoch nicht dafür sorgen, daß sie auch Früchte tragen. Wenn Sie also infolge dieser Übungen ein paar neue Gedankengänge zusammengetragen haben, so haben Sie mit Erfolg die Hart-Grünen Muskeln Ihres Verstandes strapaziert.

Weich-Grüne Übungen

1. Bildhaftes Darstellen: Jetzt müssen Sie die Farbkästen Ihrer Kinder durchforsten, denn für diese Übung brauchen Sie tatsächlich Farben. Während Kinder zeichnen und malen, wenn sie eine Geschichte erzählen oder ihrer Phantasie freien Lauf lassen wollen, malen die meisten Erwachsenen nach der Schulzeit nicht mehr (von den Malern einmal abgesehen). Im modernen Geschäftsleben arbeitet man mit Wörtern und Zahlen. Bilder werden aus den Gedanken vertrieben. Während unserer Jugendjahre (der Teenagerzeit) bewirkt die Erziehung, daß wir es uns abgewöhnen, in Bildern zu denken. Als Erwachsene ignorieren wir den reichen Vorrat unserer persönlichen Erfahrung und die Phantasiegebilde, die mündlich oder schriftlich nicht sofort zum Ausdruck gebracht werden können. Wir könnten unsere persönlichen Erfahrungen durch Bilder darstellen, doch Bilder gelten nicht als akzeptabel, wenn es um die Verständigung mit dem Chef geht.

Bildhaftes Darstellen üben:

Legen Sie eine Mappe für Ihre Lieblingsanzeigen an. Suchen Sie in Hochglanzzeitschriften, denn farbige Anzeigen sind viel schöner als die in Zeitungen. Sammeln Sie sie drei Monate lang. Achten Sie auf eine möglichst große Vielfalt (nicht nur Autoanzeigen aus der farbigen Sonntagsbeilage). Seien Sie wählerisch. Sortieren Sie umso mehr aus, je mehr sich Ihr Geschmack verfeinert.
Nehmen Sie eine der Anzeigen, die Ihnen am besten gefallen und machen Sie selbst eine bessere. Benutzen Sie dafür die Ihnen zur Verfügung stehenden Farben und lassen Sie sich von Ihrer Phantasie leiten. Versuchen Sie dann noch einmal, selbst eine Anzeige zu gestalten. Werben Sie einmal für ein anderes Produkt, und zwar mit einer Collage. Schneiden Sie Bilder aus Zeitschriften aus, verbinden Sie sie miteinander. Ihrer Phantasie sind keine Grenzen gesetzt, wenn Sie Ihr Bild fertigen.

Umsetzen in die Praxis: Fertigen Sie eine Anzeige an, mit der Sie für Ihre Stellung, Ihre Abteilung, Ihre Firma werben. Malen Sie mehrere Bilder. Überlegen Sie, was Ihnen die Bilder verraten. Stellen Sie auch Ihre wichtigste und Ihre schwierigste zwischenmenschliche Beziehung dar. Sie könnten auch Ihr neuestes Projekt der gleichen Übung unterziehen. Anhand von Bildern gewinnen Sie neue Einsichten zu jedem Thema.

2. Gestaltlos machen: Wie können Sie Ihren Geist von seinen Gewohnheiten bzw. Angewohnheiten befreien? Wie können Sie Ihren Verstand zum Schweigen bringen, so daß er offen ist für das Unerwartete, das Neue und das Ungewöhnliche und bereit ist, all dem Zutritt zu gewähren?

Üben Sie dieses Gestaltlosmachen:

Nehmen Sie einen Klumpen Plastilin oder Brotteig (es kann auch feuchter, formbarer Ton sein). Spielen Sie damit. Formen Sie etwas Rundes, Weiches daraus. Dann langgezogene Streifen, Quadrate, Rechtecke oder Dreiecke. Reißen Sie das Geformte wieder auseinander. Kneten Sie es wieder zu einem Ballen zusammen. Rollen Sie den Klumpen, quetschen Sie ihn zusammen, trommeln Sie darauf herum, schlagen Sie mit der Faust darauf, werfen Sie ihn in die Luft, lassen Sie ihn fallen. Der Klumpen Plastilin bzw. Ton macht alles mit. Er ist eben formbar.

Umsetzen in die Praxis: Sorgen Sie dafür, daß auch Ihr Geist so formbar ist.

3. Intuition: Diese schwer zu fassende, kaum hörbare Stimme, die aus uns spricht, die Dinge voraussagt und uns warnt, unterdrücken und vernachlässigen wir im Beruf. Haben Sie schon einmal davon gehört, daß in einem Management-Trainingsprogramm die Intuition zwecks Steigerung der Leistung gefördert werden sollte?

Ganz bestimmt nicht. Und das ist ein Jammer, denn sie könnte ein wichtiger Faktor im Management sein. Allerdings sind viele große Firmen auf der Grundlage der Intuition gegründet worden, doch das gilt als Talent oder besondere Gabe und nicht als etwas, das man lernen kann. Und sobald die Firma aus den Anfangsschwierigkeiten heraus ist, wird die Intuition gedrosselt.

Intuition üben:

Notieren Sie sich Ihre Träume. Legen Sie Papier und einen Stift auf Ihren Nachttisch. Nehmen Sie sich vor dem Einschlafen vor, Ihre Träume im Gedächtnis zu behalten. Wenn Sie nachts aus einem Traum erwachen, notieren Sie ihn sofort. Wenn Sie am Morgen aufwachen, schreiben Sie gleich auf, woran Sie sich noch erinnern.

Schreiben Sie jeden Vorfall, jedes Ereignis auf, bei dem Sie eine Vorahnung haben. Haben Sie sich danach gerichtet oder nicht? Was ist dann geschehen – hat Ihre Vorahnung Sie betrogen oder haben Sie recht behalten?

Machen Sie sich keine Sorgen, wenn die Resultate anfänglich noch zu wünschen übrig lassen. Diese Übung ist alles andere als einfach, das dauert eben seine Zeit – Monate, vielleicht auch Jahre. Sie dürfen nicht lockerlassen. Verlieren Sie den Mut nicht. Es macht viel mehr Freude, wenn Sie und Ihr Partner sich beide darin üben, damit Sie sich Ihre Träume erzählen, sie sozusagen austauschen können.

Umsetzen in die Praxis: Wenn Sie sich darin üben, sich die flüchtigen Vorgänge Ihrer nächtlichen Träume ins Gedächtnis zurückzurufen, so reagieren Sie auch bald viel sensibler auf die Anflüge von Gedanken, auf die zarten, schimmernden, flüchtigen Geistesblitze der Intuition, die Ihnen tagsüber in den Kopf kommen.

Kommentar: Diese Übungen in Weich-Grün sorgen dafür, daß Sie nicht den Verstand verlieren, wenn Sie sehr gestreßt sind. Weich-Grün lenkt Sie ab, befreit Sie vom › üblichen ‹ Umgang mit Kollegen oder Freunden. Weich-Grün sorgt dafür, daß sich die geistigen Muskeln einmal entspannen können, die vor lauter Anstrengung schon ganz steif geworden sind. In einem Zustand geistiger Erschöpfung ist es eine wahre Wohltat, sich irgendwo niederzulassen – ganz gleich ob tagsüber oder nachts – und einfach zum Himmel hinaufzuschauen. Der unendlich weite Himmel mit seinen vielfältigen Licht (selbst im Dunkeln) spiegelt sich in der Seele wider, so daß womöglich Raum geschaffen wird für eine ungewöhnliche Idee.

FÜNFTER ABSCHNITT

ROTE ÜBUNGEN

Rot ist wie bereits gesagt der Mittler. Auf der Suche nach der Wahrheit bringt Rot Grün und Blau zusammen, so daß die Ideen in die Tat umgesetzt werden können. Doch da Rot in der Mitte zwischen den beiden anderen Farben steht, kann es durchaus sein, daß Rot sowohl von Grün als auch von Blau übersehen oder zumindest unterschätzt wird. Grün und Blau erkennen sich vielleicht gegenseitig als interessanten Gegner oder Mitarbeiter an, der unter Umständen eine Herausforderung für sie darstellt, doch Rot gestehen sie womöglich nur einen niedrigen Status zu. Rot in seiner Mittlerrolle setzt sich stillschweigend für sie beide ein, braucht aber ihre Anerkennung. Rot hält die Fackel für die Gerechtigkeit (Blau) hoch und liefert den soliden Unterbau, die Fundamente für die Vorstellungskraft (Grün). Es kommt uns nur zugute, wenn wir unser Rot ein wenig aufpolieren.

Hart-Rote Übungen

1. Spezifizieren: Vermutlich hat jeder schon einmal ein Elektrogerät gekauft und ist dann mit der Gebrauchsanweisung nicht zurechtgekommen. Wenn die Hersteller doch Leute beschäftigen würden, die sich so klar verständlich auszudrücken wissen, daß auch der Laie sie versteht. Da die Technologie auch im Haushalt immer komplizierter wird und die Computer dort Einzug halten (Firmen verlassen sich schon lange weitgehend darauf), brauchen wir größere Gewandtheit, um genau anzugeben, was wir von ihnen erwarten und verlangen. Ungenaue Angaben haben verschwommene Systeme zur Folge. Eine nachlässige Firma, die alles per Computer speichert, überträgt ihre Schlampigkeit auf die Software. Dadurch werden die Probleme nur noch größer, anstatt aus der Welt geschafft zu werden. (Davon berichtet Paul Strassman auf faszinierende Weise in seinem Buch *Information Payoff.*)

Das Spezifizieren üben:

Suchen Sie zu Hause oder im Büro nach einer unverständlichen Gebrauchsanweisung. Ob Sie wissen, wie man mit dem Gerät umgeht, für das die Gebrauchsanweisung gilt, spielt hierbei keine Rolle.
Machen Sie sich daran, die Gebrauchsanweisung umzuschreiben - und zwar so, daß ein durchschnittlich intelligenter Siebenjähriger sie versteht. Bauen Sie auch Zeichnungen und graphische Darstellungen ein. Legen Sie Ihre Gebrauchsanweisung einem aufgeweckten Kind vor und verfolgen Sie, ob es mit Ihrer Meisterleistung etwas anzufangen weiß.

Umsetzen in die Praxis: Überprüfen Sie alle Ihre Anweisungen noch einmal ganz genau, bevor Sie sie an die Belegschaft weitergeben. Haben Sie genau das ausgedrückt, was Sie sich zum Ziel gesetzt haben?
Wie exakt sind Ihre Fragen, wenn Sie Ihren Vorgesetzten bitten müssen, Ihnen genauer zu erklären, was er Ihnen aufgetragen hat? Wieviel Zeit ist durch Mißverständnisse verlorengegangen, die man sich hätte sparen können, wenn die Auskünfte und auch die Fragen detaillierter und klar verständlich formuliert worden wären?

2. Verschieden Sichtweisen: Hart-Rot neigt dazu, immer in eine Richtung zu blicken. Das birgt eine Gefahr in sich. Hart-Rot geht einen einmal eingeschlagenen Weg gern bis zum Ende weiter. Es kommt daher sehr darauf an, daß sich Hart-Rot darin übt, verschiedene Sichtweisen zu benutzen. Das heißt, daß man eine Sache nicht nur von außen ansieht, sondern sich auch überlegt, wie sich die Angelegenheit von innen her betrachtet in ihrer Umgebung ausnimmt. Die Windel eines Babies schließt zwar so dicht ab, daß der Teppich trocken bleibt (von außen her gesehen), doch dafür ist der Po des Babies naß (aus der Sicht des Babies nicht so vorteilhaft). Ihre Informationen bleiben unvollständig, wenn Sie die Sache nur von einer Warte aus sehen. Die Möglichkeit, sich verschiedener Sichtweisen zu bedienen, bleibt ungenutzt, weil sie nicht gefragt ist.

Üben Sie verschiedene Sichtweisen:

Tragen Sie sechs einfache Gegenstände zusammen – zum Beispiel eine Tasse, eine Lampe, einen Stuhl, ein Buch, einen Stift und einen Schuh.
Nehmen Sie sich jeden Gegenstand einzeln vor und spielen Sie das › Baby-Windel-Spiel ‹.
Nehmen wir einmal die Lampe: Der Lampenschirm verhindert, daß die nackte Birne blendet und die Augen schmerzen, doch der Lampenschirm schirmt nicht nur ab – er macht auch das Zimmer dunkler. Also müssen wir eine stärkere Glühbirne in die Lampenfassung drehen.

Umsetzen in die Praxis: Wenn Sie Informationen zu einer Sache zusammentragen, sehen Sie entschieden mehr, wenn Sie die Sache von zwei Seiten aus betrachten. Um der Wahrheit ganz auf die Spur zu kommen, müssen Sie die Grenzen dessen überschreiten, was Sie wissen möchten. Zu behaupten »Das geht über mein Aufgabenbereich hinaus«, ist eine lahme Ausrede. Zum Aufgabenbereich gehört es ganz bestimmt, sich alle nur erdenklichen Informationen zu beschaffen.

Kommentar: Alle diese Roten Übungen bewirken, daß man sich tief in die Details versenkt, sich mit Unmengen von Fakten rumschlägt. Bei der Methode schwirrt einem unter Umständen der Kopf vor lauter Einzelheiten, die noch nicht identifiziert, sortiert, zusammengestellt und vervollständigt sind. Es gibt fast immer eine Zeit während Ihrer Rotphase, wo alles völlig durcheinander ist und Sie viel Geduld aufbringen müssen. Hart-Rot stürzt sich kopfüber hinein und läßt nicht locker, bis es Ordnung in das Chaos gebracht hat. Durch diese Übungen werden Sie erfahrener. Vielleicht wird es Ihnen klar, daß Sie es unter Umständen tatsächlich mit Unordnung und Unvollständigkeit zu tun haben, wenn Sie zum Hart-Roten Modus überwechseln. Doch Sie werden sehen: Sie geben dann nicht auf, bis Sie ans Ziel gelangen.

Weich-Rote Übungen

1. Beobachten: Das schärft all Ihre Sinne. Wir benutzen den Begriff › beobachten ‹ hier als Synonym für › sich öffnen ‹ und › aufnehmen ‹. Es ist zum Beispiel ganz typisch, daß wir von fünf Sinnen reden. In Wahrheit könnte jeder leicht sieben oder acht aufzählen. Man kann die Zahl sogar auf zwölf erhöhen, wie Willi Aeppli in seinem Buch (› Sinnesorganismus – Sinnesverlust – Sinnespflege ‹) erklärt. Doch über wie viele Sinne wir auch verfügen mögen, alle unsere Sinne sind Antennen, durch die wir mit allem in Verbindung stehen. Durch ihre unterschiedlichen Methoden beleuchten und erhellen sie facettenreich unser Verhältnis zur Welt und unsere Beziehungen zu anderen Menschen. Weich-Rot beobachtet mit Hilfe der Sinne vorurteilsfrei und unparteiisch. Die Kunst, so unparteiisch zu sein, besteht darin, die Blauen Auslegungen und Urteile in Schach zu halten, damit die Realität voll und ganz aufgenommen werden kann.

Das Beobachten üben:

Gehen Sie in die Kunstgalerie, die Sie am liebsten mögen. Setzen Sie sich zehn Minuten lang vor ein Gemälde und

lassen Sie Ihre Augen darauf ruhen. Achten sie darauf, was Ihr Verstand dazu sagt, daß Ihr Blick auf dieses Bild gerichtet ist. Lassen Sie den Blick über das ganze Gemälde schweifen, damit dieser bei Ihnen unentwegt Reaktionen auslöst.
Setzen Sie sich in den Garten und spitzen Sie zehn Minuten lang die Ohren.
Legen Sie sich mit dem Gesicht nach unten auf eine Sommerwiese und atmen Sie die vielfältigen Gerüche ein.
Pflücken Sie eine Blume und beschreiben Sie sie Ihrer Freundin oder Ihrem Freund, ohne die Wörter › mögen ‹ oder › nicht mögen ‹ zu benutzen.
Hören Sie sich die Nachrichten an, ohne dabei zu denken »ganz richtig« oder »da bin ich aber anderer Meinung«. Denken Sie möglichst auch nicht »das gefällt mir« oder »das ist schlecht bzw. schlimm«.
Nehmen Sie sich irgendwann zwischendurch Zeit, um darüber nachzudenken, welche Erfahrungen jede Übung Sie gelehrt hat. Wiederholen Sie die Übungen.

Umsetzen in die Praxis: Wenn Sie das nächste Mal an einer Konferenz teilnehmen, stimmen Sie weder zu noch verwehren Sie sich gegen das Gesagte, und zwar weder insgeheim (am wichtigsten) noch nach außen hin. Nehmen Sie, was Sie beobachten, mit all Ihren Sinnen auf. Denken Sie dann später über die Erfahrung nach. Haben Sie schweigend mehr gelernt als Sie erwartet hatten? Versuchen Sie es noch einmal, und dann immer wieder. Es dauert eine Weile, bis man es darin zu einer gewissen Fertigkeit bringt und sieht, wie es einem im Umgang mit anderen Menschen hilft.

2. Kode: Jeder war ja wohl erregt, als er zum ersten Mal *Belshazzar's Feast* von William Walton hörte oder auch die Verse von Dylan Thomas: »Überlaß dich nicht voller Sanftmut einfach nur der Nacht. Gegen das Schwinden des Lichtes setze zur

Wehr dich mit Macht.« Eine Story mag noch so gut sein – sie steht und fällt mit der Erzählkunst. Die Wahrheit muß so verkündet werden, daß man sie auch hört. Mit verschiedenen Leuten muß man in verschiedenen Sprachen reden. Daher gibt es die Dichtkunst, die Malerei, die Musik, das Schauspiel, die Schauspielkunst, den Tanz und auch die Werbung. Doch die nackte ungeschminkte Wahrheit gebührt nur den Philistern. Um den Reichtum der ungeheuer umfangreichen Welt des Wissens auszudrücken, verfügen wir auch noch über verschiedene Fachsprachen, wie z. B. die der Psychologie, Philosophie, Botanik, Biochemie etc.

Kodieren üben:

Nehmen Sie den Leitartikel einer Zeitung zu einem ganz bestimmten Thema und schreiben Sie ihn für eine Teenagerzeitschrift um – einschließlich Zeichnungen und Photos, die Sie anderen Quellen entnehmen.

Umsetzen in die Praxis: Schreiben Sie die ersten Seiten des neuesten Firmenreports so um, daß ein junger Büroangestellter daraus schlau werden könnte. Wieviel verstehen Sie denn *selbst* davon?
Oder machen Sie sich an den Jahresbericht Ihrer Bausparkasse oder irgendein amtliches Schreiben. Als Kontrastprogramm dazu nehmen Sie einen Artikel aus Ihrer Fachzeitschrift.

Kommentar: Bei diesen Übungen in Weich erkunden Sie Aspekte der Kommunikation, die auf der Absicht beruhen, die Wahrheit weiterzuvermitteln und zu entdecken. Ob diese Absicht von Erfolg gekrönt ist, hängt davon ab, ob beide Seiten – Sender und Empfänger – mitspielen und richtig reagieren. Sie müssen bedenken, daß Sie der Wahrheitssuche ebensosehr dienen, wenn Sie zuhören wie wenn Sie selbst sprechen. Sie könnten sich doch an einer schönen Übung versuchen, um die

Bedeutung der Rolle des › Empfängers ‹ zu illustrieren. Besuchen Sie mit einem Freund oder mit einer Freundin eine Kunstgalerie. Nehmen Sie Seite an Seite Platz und betrachten Sie zehn Minuten lang schweigend ein Gemälde Ihrer Wahl. Dann hört sich jeder den Bericht des anderen an, und zwar ohne Unterbrechung. Sie werden sehen, welche Erkenntnisse jeder aus dieser Erfahrung gewinnt.

SECHSTER ABSCHNITT
Blaue Übungen

Das Blaue Denken wird davon bestimmt, daß allergrößter Wert darauf gelegt wird, relevante Entscheidungen zu treffen. Ganz anders als bei Grün und Rot bewirken die Übungen für Blau, daß beim Denkprozeß alles auf einen Punkt zuläuft und zum Abschluß drängt. Blau ist von seiner Zielsetzung durchdrungen. Sowohl Hart-Blau als auch Weich-Blau streben ein ganz bestimmtes Ziel an: Bei Hart-Blau ist die Grundlage hieb- und stichfest, wenn die Sache in Angriff genommen wird. Bei Weich-Blau ist es sehr wichtig, wie die Leute bei Entscheidungen fühlen.

Hart-Blaue Übungen

1. Vergleich und Kontrast: Bei Hart-Blau müssen Vergleiche unter den Bedingungen einer bestimmten Zielsetzung angestellt werden. (Bei Blau geschieht alles zu dem Zweck, ein Ziel zu erreichen.) Es ist zum Beispiel durchaus möglich, einen Elefanten mit einer Maus zu vergleichen, indem man ihre typischen Merkmale aufzählt und dann notiert, worin sie sich ähnlich sind und worin sie sich unterscheiden. Das hängt ganz davon ab, wie man Vergleiche anstellt. Die Logik verlangt es eben, daß nur vernünftige Vergleiche gezogen werden, d. h. daß die Dinge in dem vorgegebenen Zusammenhang auch wirklich miteinander verglichen werden können. So unterscheidet sich der Elefant doch ganz entschieden von der Maus, was das Gewicht angeht – vergleicht man sie jedoch mit einem Fisch, so sind Elefant und Maus sich ähnlich.

Vergleichen und Gegenüberstellen üben:

1. Ziehen Sie ganz willkürlich drei Bücher aus Ihren Bücherregalen.
2. Notieren Sie sich den Namen eines Freundes.
3. Vergleichen Sie die Bücher und stellen Sie sie einander gegenüber, um das Buch auszusuchen, das das geeignetste Geschenk für Ihren Freund wäre.

Natürlich können Sie diese Übung mit jeder beliebigen Anzahl von Büchern und jeder beliebigen Anzahl von Freunden wiederholen.
Wenn Sie jedoch anfangen, völlig verschiedene Dinge miteinander zu vergleichen - zum Beispiel ein Buch mit einem Urlaub in Miami, so laufen Sie Gefahr, gegen die Gesetze der Logik zu verstoßen. Bei Hart-Blau können Vergleiche nur dann zufriedenstellend ausfallen, wenn sie zwischen vergleichbaren Dingen angestellt werden. (Bei Grün können Sie alles mit absolut allem vergleichen, weil die Gesetze der Logik für Grün überhaupt nicht gelten. Hier sollten Sie erst gar nicht versuchen zu wählen, sondern lieber versuchen, neue Ideen hervorzubringen. Man vermischt bei Grün gern Dinge miteinander, bei denen Hart-Blau nicht einmal im Traum daran denken würde, sie miteinander zu vergleichen.)

Umsetzen in die Praxis: Wenn Sie an einer Entscheidung beteiligt sind, achten Sie darauf, daß keine falschen Vergleiche zwischen Dingen gezogen werden, die man keinesfalls in den gleichen Topf werfen darf. Zu diesem Trick wird oft gegriffen, um eine Sache abgerundet erscheinen zu lassen. Auf den ersten Blick mag das vielleicht ganz logisch erscheinen, weil man die Dinge durch einen falschen Vergleich so hinstellen kann, daß sie in einem besseren Licht dazustehen scheinen. Doch wenn man sie mit etwas wirklich Vergleichbarem vergliche, sähe die Sache gleich nicht mehr so glänzend aus. So könnte man eine

Maus zum Beispiel ganz legitim als Tier mit einem Elefanten vergleichen, doch schwerlich mit einem Computer. (Oder ist ein Computer vielleicht auch ein Tier?) Wie unterscheidet man, was vergleichbar ist und was nicht? Das macht andere Hart-Blaue Fähigkeiten erforderlich, die einen in die Lage versetzen, zu unterscheiden und zu testen.

2. Unterscheiden: Diese geistige Fähigkeit ermöglicht es einen abstrakten Aspekt zu erkennen, durch die sich eine Sorte von Dingen von einer anderen unterscheidet – und zu entscheiden, wie man sie legitim miteinander vergleichen kann. Der Elefant, die Maus und der Computer sollen uns als einfaches Beispiel dienen.

Alle drei könnten das › Lieblingsspielzeug ‹ sein, das man einem zehnjährigen Kind zum Geschenk macht. Die Idee basiert auf der ursprünglichen Absicht, ein Haustier zu kaufen. Es muß definiert werden, inwieweit die Begriffe › Haustier ‹ und › Lieblingsspielzeug ‹ auf das Geschenk zutreffen. Liegt das begründet in

- der Selbstverständlichkeit, mit der sich das neue Geschenk in den Haushalt einfügt?
- oder in der Freude, die der Beschenkte daran hat?
- oder darin, daß das Geschenk ein Lebewesen ist?
- oder auch darin, daß es intelligent ist?

Das können nur Sie entscheiden. Was die Begriffe › Haustier ‹ oder › Lieblingsspielzeug ‹ für Sie auch beinhalten, das ist das Kriterium, nach dem Sie Entscheidungen treffen. Wenn für Sie entscheidend ist, daß es sich um ein Lebewesen handelt, können nur die Maus oder der Elefant gewinnen. Wenn es Ihnen hauptsächlich darum geht, daß das Geschenk › Freude ‹ machen soll, so kommen alle drei Alternativen in Frage. Wenn sich das Geschenk › problemlos in den Haushalt einfügen ‹ soll, so scheidet der Elefant vermutlich aus – es sei denn, es handelt sich um eine höchst ungewöhnliche Familie.

Dieses Unterscheiden ist der erste Schritt. Aber es geht vor allem darum, zu bestimmen, welche Kriterien unter den gegebenen Umständen am wichtigsten sind. Kriterien gibt es nicht in irgendeinem absoluten Sinn. Sie müssen von Fall zu Fall gefunden werden. Sie müssen das, worum es Ihnen geht, so lange vor Ihrem geistigen Auge Revue passieren lassen und es von allen Seiten beleuchten, bis Sie die Komplexität durchschaut und herausgefunden haben, welches der springende Punkt ist.

Entgeht Ihnen dabei etwas Wesentliches, so können Sie das Problem nicht lösen. Das Unterscheiden ist nämlich eine Kunst.

Diese Seite der Logik birgt eine gewisse Grüne Komponente in sich. Sie müssen ja im Geist jeden nur denkbaren Aspekt beleuchten und immer wieder andere Unterscheidungskriterien erwägen und verwerfen, bis sich diejenigen herauskristallisieren, die im Hinblick auf Ihr Problem dann relevant sind.

Das Unterscheiden üben:

1. Suchen Sie sich im Haus zehn Gegenstände zusammen und bauen Sie sie vor sich auf.
2. Ordnen Sie sie in die Kategorien A und B ein.
   - Was haben die in Kategorie A eingeordneten Gegenstände miteinander gemeinsam?
   - Was haben die in Kategorie B eingeordneten Gegenstände miteinander gemeinsam?
   - Durch welches Merkmal unterscheiden sich die Gegenstände der Kategorien A und B? Anhand dessen müßten Sie erkennen können, wie sich die Gemeinsamkeiten in Kategorie A von denen in Kategorie B unterscheiden.

Ordnen Sie die Gegenstände jetzt wieder in zwei neue Kategorien ein und wiederholen Sie den 2. Schritt. Sie werden sehen, daß Ihr Verstand Regelmäßigkeiten feststellt und diese benennt.

Nehmen wir einmal an, Sie haben die folgenden Gegen-

stände vor sich aufgebaut: Tesafilm, Bleistiftspitzer, Schere, Kugelschreiber, Tipp-Ex, Klebestift, Brieföffner, Bleistift, Stempel, Lineal.
Kategorie A: Schere, Kugelschreiber, Bleistift, Brieföffner, Lineal – haben gemeinsam, daß sie › lang und dünn ‹ sind.
Kategorie B: Fläschchen mit Tipp-Ex-Korrekturflüssigkeit, Rolle Tesafilm, Stempel – haben gemeinsam, daß sie › kurz, rundlich und gedrungen ‹ sind.
Bei diesem Beispiel stellen sich als Unterscheidungsmerkmale ganz klar die Größe und die Form heraus. Welche Unterschiede fallen Ihnen sonst noch auf? Könnten Sie die Gegenstände in andere Kategorien einordnen?

Umsetzen in die Praxis: Da Sie beim Unterscheiden im Geist sowohl diskriminieren als auch verbinden, basiert darauf jede Arbeit, bei der es darauf ankommt, die »Bedeutung« festzustellen. Diese kann in unterschiedlichen Formen auftreten, so zum Beispiel als Muster, Hinweis, Etikett, Titel, Eigenschaft, Qualität usw. Prüfen Sie, ob Sie bei aktuellen Ereignissen Fälle entdecken, bei denen das nachlässig gehandhabt worden ist. Es ist ziemlich schwierig, so rigoros zu unterscheiden, wie es eigentlich sein müßte.

3. Testen: Am besten testet man, indem man ganz für sich die eigenen Ideen, Vorschläge und Anregungen der genauen Prüfung durch Hart-Blau unterzieht. Im wesentlichen soll durch dieses Testen gewährleistet werden, daß nur das › durchgeht ‹, was wirklich wohlfundiert ist und Bestand hat. Leider wird ein solcher Test oft als bedrohlicher Feind und nicht als Freund empfunden.

Lassen Sie sich gesagt sein, daß dieses Überprüfen nur von Nutzen ist, denn dadurch können Sie sicher sein, daß das Erwünschte auch wirklich funktioniert. Wenn eine Anregung einen schwierigen Test übersteht, baut man stärker auf diese Anregung. Machen Sie die folgende Übung, um sich mit der Testmethode anzufreunden.

Das Testen üben:

Nehmen Sie eine Zeitung oder Zeitschrift und suchen Sie sich einen Leitartikel aus, der Ihnen irgendwie strittig erscheint. Das Ziel der Übung soll darin bestehen, die Aussagekraft des Artikels zu stärken, indem Sie die verschiedenen darin aufgestellten Behauptungen in Frage stellen.
Was soll getestet werden? Beschreiben Sie kurz das Thema.
Es scheint hier um folgendes zu gehen:

a) Faktische Informationen	*b) Persönliche Wertvorstellungen*
Wie relevant?	Wie zutreffend?
Wie wahr, wie richtig?	Wie gut, wie klug?
Was fehlt?	Müßte da noch mehr sein?
Was ist überflüssig?	

Was muß jetzt geändert und/oder hinzugefügt werden, damit die Sache vernünftiger und glaubwürdiger erscheint?

Umsetzen in die Praxis: Wenn Sie erwägen, ob Sie eine Sache in die Tat umsetzen sollen, muß auch eine solche Überprüfung zu Ihren Unterlagen gehören. Die obengenannten Fragen sind von so großem Nutzen, daß jeder sie stellen sollte, bevor er sich zu einer Entscheidung durchringt. Tun Sie folgendes, damit Sie die Fragen nicht vergessen:
Schreiben Sie sie auffallend groß auf DIN-A3-Papier und hängen Sie sich das Blatt ins Büro.
Wenn Sie beruflich sehr viel unterwegs sind, sollen Sie die Fragen gut leserlich auf eine Karte in Postkartengröße schreiben und diese immer bei sich haben.
Eine Frage, die in allen Fällen gestellt werden muß, in denen ein Test vonnöten ist, lautet: »Wenn das wirklich so ist, wie kommt es dann, daß . . . ?«

Kommentar: Diese Übungen unterscheiden sich sehr stark von denen für die Farben Rot und Grün, nicht wahr? Hier werden Sie ganz einfach festgenagelt. Im Gegensatz zu Hart-Rot, wo man Geduld braucht und Hart-Grün, das eine verschwenderische Veranlagung erfordert, erfordert Hart-Blau den Mut und die Bereitschaft, sich auf den Kopf zusagen zu lassen, daß man im Irrtum ist bzw. Unrecht hat. Es kann wirklich einschüchternd sein, so festgenagelt zu werden. Wenn Sie daher jemandem in Hart-Blau eins auswischen wollen, so erklären Sie am besten, was Sie vorhaben, d. h. Sie dürfen den anderen über Ihre Absichten nicht im unklaren lassen.

Weich-Blaue Übungen

1. Wertvorstellungen: Das Sprichwort »Wat dem een sin Uhl is dem annern sin Nachtigall« sagt Entscheidendes über die Essenz der Wertvorstellung aus. Die Wertvorstellung verkörpert die gefühlsbetonten, persönlichen und oft ganz unbewußten Einflüsse, die jeder Mensch in seine Urteile und Entscheidungen mit einbringt – ganz gleich ob es sich nun um große und kleine, wichtige oder unwichtige Entscheidungen geschäftlicher oder privater Natur handelt und ganz gleich, ob man diese allein oder in Gesellschaft trifft. Ältere erfahrene Geschäftsleute sollen oft erklären, daß sie sich bei Entscheidungen auf Vorstandssitzungen niemals von › persönlichen Moralvorstellungen ‹ leiten ließen. Es ist schade, daß sie nicht einsehen wollen, daß so manches ganz unbewußt geschieht und daß sie persönliche Vorlieben und Abneigungen nicht ganz bewußt mit einbeziehen, wenn es gilt, Entscheidungen als Manager zu treffen und dafür verantwortlich zu zeichnen. Wir können nur lernen, freier miteinander umzugehen und zu arbeiten, wenn wir uns anmerken lassen, daß bei unseren Entscheidungen auch persönliche Ansichten zählen.

Jeder Mensch muß sich bewußt machen, wovon er bestimmt und motiviert wird, so daß niemand insgeheim durch Weich-Blau getrieben wird, sondern jeder ganz offen die anderen in Rot darüber informieren kann, was für ihn besonders wichtig ist. Diese bewußten Auskünfte über Wertvorstellungen werden somit zu einem anerkannten Teil des Entscheidungsvorgangs.

Wertvorstellungen bewußtmachen:

Denken Sie an ein großes Gebäude, das Sie mögen. Und dann an eines, das Ihnen nicht gefällt.
Geben Sie mindestens fünf Gründe dafür an, warum Sie a) das eine mögen und warum Ihnen b) das andere nicht gefällt.
Nehmen Sie sich jeden der unter a) angegebenen Gründe einzeln vor und fragen Sie sich: »Warum gefällt mir das?« Fragen Sie dann »Warum ist das so?« und im Anschluß daran: »Wieso?« usw. – bis es nicht mehr weitergeht, weil Sie die endgültige Antwort gefunden haben. (Vielleicht stellen Sie fest, daß Sie die Frage ›Warum?‹ drei- oder viermal stellen können, bevor Sie zu einem endgültigen Ergebnis kommen.)

- Warum gefällt mir die Kuppel der St. Paul's Cathedral? Weil sie so eine schöne Form hat.
- Warum gefallen mir schöne Formen? Weil sie dem Auge schmeicheln.
- Warum schmeicheln schöne Formen meinen Augen? Weil sie mein Herz mit Freude erfüllen.
- Warum erfüllt Schönheit mein Herz mit Freude? Das weiß ich nicht, es ist nun einmal so.

›Schönheit erfüllt mein Herz mit Freude‹ ist bei diesem Beispiel eine Art Schlußpunkt auf einer Skala der Werte. Dieser Schlußpunkt sagt viel über einen grundlegenden Teil Ihrer Wertvorstellungen aus, die auch bei Ihrer Einstellung vielen anderen Angelegenheiten gegenüber zur Geltung kommen, die weit über Ihren architektonischen Geschmack hinausgehen.
Gehen Sie nun nach der gleichen Methode vor und stellen Sie sich bei b) die Frage: »Warum gefällt mit das nicht?«, bis Sie auch hier zu einem Schlußpunkt kommen, wo es

nicht mehr weitergeht. Listen Sie Ihre endgültigen Werte auf und vereinfachen Sie sie möglichst noch. So kann aus › Schönheit erfüllt mein Herz mit Freude ‹ einfach › Schönheit ‹ werden.

Umsetzen in die Praxis: Tragen Sie die Werte, die sich aus dieser Übung ergeben, in Ihr Tagebuch ein.
Suchen Sie sich eine geschäftliche Besprechung aus, bei der Ihnen Spielraum bleibt zu überlegen, welche Werte für die Gruppe zählen. Ziehen Sie nach der Besprechung die Werte-Liste in Ihrem Tagebuch zu Rate.

- Erinnern Sie sich daran, ob bei der Besprechung auch nur einer dieser Werte zur Geltung gekommen ist?
- Welche anderen Wertvorstellungen haben Ihr Denken bestimmt, wenn das nicht der Fall war?
- Können Sie sie definieren?
- Waren Sie sich der Tatsache bewußt, daß während der Besprechung einige Ihrer Wertvorstellungen zur Geltung kamen – falls überhaupt?
- Haben sie sich auf Ihren Beitrag zu der Besprechung hinderlich ausgewirkt, oder waren sie Ihnen eine Hilfe?
- Haben sie den anderen Anwesenden geholfen, oder waren sie ihnen eher hinderlich?

2. Interpretieren: Dies wird leicht mit den Weich-Roten Fähigkeiten › Beobachten ‹ und › Kodieren ‹ verwechselt. Bei Weich-Rot hat man die Absicht, der Wahrheit ins Gesicht zu sehen. Persönliche Vorlieben oder Abneigungen spielen dabei keine Rolle. Die Weich-Blaue Interpretation hingegen strebt etwas völlig anderes an. Weich-Blau ist daran gelegen, den Dingen Bedeutung zu geben, so daß auch unzureichende Informationen noch einen Sinn ergeben: »Meiner Meinung nach . . .«, »Wie ich die Sache sehe . . .«, »In meinen Augen sieht das so aus . . .«, »Wie ich das empfinde . . .« Seltsamerweise gehen gute Schauspieler, Musiker und Maler jeglicher Couleur nicht etwa hauptsächlich von der Weich-Blauen Interpretation aus, sondern sie beobachten und kodieren in Rot, weil Künstler vor allem die Wahrheit porträtieren möchten. Politiker operieren für gewöhnlich mit der Interpretation – sie färben die Wahrheit für den Gebrauch erst Weich-Blau ein.

Die Leute fragen oft: »Welche Farbe hat eine Lüge? Ist das nicht ein schiefgelaufenes Rot?« Nein, eine Lüge ist Weich-Blau, sie ist eine Interpretation der Wahrheit, die – aus welchen Gründen auch immer – von Rot in Weich-Blau umgewandelt worden ist.

Das Interpretieren praktizieren:

Dieses Spiel können Sie mit Familienmitgliedern und guten Freunden spielen, die es ertragen, wenn Sie sich unerhört benehmen und die selbst bereit sind, sich eigenartig aufzuführen. Das Spiel kann paarweise oder von einer kleinen Gruppe gespielt werden.

Irgend jemand bringt den Ball dadurch ins Rollen, daß er den anderen von einem Vorfall berichtet, der ihm zugestoßen ist. Das Schwierige dabei ist aber, daß man sich dabei einer › erfundenen ‹ Sprache bedienen muß. Die kann wie Arabisch, Französisch oder auch Chinesisch klingen, es dürfen jedoch keine Worte darin vorkommen, die es in irgendeiner Sprache wirklich gibt. Die Geschichte wird durch Gesten, einen ganz bestimmten Gesichtsausdruck, Emotionen und Intonationen unterstrichen. Die Zuhörer können Zwischenfragen stellen, aber auch nur in einer Phantasiesprache, die es in Wahrheit gar nicht gibt.

Wenn die Geschichte aus ist, müssen die Zuhörer (auf Deutsch!) berichten, wie sie sie verstehen. Sie müssen erzählen, was sie ihnen sagt und Beispiele aus der Erzählung anführen, um zu demonstrieren, was ihre Interpretation beflügelt hat. Wer die Geschichte am besten nachvollziehen konnte, dem gehört der erste Preis, doch diese Entscheidung bleibt natürlich dem Erzähler überlassen und liegt ganz in seinem Ermessen.

Es lohnt sich auch, darüber nachzudenken, ob Sie die Geschichte besser verstanden haben, als sie in Ihrer

Sprache oder als sie in einer Phantasiesprache erzählt wurde.

Umsetzen in die Praxis: Es ist typisch für die Firmenpolitik, daß voreilige Schlüsse gezogen oder Fakten falsch ausgelegt werden. Ein kluger Mensch bemerkt, wann › Interpretation ‹ in › Klatsch ‹ übergeht, der nichts mehr mit einem irgendwie gerechtfertigten Urteil zu tun hat. Wir müssen mit der Interpretation arbeiten, um unvollständigen Informationen einen Sinn zu geben, aber wir dürfen auch nicht vergessen, daß die Gefahr besteht, daß die vertretbaren Grenzen leicht überschritten werden können.

Kommentar: Es ist ein beliebtes › Spielchen ‹ in Beruf und Geschäftsleben, die wahren Motive zu verschleiern. In der von Männern beherrschten Industrie und Geschäftswelt glaubt man, ohne Gefühle auskommen zu können, weil sie von Herzen kommen. Doch wenn man sie an einer Stelle unterdrückt, drängen sie an anderer Stelle wieder an die Oberfläche. Und zwar feindselig und haßerfüllt, wegen der Unterdrückung. Sich Weich-Blau ganz bewußt zu machen bedeutet ein starkes Ringen mit halbverborgenen Motiven. Es kann sehr unbequem sein, sich in sein eigenes Innenleben oder in das anderer zu vertiefen, doch die Mühe lohnt sich. Denn wenn man mit dem Herzen arbeiten kann, so ist das eine schöpferische Bereicherung für das gesamte Tun und Denken.

Zusammenfassung

In den vorangegangenen Abschnitten haben wir einige der Komponenten Ihres Denkens beschrieben. Wir haben sie einzeln und ganz für sich genommen aufgezeigt. Durch diese › Radikalchirurgie ‹ wird das Ineinanderübergehen der Farben jäh zerrissen. Das macht es Ihnen zwar wiederum möglich, sich mit jeder Farbe ganz für sich genommen eingehend zu beschäftigen, doch die komplizierte Verflechtung der Farben untereinander und die Macht, die sie vereint ausüben, sehen

Sie nur lückenhaft und unzusammenhängend. Nach einer Übung haben Sie sich vielleicht gefragt: »Was bringt mir das und wohin führt das?« Es ist schwierig, die Farben, die in den Übungen zum Ausdruck kommen, mit der Summe Ihres Denkens in Zusammenhang zu bringen. Lassen Sie nicht locker. Jede Übung ist eine Spezialübung mit ihren Besonderheiten. Jede ist wichtig und wertvoll für die Weiterentwicklung Ihres Denkens. Wenn Sie die einzelnen Übungen gemacht haben, müssen Sie sie mit den übrigen in Verbindung bringen, bis Sie voll und ganz einsehen, wie wichtig sie für den taktischen Einsatz im Beruf sind.

Ein Vergleich trägt vielleicht zur Klärung bei. Erinnern Sie sich noch daran, wie Sie den Führerschein gemacht haben? Sie haben (in Zeitlupe) im Stand versucht, die Gangschaltung zu bedienen. Um ein Gefühl für das Manövrieren zu bekommen, haben Sie den ersten Gang eingelegt und sind dann vorsichtig auf einem großen freien Platz herumgekurvt. Sie haben die Straßenverkehrsordnung sicher in Ihrem Sessel sitzend gelernt. Als Sie zum erstenmal auf den Verkehr losgelassen wurden, war das eine furchtbare Strapaze, weil Sie ja gleichzeitig den Wagen lenken, schalten, die anderen Fahrzeuge im Auge behalten und auf die Verkehrszeichen achten mußten. Doch je mehr Praxis Sie bekamen, desto leichter fiel es Ihnen, all die verschiedenen Tätigkeiten bestens zu koordinieren, bis Ihnen das Autofahren selbstverständlich war.

Autofahren ist jedoch ein Kinderspiel im Vergleich zum Denken. Kluges Denken läßt sich eher mit dem Spielen eines Instruments oder dem Dirigieren einer Symphonie vergleichen. Das lernt man nur durch ständiges Üben und durch Live-Auftritte vor einem kritischen und aufnahmebereiten Publikum. Wir wollen die musikalische Metapher noch ein wenig weiterführen. Damit ein harmonisches Zusammenspiel Ihrer Farben garantiert ist, brauchen Sie so etwas wie eine Partitur. Im nächsten Kapitel sagen wir Ihnen kurz, was wir damit meinen und was wir unter Farbplanung verstehen.

9. KAPITEL

AUFGABEN MIT HILFE VON FARBPLANUNG BESSER BEWÄLTIGEN

Jeder Mensch macht Pläne für das, was er *tun* will, doch kaum jemand plant im voraus, wie er *denken* möchte. Man richtet sich vielleicht nach der Tagesordnung oder nach Notizen, doch abgesehen davon lassen die meisten Menschen ihrem Denken freien Lauf. Es ist unmöglich, den Denkprozeß zu planen, wenn man die verschiedenen Wege, die der Verstand einschlagen kann, nicht irgendwie benennt. Doch auch dann benötigt man noch Pläne, aus denen ersichtlich ist, wohin die Wege führen und wie sie zusammenhängen. Wir verfügen ja schon über die Farben, mit denen wir die Wege bezeichnen können, die das Denken ganz von selbst einschlägt. Jetzt möchten wir Ihnen zeigen, daß Sie anhand von › Plänen ‹ erkennen können, wie Sie Ihren Verstand benutzen *sollten* – damit Sie Ihr Denken der jeweiligen Stituation entsprechend planen, steuern und kontrollieren können. Das hilft Ihnen in jeder Lage, in die Sie geraten und die sich als so schwierig erweist, daß Sie Ihr Denken in Hochform bringen müssen. Wir wollen solche › schwierigen ‹ Situationen von nun an ›Aufgaben ‹ nennen. Wir sehen sie als Reisen, auf die sich der Verstand begibt. Dafür sind ganz besondere, begriffliche › Landkarten ‹ bzw. › Pläne ‹ erforderlich.

Jede Aufgabe macht etwas anderes erforderlich. Nur ein ganz bestimmtes Verhalten garantiert, daß alles nach Wunsch verläuft. Da derjenige, der die Aufgabe zu lösen hat, sich von seiner Denkart leiten läßt, geht er die Aufgabe vielleicht auf eine Art und Weise an, mit der er ihr nicht gerecht wird. Was aber noch viel schlimmer ist: Wenn mehrere Leute die gleiche Aufgabe in Angriff nehmen, stoßen höchstwahrscheinlich viele verschiedene Farben aufeinander. Normalerweise wird so ein Konflikt durch Macht, Einfluß oder Persönlichkeit gelöst, aber es gibt natürlich keine Garantie dafür, daß der mächtigste, einflußreichste Mensch mit der ausgeprägtesten Persönlichkeit sich der Aufgabe mit seiner Denkart auch gewachsen zeigt. Deshalb führt er vielleicht alle anderen auf den falschen Weg. Ein vorbereiteter Plan, der ganz objektiv aufzeigt, mit welcher Denkart man der Aufgabe am allerbesten gerecht wird, ist daher sehr nützlich. Obwohl man seine Gedanken (Daten) nicht vorausplanen kann, ohne daß man sie tatsächlich hat, kann man doch immerhin die Richtung planen, in die man sein Denken (Prozeß) lenken will. Wenn sich die Dinge dann zu weit von dem groß abgesteckten Rahmen wegentwickeln, kann man dem entgegenwirken.

Die Idee, das Denken zu programmieren, war keineswegs neu, als die Computer aufkamen: Man braucht nur an die Mathematik und die wissenschaftlichen Methoden seit Francis Bacon im 17. Jahrhundert zu denken, an die Generalstabsarbeit beim Militär und die Arbeitsstudien. Eigentlich trägt jeder Mensch im Kopf irgendwelche › Plansysteme ‹ mit sich herum, die bewußt oder unbewußt sein Denken lenken und bestimmen. Wie viele Menschen benutzen zum Beispiel Kiplings berühmte »Bedienstete, die mich alles lehrten, was ich weiß«? Wir haben ein ganzes System von › Denkplänen ‹ entwickelt und ausgearbeitet, um allen Aufgaben gerecht zu werden, doch wir möchten Sie hier lediglich auffordern, sich an Ihre eigenen Methoden und Erfahrungen zu halten. Sie erkennen die Elemente eines jeden Denkprozesses an ihren Farben. Das bedeutet, daß Sie mit einiger Übung selbst › Denkketten ‹ aus den Farben bilden können. – Versuchen Sie es einfach.

Sobald Sie Ihr Denken auf diese Weise bei einer Aufgabe zum Einsatz bringen, sehen Sie das Problem. Stellen Sie sich die Frage: »Was ist das für eine Situation?«

Wenn Sie das erst einmal wissen, sind damit auch gleich viele andere Fragen beantwortet. Zum Beispiel folgende:

- Welche Art der Information ist am wichtigsten?
- Wähle ich eine Grüne, eine Rote oder eine Blaue Methode?
- Wieviel Zeit sollte ich jedem Stadium meines Plans widmen?
- Welches ist die beste Reihenfolge?

Es gibt keinen Denkprozeß, der sich in allen Situationen bewährt. Sobald man sich ein bißchen in die Sache vertieft hat und die praktische Seite betrachtet, stellt man fest, daß es keinen Sinn hat, eine Aufgabe heute genauso anzugehen wie man gestern eine andere angegangen ist. Das ist sinnlos, wenn sich nicht beide Aufgaben von der Struktur her decken und den gleichen ›Prozeß‹ erforderlich machen. Wenn das zutrifft, kann man in der Tat die beiden scheinbar unterschiedlichen Aufgaben nach dem gleichen Plan angehen. Man kann zum Beispiel bei Kauf und Verkauf nach dem gleichen Plan verfahren. Bedenken Sie, welche Vorteile das mit sich bringt!

Der Grund für wirres und zielloses Denken ist gewöhnlich darin zu suchen, daß der Betreffende das Wesen der Aufgabe nicht erfaßt und auch nicht weiß, welcher Plan dabei am besten zur Anwendung käme. Wüßte er das, könnte er natürlich viel mehr leisten. Das ist ein vielschichtiges Problem. Wir möchten in diesem Kapitel darauf hinweisen, daß es schon ein großer Fortschritt ist, wenn man die zu lösende Aufgabe im Sinne der Farben interpretieren kann. Sie haben für die Farben ja schon ein Gefühl entwickelt und können sie in Ihrer eigenen geistigen Struktur identifizieren. Sie können dieses Plansystem selbständig anwenden, um die Methode, mit der Sie alles angehen, besser planen und steuern zu können.

Für den Anfang schlagen wir vor, eine Aufgabe und auch den Weg zur Lösung anhand der Zielsetzung und der Resultate zu beschreiben.

- In jeder Situation, in der eine Entscheidung getroffen werden muß, entscheidet man sich für eine Möglichkeit und verwirft die übrigen. Das ergibt sich aus der Situation.
- In jeder Situation, in der vorausgeplant werden muß, sollte es gelingen, das Ziel innerhalb des zeitlich abgesteckten Rahmens zu erreichen. Das wäre dann das Resultat.
- Bei einer Diagnose trägt man die Informationen zusammen, die das Geschehene erklären.
- Bei einer Neuerung sorgt man dafür, daß ein neues Produkt oder eine neue Idee wirksam lanciert und auf den Markt gebracht werden.

Aus dieser Auflistung von vier verschiedenen Situationen ist nicht ohne weiteres ersichtlich, daß man die Aufgaben bzw. Probleme ganz unterschiedlich angehen muß. Der erste Eindruck ist vielleicht ganz anders. Im Anschluß bringen wir drei Beispiele für Aufgaben.

Entscheidung versus Planung

Wenn Sie daran denken umzuziehen, müssen Sie entweder eine Entscheidung treffen (so zum Beispiel: »Wo ziehe ich am besten hin?«) oder einen Plan aufstellen (zum Beispiel: »Wie sollen wir den ganzen Umzug noch vor Weihnachten mit Erfolg hinter uns bringen?«). Im ersten Fall wird Ihnen abverlangt, daß Sie sich für eine einzige Möglichkeit entscheiden und alle anderen verwerfen. Was hingegen die Planung betrifft, so befassen Sie sich nur mit dem tatsächlichen Umzug und lassen bis dahin alle Möglichkeiten offen, denn in dem Monat, der bis zu dem Umzug noch vergeht, kann sich noch alles Mögliche ändern. Ihr Plan berücksichtigt vielleicht auch, daß Sie in dem Zeitraum bis Weihnachten viele Entscheidungen treffen und Fehler machen werden. Die große Entscheidung dagegen – der Entschluß, auf dem Ihr Plan beruht, ist eine Wahl, die Sie zu einem bestimmten Zeitpunkt treffen – und die kann richtig sein oder falsch.

Kreativität versus Neuerung

Wenn Sie in Ihrem Betrieb etwas Neues einführen, scheint zwischen dem › schöpferischen ‹ – und dem Neuerungsprozeß kein großer Unterschied zu bestehen. Viele Leute halten diese Begriffe für austauschbar und verwenden sie auch entsprechend. Doch ein kreativer Mensch braucht fast immer einen anderen Menschen, der seine Idee zu Ende bringt bzw. durchführt, der eine Neuerung aus ihr macht. Das ist eine Frage verschiedener Farbzusammenstellungen. Der › Erfindergeist ‹ – Voraussetzung für schöpferische Ideen – braucht eine ganz bestimmte Farbkombination. Die › Neuerung ‹ jedoch braucht eine völlig andere Farbkombination, um die Erfindung auf den

Markt zu bringen. Da es kein allgemeingültiges und überall anerkanntes Vokabular gibt, um den schöpferischen Vorgang zu beschreiben, sind die Farben eine große Hilfe, wenn man klarstellen will, was man beabsichtigt.

Inzwischen haben Sie sicherlich erraten, daß bei der Kreativität Grün dominierend ist, der Neuerungsvorgang jedoch alles Rot und Blau erforderlich macht, das einem zur Verfügung steht. Bei letzterem wird Grün nur sehr bedacht eingesetzt. Bei keiner anderen strategischen Tätigkeit ist es so wichtig, einen Denkplan aufzustellen. Wenn man die Sache hier falsch angeht, endet alles mit einer Katastrophe. Kein Wunder, daß alle großen Unternehmen auf der Welt alles daran setzen, dieses Problem in den Griff zu bekommen. Achten Sie einmal darauf, wie lange es dauert, bis ein neues Produkt auf den Markt geworfen wird, wie viele nie dort landen, wie viele völlig überflüssig oder schlecht sind und welcher Anteil des Preises eines neuen Produktes in unserer schnellebigen Zeit auf die Neuerung entfällt. Für die Neuerung und die Kreativität sind verschiedene Pläne nötig.

Kausalzusammenhänge erkennen versus Untersuchungen anstellen

Nehmen wir einmal den Prozeß des Zusammentragens von Informationen - ganz eindeutig eine Rote Tätigkeit. Wenn man sich vorgenommen hat, die Ursache einer Katastrophe zu diagnostizieren - festzustellen wie es dazu kommen konnte -, wird die Informationssuche durch die Notwendigkeit, streng analytisch und logisch vorzugehen, kontrolliert und beschränkt. Wenn Sie jedoch Informationen für Forschungszwecke zusammentragen, brauchen Sie möglicherweise nicht nur einen viel größeren Blickwinkel, sondern auch eine ganz andere Geistes- bzw. Wesensart. Während beide Tätigkeiten mit dem Ausdruck »wir wollen uns bemühen, es herauszufinden« umschrieben werden können, unterscheiden sich die Pläne, nach denen man dabei vorgehen würde, ganz deutlich voneinander.

Wenn Sie sich jetzt fragen, welches bei jedem dieser drei Paare von Aufgaben die bestimmende Farbe ist, so könnte man wohl sagen, Blau bei dem ersten Paar, Grün bei dem mittleren und Rot bei dem letzten. Daher unterscheiden sich die Pläne für Entscheidung, Kreativität und Diagnose (Kausalzusammenhänge erkennen) oder für Planung, Neuerung und Forschung (Untersuchungen anstellen) sicherlich noch weit mehr voneinander. Wenn es Ihnen nicht gelingt, die Unterschiede innerhalb eines jeden Paares zu erkennen, könnte das Schwierigkeiten ergeben. Diese verschiedenen Aufgaben bzw. Probleme machen es erforderlich, daß man verschiedene Farbkombinationen in unterschiedlicher Folge verwendet, die Gewichtung zwischen ihnen immer wieder verschiebt und sie auf unterschiedliche Weise zusammenwirken läßt. Das bedeutet in der Praxis, daß man auf verschiedenen Detail- oder Abstraktionsebenen ganz unterschiedliche Informationen anstrebt.

Erstaunlich ist jedoch, daß alle Aufgaben auf dem gleichen Grundmuster beruhen. Die Grundregel dafür lautet, daß man alle sechs Farben anwenden muß, um etwas zu bewirken. Davon ausgehend möchten wir die Grundprinzipien einiger Pläne demonstrieren, um zu zeigen, wie man die Farben anwenden kann, um seinen Aufgaben besser gerecht zu werden. Dabei müssen wir uns stets vor Augen halten, daß zwischen der Qualität, der Akzeptanz und der Zeit ein zäher Konkurrenzkampf tobt (wie im 1. Kapitel schon erwähnt). Zwischen diesen drei Kriterien herrscht eine Dauerspannung – seine Arbeit so gut wie möglich zu machen, das zu tun, was anderen annehmbar erscheint und es in kurzer Zeit zu vollbringen.

Seine Wahl treffen und beeinflussen

Die Wahl steht im Mittelpunkt all dessen, was man tut. Es dürfte uns schwerlich etwas einfallen, was wir öfter tun (sicher tausendmal am Tag) oder was wichtiger ist. Man wird sich über etwas klar, faßt einen Entschluß und richtet sich danach.

Dadurch, daß man seine Wahl trifft, verwirft und opfert man gleichzeitig etwas anderes. Wenn man sich erst einmal entschlossen hat, von den anderen Möglichkeiten Abstand zu nehmen, nimmt man damit alle Risiken und Nachteile der einen Möglichkeit in Kauf, auf die die Wahl gefallen ist. Aber die Wahl, die man getroffen hat, öffnet einem auch die Tür zu einer ganzen Reihe von Möglichkeiten, die einem vorher nicht zur Verfügung standen. Kein Wunder, daß die Willensfreiheit als eine unserer größten Gaben, aber auch als unsere schwerste Verantwortung gilt!

Man kann einen Entschluß im Bruchteil einer Sekunde fassen. Einen Plan zu entwickeln, ist etwas völlig anderes. Auch manche unserer wichtigsten Entscheidungen treffen wir in Windeseile. Das Entschluß-orientierte Denken mündet in genau eine Handlung: Man könnte auf den Knopf drücken und damit den ersten (und letzten) Atomkrieg auslösen oder sagen: »Ich bitte dich, meine Frau zu werden« oder ein Haus ersteigern oder eine Stellung kündigen. So wirkt sich die Entscheidung aus, die man getroffen hat. Die Folgen können ganz anders aussehen. Wegen eben dieser Folgen zieht es sich oft sehr lange hin, bis man die Entscheidung trifft. Jeder Mensch kann irgendeine Entscheidung treffen, aber es geht ja schließlich darum, die *richtige* Entscheidung zu treffen. So wollen wir also mit Hilfe dieses universellen Problems der Entscheidungsfindung erforschen, wie einem die Farben dabei helfen können, alles besser zu machen.

Man kann diesen Prozeß der Entscheidungsfindung als System darstellen, dessen drei Grundelemente dynamisch miteinander verbunden sind. (Siehe Abb. 9.1.) Wir haben dieses System als dreidimensionalen Würfel dargestellt. Die Gründe dafür werden klar ersichtlich, wenn wir genauer darauf eingehen.

Zunächst einmal muß derjenige, der die Entscheidung trifft, ein deutliches Ziel vor Augen haben (Blau). Zweitens muß es mehr als eine Möglichkeit geben, dieses Ziel zu erreichen. Sonst bleibt ihm ja buchstäblich keine Wahl. Eine Entscheidung würde sich somit erübrigen. Drittens benötigt der Betreffende nähere Informationen (Rot) zu jeder der verfügbaren

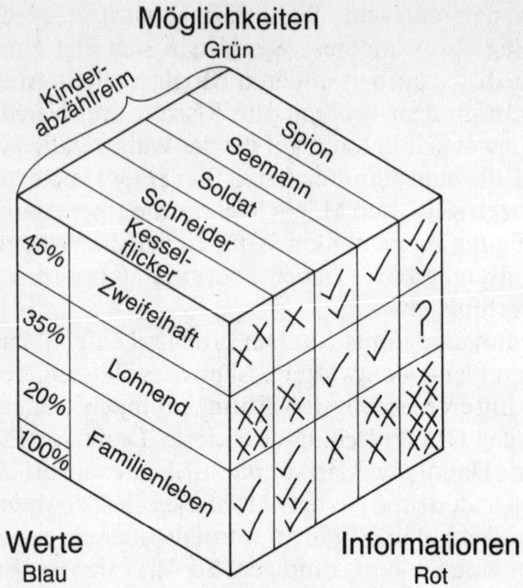

Abb. 9.1

Möglichkeiten, die zum Ziel führen könnten. Diese drei Grundelemente hängen voneinander ab. Sie beeinflussen sich gegenseitig. Zwischen ihnen herrscht eine eigene Dynamik. Die Triebkraft eines jeden Elements ist ganz eindeutig Blau, Grün oder Rot. Von dem, was einem lieb und teuer ist (Weich-Blau), hängt die Wahl ab, die man trifft. Weniger augenfällige Möglichkeiten erkennt man nur, wenn man Hart- oder Weich-Grün hinzuzieht. Man benötigt Rote Informationen über jede dieser Wahlmöglichkeiten, damit sie (mit der Zielsetzung als Kriterium) bewertet werden können (Blau). Die erforderlichen Informationen erhält man vielleicht nur über Hart- und Weich-Rot. *Ob* man sie bekommt, hängt möglicherweise stark davon ab, wie scharf die Zielsetzung umrissen ist und wie genau sie beschrieben wird. Bei dem Blau der Zielsetzung handelt es sich zumeist um Weich-Blau, doch die Struktur des Prozesses als Ganzes ist rational und Hart-Blau.

Eine Wahl zu treffen ist eine ungeheuer komplexe Angelegenheit. Unser Anliegen ist es, Ihnen hier zu demonstrieren, daß alle Farben ineinander übergehen und daß sich die Komplexität mit Hilfe der Farben ganz leicht entschlüsseln läßt. Wir haben die Entscheidungsfindung hier ganz simpel dargestellt. In der Praxis besteht der Entscheidungsprozeß aus einer Rangordnung vieler Ebenen größerer oder kleinerer Entscheidungen, wobei die drei Farben auf jeder Ebene zusammenarbeiten. Das werden Sie auch selbst erkennen, sobald Sie das Modell für eigene Entscheidungen zu Hilfe nehmen und versuchen, die einzelnen Schritte Ihres Gedankenganges farblich zu analysieren.

Selbst wenn Sie die Farben auch nur ungefähr und in groben Zügen einsetzen, vermeiden Sie damit schon die Unklarheit und Verwirrung der Gedanken, mit der man normalerweise auf komplexe Probleme reagiert. Sie können tatsächlich Grün sein, wenn Sie Möglichkeiten auftun, tatsächlich Rot, wenn Sie Fakten zusammentragen und tatsächlich Blau, wenn Sie ein Urteil fällen. Auf die Frage › warum sich Entscheidungen als falsch erweisen ‹, kommen wir in dem Kapitel später noch zu sprechen. Dort werden Sie auch noch mehr darüber erfahren, wie Entscheidungen mit den Farben zusammenhängen.

Einen Plan entwickeln

Sobald man sich für etwas entscheidet, muß man auch dafür sorgen, daß man dementsprechend handelt und sein Ziel verwirklicht. Wenn zwischen dem Zeitpunkt der Entscheidung und dem Erreichen des Ziels ein längerer Zeitraum liegen wird, in dem noch einiges passieren kann, oder wenn die Sache Risiken und Unsicherheitsfaktoren birgt, lohnt es sich, einen Plan zu entwickeln. Genaugenommen setzt sich ein Plan aus vielen kleinen Entscheidungen zusammen. Die Art, wie man diese Entscheidungen aneinanderreiht, macht den Plan aus – denn man versucht ja, sich die Wahlmöglichkeiten so lange wie möglich offenzuhalten, falls sich auf dem Weg zum Ziel noch Änderungen ergeben oder sich etwas als falsch erweist. Doch man muß auch Maßnahmen ergreifen, um vorauszusehen und zu verhindern, daß irgend etwas schiefläuft.

Bei einem Plan geht man in der Tat immer von der Annahme aus, daß er sich noch ändern kann. Nur das Endziel steht fest. › Was mich auch ans Ziel bringt, könnte etwas Gutes sein. ‹ Diese Einstellung steht im Gegensatz zu dem wertbestimmten Entscheidungsprozeß. Die Planung ist eine pragmatische und praktische Angelegenheit, die zunächst einmal auf Realitäten und Fakten beruht: › Das muß jetzt getan werden, damit dann das und das geschieht. ‹ Alle Informationen und Ereignisse werden zu einem höchst effizienten Netzwerk verknüpft. Da muß die treibende Kraft Rot sein.

Doch ein direkter Weg kann nie ausreichend sein. Man sollte sich auch auf Grün verlegen, um auch das nicht so augenfällige Vorgehen miteinzubeziehen. Das muß sein, damit einem auch mögliche Risiken, Gefahren oder sonstige unvorhergesehene Dinge nicht entgehen. Ebenso muß man Grün anwenden, um auf scharfsinnige Gegenmaßnahmen zu kommen.

Wenn man die Zukunft vorausplanen will, ist man auf Hypothesen und Spekulationen angewiesen. Deshalb muß man beurteilen können, ob die Schritte, die man möglicherweise unternimmt, auch lohnend sind. Jeder einzelne Teil Ihres Plans geht auf Kosten der Sicherheit, der Zuversicht und das Vertrauens, dient diesen drei Faktoren aber auch. Blau ist daher in all Ihre kleinen Entscheidungen verwoben. Blau dominiert, wenn die Entscheidung hinsichtlich des einmal eingeschlagenen Wegs zum Ziel endgültig fällt. Nichtsdestoweniger ist klar, daß die Farben in der Gesamtstruktur des Planens eine ganz andere Rolle spielen als beim Treffen von Entscheidungen.

Neue Leistung

Vielleicht geht Ihr größter Ehrgeiz dahin, etwas Neues zu kreieren und dafür zu sorgen, daß es mit Erfolg verwirklicht wird. Diese Befriedigung ist nur wenigen vergönnt. Das könnte unter anderem daran liegen, daß es grundverschiedene Dinge sind, eine Idee zu haben und sie in die Tat umzusetzen. Die Talente, die dazu nötig sind, findet man nur sehr selten bei ein- und demselben Menschen.

Die außerordentliche Art des Grünen Denkens ist offenbar der Schlüssel zur Kreativität. Einer der wichtigsten Aspekte des Dreifarbenmodells liegt in der Tat darin, daß das Produzieren von Ideen auf einer Ebene liegt mit den schon lange etablierten Funktionen der Kommunikation und der Urteilsfähigkeit, und zwar als wichtige und gleichberechtigte geistige Aktivität. In den Augen mancher Leute legitimiert das die Kreativität als Supermacht, sie gilt nicht mehr als etwas sonderbar und idiosynkratisch. Die Kreativität ist jetzt keine Gabe mehr, die sie nur mit Malern und Musikern assoziieren, mit Leuten aus der Werbebranche und den Medien, mit dem abgehobenen Wissenschaftler bzw. dem versponnenen Genie. Durch die Farben können sie die Kreativität jetzt als Fähigkeit betrachten, über die auch sie verfügen.

Sie können auch noch einen weiteren strategischen Nutzen aus dem Dreifarbenmodell ziehen: Es ist unwahrscheinlich, daß sich Ihre kreativen Mühen in einem isolierten Vakuum abspielen. Sie kennen ja die dynamischen Beziehungen zwischen den Rollen, die die einzelnen Farben spielen. Wenn Sie sich ein völlig neues Szenarium ausmalen müssen (Grün), ist eine ganz andere Geisteshaltung und ein anderer Gedankenablauf nötig als bei einer Entscheidung hinsichtlich des einzuschlagenden Weges ((Blau) oder bei einer nachträglichen Diagnose (Rot), warum der Plan fehlgeschlagen ist. Wenn man wirklich will, daß die Energie und Kraft, die man in das Entwerfen der Zukunft investiert, Ergebnisse zeitigen, darf man sich von den Realitäten der Gegenwart (Rot) ebensowenig einschränken und behindern lassen wie von Urteilen aus der Vergangenheit (Blau), was noch viel schlimmer wäre. Beides bringt einen um die Chance, die Dinge in einem neuen Licht zu sehen. Sie dürfen nicht vergessen, daß das Neue naturgemäß im Widerspruch zu dem bereits Bekannten, schon Existenten steht. Der Widerspruch zum Urteil ist vielleicht noch gravierender, denn die Menschen neigen dazu, sich auf lange gehegte und tiefverwurzelte Wertvorstellungen zu berufen, wenn es darum geht, was gut und vernünftig ist. Deshalb fügt sich Neues auch nur selten nahtlos ein, es ruft vielmehr Mißklänge und Angst hervor.

Das Grundelement der neuen Leistung kann in drei dominierenden Farben vertreten sein:

Die Idee produzieren	Entwicklung und Kommunikation	Akzeptanz und Neuerung
GRÜN	ROT	BLAU

Durch die Vermittlung von Rot können die entgegengesetzten Kräfte von Grün und Blau teilweise miteinander ausgesöhnt werden, doch auch durch die Trennung der Farben. Dadurch erhöht sich der lebenswichtige Faktor des Vertrauens. Wenn sich jemand Grün zuwendet, muß er darauf bauen, daß er nicht unter dem zu leiden haben wird, was die anderen von ihm und seinen ungewöhnlichen Ideen halten. Gleichermaßen sollten diejenigen, die Ideen produzieren, in der Lage sein, die Gültigkeit des Urteils anzuerkennen, das gefällt wird, bevor eine Idee von anderen akzeptiert und übernommen wird. Außerdem wird jeder mit einer starken Vorliebe für Blau ein starkes Bedürfnis nach Rückversicherung haben, wenn er einen Teil des schöpferischen Vorgangs mitbekommt! Doch sowohl derjenige, der die Idee hat als auch derjenige, der die Marktlage einzuschätzen weiß, sollte im beiderseitigen Interesse dafür sorgen, daß die Idee konstruktiv weiterentwickelt und die Informationen über die Idee verbreitet werden. Rot ist daher der natürliche Verbündete der Grünphase sowie auch der Blauphase. Die Erfahrung von Rot liefert das Rohmaterial für die Handhabung und Weiterführung durch Grün, während die kommunikative Begabung von Weich-Rot die Informationen weiterleitet und mit denen austauscht, die die Ideen mit ihrem Blau unterstützen sollen.

Die Innovation bzw. Neuerung setzt die Ideen in die Tat um. Das schließt die Zusammenfassung aller Aktivitäten ein, die benötigt werden, um einen Plan aufzustellen und ihn zu verwirklichen, um Trägheit und Widerstände zu überwinden, um alle diejenigen zu versammeln, die man braucht, um verantwortungsbewußt zu verhandeln und um auf den Tag hinzuarbeiten, an dem das Ziel erreicht ist (vielleicht zieht sich das ein

Jahr hin). Es hängt auch sehr viel davon ab, daß man die kreative Bemühung, die die neue Idee hervorgebracht hat und die Bewerkstelligung ihrer Innovation richtig miteinander verquickt. Dazu muß man alle möglichen Kräfte in Einklang bringen:

Rot für die Planung und Kontrolle des Projekts und den überaus wichtigen Aspekt der Kommunikation. Dazu gehört auch eine Menge Überzeugungskraft.

Blau zum Kaufen und Verkaufen der Ideen. Dabei ist Blau die treibende Kraft. Blau fällt das endgültige Urteil.

Und nur gerade soviel **Grün**, daß man auf Widerstände reagieren kann und Abänderungen der ursprünglichen Idee kritisch gegenübersteht.

Im Gegensatz zu der kreativen Phase spielen Rot und Blau jetzt die führenden Rollen.

Lassen Sie sich nicht dazu verleiten, anzunehmen, das alles gelte nur für große und wichtige Projekte. Wir befassen uns ständig mit der Innovation – in allen möglichen Bereichen und auf verschiedenen Ebenen. Es muß nicht immer eine große Sache sein. Sie brauchen bloß einmal an die täglichen Gespräche und Meetings zu denken, wenn jemand eine Idee hat und einen Vorschlag macht. Wie geht es dann weiter? Der erste Impuls ist meistens, die Idee zu verwerfen, abzulehnen mit der Begründung, daß doch nichts daraus werde, den Vorschlag als Zeitverschwendung abzutun usw. usw. So reagieren Sie oft auch selbst gegenüber Ihrer eigenen Idee, bevor Sie sie noch ausgesprochen haben. Man muß schon über ein gehöriges Maß an Charakterstärke und Beharrlichkeit verfügen, um einen Vorschlag durchzusetzen und ihn bis zu einem Stadium weiterzuentwickeln, in dem er richtig eingeschätzt werden kann.

Projekte richtig planen

Viele Leute haben im Beruf die meiste Zeit mit Projekten in der einen oder anderen Form zu tun. Zuweilen handelt es sich um eigene Projekte. Dann ist man dafür verantwortlich, daß man sie auch durchsetzt. Bei anderen Projekten spielt man eine tragende Rolle. Doch die meisten Projekte sind Teile größerer Projekte, die sich über Monate oder sogar Jahre hinziehen können.

Das Modell der Abb. 9.2 wenden wir bei Entwicklungs- und Forschungsprojekten an, bei denen das Endergebnis noch nicht feststeht, bei denen vorerst nichts als eine vage Vorstellung vor dem geistigen Auge existiert. Trotzdem muß man selbstverständlich auch bei diesen Projekten nach Ablauf der vorgegebenen Zeit etwas vorweisen und zum Verkauf anbieten können. Das spielt sich dann folgendermaßen ab: Nehmen wir einmal an, es sei Ihre Aufgabe, ein neues Produkt zu erfinden, zum Beispiel einen Holographie-Plattenspieler. Der muß in spätestens vier Jahren auf dem Markt sein, weil angenommen wird, daß die Leute dann reif dafür sind. Doch die Konkurrenz wird dann noch nicht so weit sein. Zunächst einmal müssen sich die Leute der Firma bemühen, alles zu erkunden, was mit dem Produkt und dem Absatzkonzept zu tun hat. Sie nehmen eine kritische geistige Haltung ein und begrüßen alle Ideen, die sie selbst haben oder die von außen her an sie herangetragen werden. Die 1. Phase ist ganz eindeutig eine Grün-Phase.

Um bei einem neuen Produkt eine erfolgversprechende Innovation zu garantieren, müssen zunächst die Leute innerhalb der Gesellschaft die Idee akzeptieren und später die potentiellen Käufer. In der Endphase wird also eingeschätzt und beurteilt, was die Firma hervorgebracht hat. In dieser 3. Phase kommt es zu einer geistigen Haltung, die auf Blau hinausläuft – das genaue Gegenteil der 1. Phase (Grün). Diejenigen, die vielleicht mehrere Millionen Pfund für die Entwicklung, Produktion und den Vertrieb des Holographie-Plattenspielers bewilligen und verantworten müssen, haben die Pflicht, alles zu verwerfen und zu unterbinden, was sich mit dem Endziel nicht in Einklang bringen läßt. Ihre Aufgabe besteht darin, den Prototyp zu wählen, bei dem sich die Kosten und ein Höchstmaß an Qualität am ehesten die Waage halten.

In der 2. Phase ist Rot zuständig für die Informationen und die Kommunikation. Da zeigt sich am besten, wie die 1. und die 3. Phase trotz aller Gegensätze miteinander harmonieren und

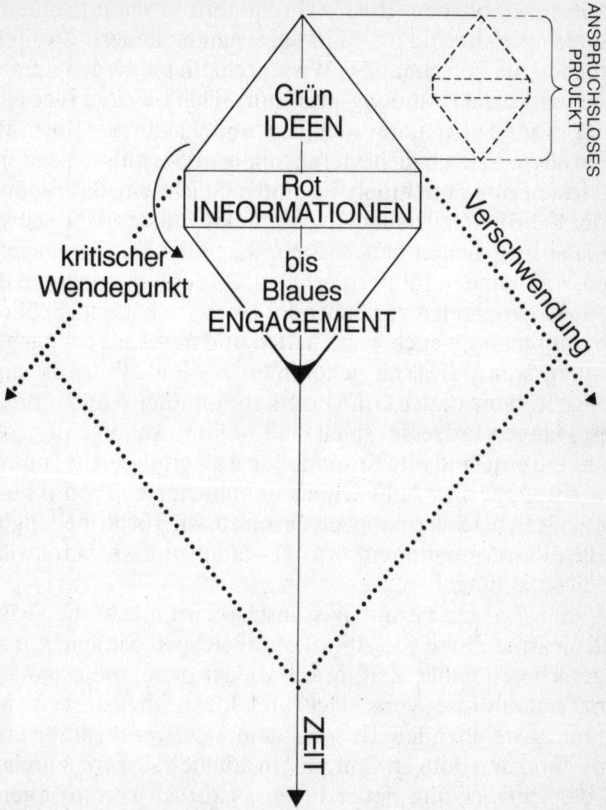

Abb. 9.2

einander dienen können. Nach Abb. 9.2 sieht es tatsächlich aus, als drehe sich alles nur um Rot. Rot nimmt auch wirklich oft den größten Raum ein und die meiste Zeit in Anspruch. Die Wissenschaftler müssen unbedingt die Marketingziele im Hinblick auf das Produkt kennen und begreifen – welches noch nicht einmal existiert, weil sie es ja noch nicht ersonnen haben. Das Ziel unterliegt allen möglichen Zwängen und Einschränkungen. Mit welcher Idee sie auch aufwarten – sie wird immer anhand dieser Zielsetzung beurteilt werden. Sie müssen also im Gespräch bleiben (Rot), während ihre Arbeit fortschreitet und sich gleichzeitig die Marktlage ständig ändert. Zweitens brauchen die Forscher bzw. Wissenschaftler für jedes Gramm Originalität und Erfindungsgeist zum Schaffen einer Idee eine ganze Tonne genauere Angaben und Faktoren (Rot). Mit Ideen allein ist noch nicht viel anzufangen. Sie müssen erst einmal feste Form annehmen. Es muß möglich sein, das Produkt in der Fabrik herzustellen. Die Produkte müssen eine schwer faßliche Eigenschaft haben: Sie müssen die Kunden ansprechen, müssen den Käufern gefallen. Außerdem muß man die Produkte jederzeit reparieren oder erneuern können. Schließlich muß man sie auch wegschaffen und unschädlich machen können, wenn die Zeit gekommen ist. Für all das ist eine Menge Rot sowie auch Grün und Blau vonnöten. Und während dieses langen Prozesses spielt die Kommunikation eine große Rolle. Ob eine brillante Erfindung sich als erfolgreiche Innovation entpuppt oder lediglich als unbrauchbares Produkt und damit als Fehlschlag, hängt oft davon ab, wie gut die beteiligten Leute mit Informationen versorgt werden und wie bereitwillig sie diese weitergeben.

Vielen Forschern und Wissenschaftlern macht die Grüne und die Rote Phase von Abb. 9.2 großen Spaß. Sie sind nur allzugern bereit, lange Zeit immer wieder neue und originelle, ganz erstaunliche Vorschläge und Ideen anzustreben. Mit einem ausreichenden Budget, dem richtigen › Handwerkszeug ‹ und den nötigen Computern arbeiten sie gern jahrelang an der Entwicklung neuer Ideen. Natürlich kommt irgendwann der kritische Punkt! Wenn man zu lange viele verschiedene Richtungen weiterverfolgt, bis die Ideen schließlich ausgewertet werden und ein lebensfähiges Design ausgewählt wird, so belaufen sich die Investitionen auf ein Vielfaches der ursprünglich dafür angesetzten Kosten. Was aber noch viel schlimmer ist – das Produkt gelangt unter Umständen um Jahre zu spät auf den Markt. Die Konkurrenz hat dann möglicherweise die meisten Kunden inzwischen mit einem fast gleichwertigen Produkt auf ihre Seite gebracht.

Es gibt wiederum auch ältere leitende Angestellte, die große Investitionen genehmigen müssen und nur allzugut wissen, wieviel Profit das Produkt mindestens abwerfen muß. Diese schrecken daher oft davor zurück, allzulange darauf zu warten, daß die Saat auch aufgeht, denn dann wird vielleicht zu spät geerntet, und das Produkt trägt keine Früchte mehr. Kann man das Verfahren nicht irgendwie abkürzen, um Umwege zu vermeiden? Würde der Forschungsarbeit weniger Zeit eingeräumt, so könnte doch viel schneller ausgewertet werden, was die Fachleute entwickelt haben. Dann könnte man das Produkt noch vor Ablauf des Jahres auf den Markt werfen. Das ist die kleinste Replik des Diamantmodells von Abb. 9.2. Das zeugt lediglich von geringerem Ehrgeiz.

Als Schlußlicht nun etwas zu dem Projektmodell (zu simpel, um es › Plan ‹ zu nennen. Deshalb wollen wir noch mehr vereinfachen und es den › Diamanten ‹ nennen): Man würde es natürlich bei jedem Projekt nicht nur einmal, sondern mehrmals durchgehen. Der Entwicklungsprozeß ist ein ständiges › Hinein-Hinaus ‹ des Geistes. Stellen Sie sich einmal vor, alles mit einem riesengroßen Schluck in sich hineinzugießen, alles auf einmal zu tun. Genau wie beim Essen und Trinken müssen Sie auch beim Denken alles häppchenweise in sich aufnehmen und zwischendurch immer wieder Pausen einlegen (um alles zu verdauen). Wenn der Kiefer eines Krokodils festsäße und es das Maul nicht mehr auf- bzw. zubekäme, würde es verhungern. Ihrem Verstand erginge es genauso.

Meetings

Es leuchtet ein, daß es schwierig sein muß zu beurteilen, wieviel man am besten in die Entwicklung von Ideen oder Produkten investiert. Wir hoffen jedoch, daß Sie unser Beispiel mühelos auf alle Ihre Projekte übertragen können. Das gilt auch für den Fall, daß Sie etwas Neues schreiben und auch für die Arbeit bei Meetings. Denn es sollte klar sein, daß bei Zusammenkünften zwischen Leuten das Hauptgewicht oft auf der einen oder anderen der drei Phasen liegt. Da kann es eine große Hilfe sein, deren wahre Farben zu erkennen.

Uns ist etwas aufgefallen: Manager, die sich von den Farben leiten lassen, stellen immer wieder fest, daß sie dadurch bei den

Meetings mehr erreichen und zudem noch Zeit einsparen können. Die Ideen, Informationen und Wertvorstellungen, die jeder Teilnehmer mit einbringt, können effektiver eingesetzt werden. Die verschiedenen Denkarten der Teilnehmer wirken sich eher vorteilhaft als verwirrend aus. Es wird nicht so leicht ein Konflikt heraufbeschworen. Selbst wenn Sie die Dinge ganz für sich allein durchdenken oder die übrigen Anwesenden noch nicht mit der Farbplanung vertraut sind, wirken sich die Farben hilfreich aus. Man wird leistungsfähiger im Denken und kann dem betreffenden Projekt besser zum Erfolg verhelfen.

Vielleicht sind Sie der Ansicht, der › Diamant ‹ sei viel zu simpel, um der Komplexität des Denkens gerecht zu werden. Tatsächlich brauchen Sie ein einfaches Modell, denn das Denken ist so ungeheuer vielschichtig, daß man einen Aspekt nach dem anderen vereinfachen muß. Es dürfte zum Beispiel kaum genügen, unseren simplen Diamanten nur ein einziges Mal durchzugehen. Vielleicht gibt es ja Hunderte von Rückkopplungen. Die Informationen, die man in der Rot-Phase beschafft, veranlassen einen womöglich, sich Grün wieder zuzuwenden, um an einer Idee noch etwas zu verbessern. Bei der Einschätzung durch Blau kann es sich herausstellen, daß genauere Informationen benötigt werden. Selbst die Blauen Ziele ändern sich vielleicht angesichts der Möglichkeiten, die man in der Grün- und Rot-Phase des Prozesses noch entdeckt.

Manchmal kommt der Prozeß zum Stillstand, wenn irgend etwas schiefläuft. Dann muß man feststellen, woran das liegt, bevor man sich für die beste Lösung entscheiden kann. Das Zurückblicken, Sondieren und logische Analysieren erfordert ganz andere Kräfte als die zukunftsweisende Forschung und die Informationen im Hinblick auf die Entwicklung. Das muß man erkennen, um sich entsprechend zu verhalten.

Außerdem arbeitet bei jedem größeren Projekt eine ganze Anzahl von Leuten zur gleichen Zeit an verschiedenen Stellen der Organisation, vielleicht sogar außerhalb. Jede dem Projekt gewidmete Zusammenkunft bzw. Denkphase könnte leicht mittels ihres eigenen Diamantplans funktionieren. Selbst bei einem Meeting hängen die einzelnen Teilnehmer gewöhnlich ihrer eigenen Denkart nach. In Wahrheit handelt es sich also vielleicht um ein chaotisches Durcheinander von verschiedenen Diamanten.

Man muß in jeder Phase eines Meetings oder Projekts das Thema und die Phase festsetzen, auf die man sich konzentrieren will. Sonst schreien alle in einem Wirrwarr verschiedener Farben durcheinander. Achten Sie bei Ihrem nächsten Meeting einmal darauf. Dann hören Sie förmlich, wie die verschiedenen Kräfte aufeinanderprallen. Man sieht das oft als Zusammenstoß von › Persönlichkeiten ‹. Manche Leute setzen in so einem Fall dann schnellstens ihre sozialen Fähigkeiten ein, um schwierige zwischenmenschliche Konflikte aus der Welt zu schaffen. Man beobachtet oft, wie jemand versucht, die Wogen zu glätten, hitzige Kontrahenten zu besänftigen und alles wieder einzurenken, ohne zu erkennen, daß die Wurzel des Konflikts im Denkprozeß zu suchen ist und nicht in den sozialen Beziehungen.

Unterschiedliche Formen

Die vertikale Achse unseres Diamantmodells zeigt die Kalenderzeit als eine der Hauptvariablen. In unserer schnellebigen Zeit kann die Geschwindigkeit über den Erfolg oder Mißerfolg eines Projekts oder sogar einer Firma entscheiden. Selbstverständlich ist das in manchen Situationen wichtiger, in anderen weniger. Aus der der horizontalen Achse wird ersichtlich, wieviel Kraftaufwand auf Grün verwendet wird, wobei man annimmt, daß Rot und Blau sich darauf einstellen müssen. Es ist natürlich wichtig, wie gut die Leute in jeder Phase arbeiten. Es kommt auch darauf an, wie viele Leute in jeder Phase gleichzeitig arbeiten. Manchmal kann man ein Projekt in einem Monat durchziehen, indem man einfach neun Leute gleichzeitig darauf ansetzt.

Strategisch kann man beobachten, daß Menschen, Gruppen oder ganze Firmen ihren Diamanten sowohl vom Ausmaß als auch von der Form her variieren, wenn es um den Faktor Zeit geht. Wenn zum Beispiel eine Firma (oder auch ein einzelner oder eine Gruppe) sich in der Grünphase gewöhnlich nur widerstrebend weit genug öffnet und lange braucht, um sich zur Tat durchzuringen, kann man ihren Diamanten wie a) in Abb. 9.3 darstellen.

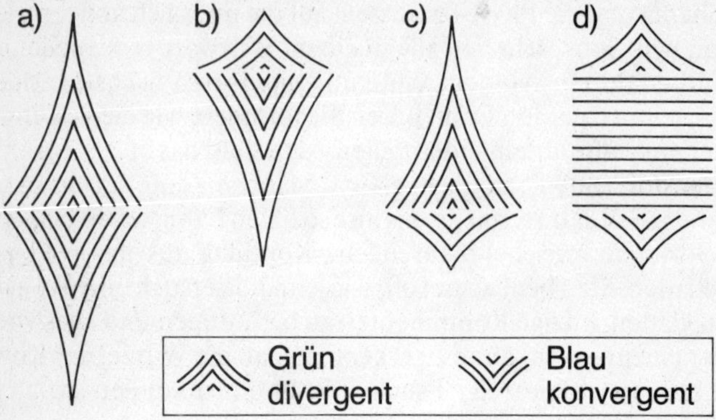

Abb. 9.3

Eine Gesellschaft wie a) braucht mit ihren Produkten eine starke Position auf einem ganz stabilen Markt, um zu überleben. Sie bringt selten neue Produkte auf den Markt, wendet auch kaum neue Methoden an und braucht immer lange, bevor sie irgendeine Änderung herbeiführt, weil sie ein Urteil erst nach langem Überlegen fällt. Der Erfolg solcher Unternehmen ist in erster Linie auf gut eingeführte Produkte zurückzuführen. Es mag als verlockendes Ziel erscheinen, eine Fusion mit einer solchen Firma bzw. deren Erwerb ins Auge zu fassen. Hanson Trust nimmt durch das Wahrnehmen solcher günstigen Gelegenheiten inzwischen eine starke Machtposition ein.

Typ b) hat aller Wahrscheinlichkeit nach ebenso viele neue Ideen für Produkte wie Typ a), wendet jedoch nicht so viel Zeit dafür auf. Dieser Vorteil wird jedoch dadurch wieder zunichte gemacht, daß es bei b) ein langwieriger Prozeß ist, bis ein Urteil gefällt und eine Entscheidung getroffen wird. Vielleicht wird in dem Betrieb sehr nachlässig gearbeitet, oder es kommt innerhalb des Betriebes zu großen Interessenkonflikten, so zum Beispiel zwischen den Gewerkschaften und dem Management.

Oder es mangelt dem Unternehmen einfach an der Fähigkeit, etwas richtig einzuschätzen und sich dann entsprechend zu entscheiden. Vielleicht setzt die Firma auf endlose Ausschußtagungen und Rechenschaftsberichte. In diesem Fall würde sich ein Management-Training, das das ganze Unternehmen einbezieht, lohnen. Zwei neuere Beispiele für so ein Training, das die ganze Organisation umfaßt und weiterbringen soll, sind die Programme ›Führung durch Qualität!‹ bei Xerox und ›Der Kunde ist König‹ bei British Airways.

Typ c) ist das Gegenteil von Typ b). Der Entscheidungsprozeß scheint bei Unternehmen dieses Typs ganz normal abzulaufen, doch sie brauchen unverhältnismäßig lange, um etwas Neues zu entwickeln, über das es zu entscheiden gilt. Auch hier hat wieder der richtige Einsatz der richtigen Leute einen entscheidenden Einfluß. Wenn man rasch Ergebnisse erzielen will, so erreicht man das vielleicht am ehesten, wenn man ganz gezielt ein paar Grüne Denker in Schlüsselpositionen einsetzt. Wenn es nicht genügt, ein Paar gute Köpfe zu finden, um sie an der richtigen Stelle einsetzen zu können, gibt es auch Beratungsgruppen, die Trainingsprogramme für das Management und die Belegschaft durchführen können. Dadurch kann die bisher ungenutzte Kreativität ans Tageslicht gefördert werden, so daß sich in dem Unternehmen ein Grüneres Klima breitmacht.

Typ d) soll uns daran erinnern, daß unsere drachenförmigen Diamanten nur den grundlegenden Gegensatz zwischen Grün und Blau, die auseinanderstrebende und die zusammenlaufende Phase zeigen. In Wahrheit nimmt Rot beim Denken jedoch nicht nur eine Vermittlerposition, sondern auch eine zentrale und beherrschende Position ein, besonders wenn an einer Sache viele ganz verschiedene Leute beteiligt sind. Die Qualität und Wirksamkeit der Kommunikation hängt zu einem großen Teil von Rot ab. Das Zusammentragen und Weitergeben aller nötigen Informationen nimmt wahrscheinlich weit mehr Zeit in Anspruch als Blau und Grün zusammen fordern. Typ d) zeigt Unternehmen, bei denen im Hinblick auf diese wichtige Funktion die Proportionen nicht mehr stimmen. Daten um der Daten willen, ob es sich nun um echte

Informationen handelt oder nicht. Endlose Besprechungen, eine nicht abreißende Kette von Telefonaten und internen Papieren, die ständig kopiert und an alle verteilt werden. Dieses Syndrom trifft vor allem auf den Staatsdienst mit seinen Bergen von Formularen in dreifacher Ausfertigung und seinen unzähligen Ausschußsitzungen zu. Doch so manches kräftige und kerngesunde Handelsunternehmen läuft Gefahr, den Verführungen der Informationstechnologie zu erliegen und zum Opfer zu fallen.

Wenn auf jedem Schreibtisch ein Computer steht, benutzt man ihn für alles. Wenn es ein Kinderspiel ist, eine Nachricht weiterzugeben, gibt man viele weiter. Kurz gesagt, Rot kann mit seinen Daten leicht im Mittelpunkt stehen und darf deshalb nicht vergessen, daß seine Aufgabe darin besteht, durch die Kraft der Wahrheit eine Verbindung herzustellen zwischen Grün mit seiner Suche nach Ideen und Blau mit seiner Urteilskraft.

Die ideale Form für unseren Diamanten ist etwa die in Abb. 9.4 dargestellt. Geistig aufgeschlossen und mit sehr viel Energie werden Ideen angestrebt. Die richtige Einschätzung führt rasch zur Entscheidung, wobei Informationen eine Hilfe sind und den Verlauf der Sache fördern, ohne daß man an einem Überangebot erstickt und sich verzettelt. Die Zeitspanne zwischen Initiierung und Entscheidung ist nur kurz. Wie steht es da mit Ihrem Unternehmen?

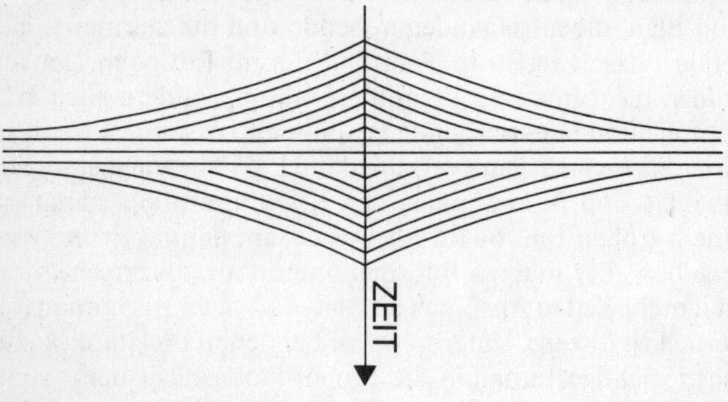

Abb. 9.4

Warum entpuppen sich Entscheidungen als falsch?

Niemand kann von sich behaupten, daß er immer die richtige Entscheidung trifft. Wenn eine einmal getroffene Entscheidung zunächst auch völlig hieb- und stichfest und ganz vernünftig erscheinen mag - so kann sie sich durch später eintretende Ereignisse doch noch als falsch erweisen. Vielfach ist es so, daß man die nötigen Informationen nirgends auf der Welt bekommen kann, zum Beispiel wenn ein Unternehmen auf dem besten Wege ist, in der Technologie eine führende Position einzunehmen (das eben macht ja die Innovationen so erregend und riskant, wobei es ganz auf die jeweilige Denkart ankommt). Manche der fähigsten Leute, die wir kennen, stellen tiefbefriedigt fest, daß ihre Entscheidungen in mehr als 70% aller Fälle richtig sind. Wie sieht es damit bei Ihnen aus? Es geht uns hier um die Entscheidungen, die sich hinterher als falsch erweisen. Wie kann man diese auf ein Mindestmaß reduzieren?

Eine Möglichkeit besteht darin, daß man sein Denken bewußter einsetzt, wenn man Entscheidungen trifft. Natürlich werden Sie da viel öfter mit sich unzufrieden sein, als wenn Sie in aller Unschuld entscheiden und Sie wirklich keine Schuld trifft. Doch wenn Sie bewußter denken, läßt der Erfolg nicht auf sich warten. Sie treffen immer öfter die richtige Entscheidung. Wenn Sie sich sagen: »Ich hätte besser denken können«, so ist das ein nützlicher Schritt, der Ihnen garantiert, daß Sie das nächste Mal nicht wieder den gleichen Fehler machen.

Wir wollen einmal von der Voraussetzung ausgehen, daß kein vernünftiger Mensch absichtlich eine falsche Entscheidung trifft. Wer eine Fehlentscheidung trifft, weiß nur mit den verfügbaren Informationen nicht richtig umzugehen. Die Menschen versuchen, das Richtige zu tun und es gut zu machen. Sie schlagen nur beim Denken die falsche Richtung ein, weil sie möglicherweise die falschen Informationen gesammelt haben oder an einem kritischen Punkt ihres Denkens die richtigen nicht erkennen. Es ist eine Hilfe, seine Aufgaben zu planen. Denn dadurch kommen die Fragen aufs Tapet, die man sich stellen muß. Das Planen der Farben läßt sich entschieden leichter bewerkstelligen, wenn man die Gründe dafür, daß die Entscheidungen ein Fehlschlag waren, den Kräften zuordnet, die dem jeweiligen Wesen der sechs Farben entsprechen.

Sie haben sicher schon erkannt, daß man die Gründe, aus denen sich Entscheidungen als falsch erweisen, folgendermaßen zusammenfassen kann:

1. Mangel an Ideen
2. Unzureichende Informationen
3. Schlechtes Urteilsvermögen.

Das ist natürlich viel zu allgemein gehalten, als daß es eine Hilfe wäre. Wir zeigen Ihnen daher a), wie Ihre Denkenergien Sie veranlassen, Ihre Gedanken in sechs verschiedene Richtungen zu schicken. Aus jeder Richtung kommt eine ganz andere Art von › Information ‹ (Abb. 9.5). Und b), wie die sechs Farben ganz speziell damit im Zusammenhang stehen, daß sich Entscheidungen zuweilen auch als falsch erweisen.

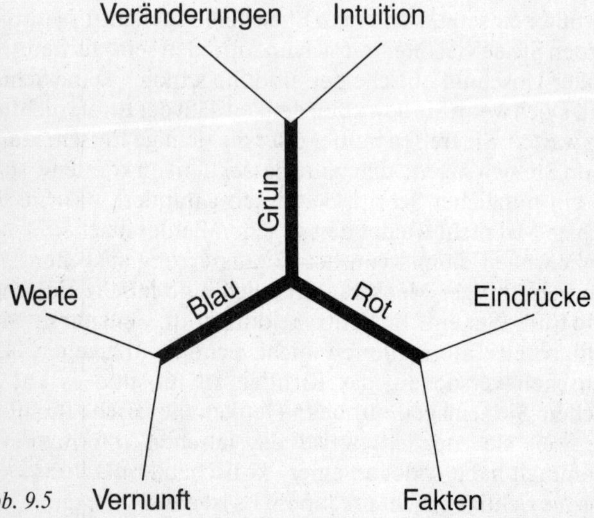

Abb. 9.5

Mangel an Ideen – Mangel an Grüner Denkfähigkeit
Sie haben vermutlich folgendes versäumt:

- Sie haben die beste Möglichkeit erst gar nicht in Erwägung gezogen.
- Sie haben sich von allen möglichen Annahmen verleiten lassen und sie nicht in Frage gestellt. Sie haben sich zum Beispiel nicht gefragt, wie man so etwas normalerweise handhabt und welche Zwänge dabei zur Geltung kommen.
- Bei Ihrer Art, die Dinge zu sehen, sind Sie nicht sehr scharfsinnig vorgegangen.
- Sie haben abgebremst und keine weiteren Möglichkeiten erwogen. Sie haben also aufgegeben, bevor Sie auf die beste aller Möglichkeiten stoßen konnten.

Wenn Sie Ihre Hart-Grünen Kräfte besser eingesetzt hätten, hätten Sie ganz bewußt nach neuen Aspekten gesucht. Sie hätten Ihre Erfahrung und Ihre Kenntnisse weit besser genutzt, wenn Sie alle Möglichkeiten, Ihre Wahrnehmungen zu verbessern, in Betracht gezogen hätten, um auf diese Weise neue Ideen hervorzubringen.

Wenn Sie aber all das getan haben und die zündende Idee trotzdem ausgeblieben ist, so könnte das an folgenden Dingen liegen:

- Sie haben sich geweigert, sich auf Ihren Instinkt, Ihr Gefühl und Ihre Intuition zu verlassen, weil Sie irgendwie den Eindruck hatten, daß Sie mehr schlagende Beweise brauchen.
- Sie waren geistig nicht wendig genug, so daß neue Ideen erst gar nicht entstehen konnten. Sie konnten sich nicht aus den üblichen Denkkategorien befreien.
- Sie haben Ihren Geist nicht schweifen lassen, um sich die Zukunft in einer Vielfalt von Bildern auszumalen, sondern sind an der Möglichkeit geklebt, die Ihnen am wahrscheinlichsten erschien.
- Sie haben Ihre Phantasie nicht voll genutzt, haben sich zu sehr an das Augenscheinliche geklammert und es erst gar nicht dazu kommen lassen, daß vor Ihrem inneren Auge Bilder erstehen, die Ihnen etwas Neues eingeben.

Wenn Sie es Ihren Weich-Grünen Kräften doch nur gestattet hätten, Ihnen eine ganz neue Dimension zu eröffnen. Davon geht schon fast ein Zauber aus. Wenn man in dieser Farbe völlig aufgeht, ist man hochgradig erregt. Man fühlt sich inspiriert. Es ist fast wie eine Erleuchtung. Vielleicht wollten Sie nicht soweit gehen, weil Sie sich nicht vorstellen konnten, daß etwas Gutes dabei herauskommt.

Unzureichende Informationen – Mangel an Roter Denkfähigkeit
Sie haben vermutlich folgendes versäumt:

- Sie haben Ihre Fragen nicht detailliert und akkurat genug formuliert. Daher sind auch die Informationen ausgeblieben, die Sie für das gebraucht hätten, was Sie sich zum Ziel gesetzt haben.
- Sie haben das Problem nicht weit genug entwirrt und konnten daher nicht erkennen, in welche Kategorie bestimmte Informationen gehören.
- Sie haben entweder das Gesamtbild oder die Details verkannt.

Wenn Sie doch nur Hart-Rot angewandt hätten. Sie hätten dann sogar Freude an der Disziplin haben können, mit der Sie für genaue und vollständige Daten gesorgt hätten. Sie hätten mittels Fragen die Lage sondiert und auf ausführlichen Antworten bestanden, die sich nachprüfen lassen. So hätten Sie sich besser informieren und alles kontrollieren können, was Ihnen noch zweifelhaft erschien. Vielleicht hatten Sie das Gefühl, die Zeit sei zu knapp, um so gründliche Arbeit zu leisten, oder aber Sie wollten sich nicht mit unwesentlichen Fakten und Zahlen überschwemmen lassen. Oder Sie haben darin so maßlos übertrieben, daß Sie über die Fakten und Zahlen nicht hinausgesehen haben. Kann es sein, daß Sie den Wald vor lauter Bäumen nicht gesehen haben?

- Sind Ihnen die subtileren Dinge im Zusammenhang mit dem Projekt vielleicht entgangen, oder haben Sie sie einfach ignoriert?

- Waren Sie feinfühlig genug, um alles wahrzunehmen, was Sie hätten sehen, hören und spüren können?
- Haben Sie überhaupt das Richtige gesucht, oder waren Sie auf Informationen aus, die nicht auf der gleichen Ebene lagen wie das Projekt, um das es ging?

Hätten Sie doch Weich-Rot angewandt. Dann hätten Sie viel besser zuhören können und viel mehr wahrgenommen. Sie hätten zwischen den Zeilen gelesen. Sie hätten den Leuten auch viel gezieltere Fragen gestellt, um genau das in Erfahrung zu bringen, was Sie wirklich wissen wollten. Nur sollte man nicht als selbstverständlich annehmen, daß jeder gezielte Fragen gleich versteht und das honoriert, indem er diese Fragen klar und eindeutig beantwortet. Das ist nämlich nicht immer unbedingt der Fall. Wenn Sie das voraussetzen, kann Ihnen die wirkliche Aussage unter Umständen völlig entgehen.

Schlechtes Urteilsvermögen - Mangelhafte Denkfähigkeit in Blau
Häufig geschieht folgendes:

- Sie vergleichen Dinge miteinander, die in diesem Zusammenhang wirklich nicht vergleichbar sind. Sie denken nicht methodisch - unwissentlich, versteht sich.
- Sie erkennen nicht, worin sich Dinge unterscheiden, die sich in Ihren Augen gleichen, aber nicht in Wirklichkeit. Das liegt daran, daß Sie Ihre Kriterien nicht eng genug abgegrenzt haben. Oder Ihnen entgeht eine bestimmte Gesetzmäßigkeit, die sich als entscheidend herausstellt.
- Sie haben sich allzu bereitwillig mit Ihrer ursprünglichen Auffassung angefreundet, was die unabdingbaren Erfordernisse oder Risiken betrifft, ohne sie kritisch unter die Lupe zu nehmen.

Hätten Sie doch nur auf Ihre Hart-Blaue Vernunft gebaut. Sie können sich zumindest auf die Logik verlassen, wenn Sie sicher sein wollen, daß Sie so vernunftbetont denken, daß Sie mit der Entscheidung richtig liegen müßten. In der Hart-Blau-Phase sind Sie sicher, daß Sie die verfügbaren Informationen in jedem Fall nützen werden. Leider läßt man sich leicht von

Emotionen und Gefühlen mitreißen. Deshalb kann es vorkommen, daß Sie die Gebote der Vernunft und die Realität aus den Augen verlieren, während Sie das gewünschte Ziel anzustreben glauben.

Die allerhäufigsten Gründe für eine Fehlentscheidung:

- Unzulängliche Kriterien, die nicht exakt widerspiegeln, was wirklich wichtig ist und welche Bedeutung dem einzelnen Kriterium zukommt.
- Falsche Interpretationen, Knüpfen falscher Verbindungen, Verkennen von Zusammenhängen.
- Fehleinschätzungen im Hinblick auf die Zukunft.
- Unentschlossenhcit bis hin zu dem Versuch, sich allem zu entziehen, was mit dem Projekt zu tun hat.

Durch das Hinzuziehen von Weich-Blau machen Sie sich etwas bewußt, das beim ganzen Entscheidungsprozeß bestimmend sein kann. Wenn Sie das erkennen, scheuen Sie wahrscheinlich keine Mühe, um Ihre Wertvorstellungen und Zielsetzungen verständlich zu machen. Das erfordert jedoch so viel Mühe und Geschick, daß es keinem Menschen jedesmal gelingt.

Entscheidend ist, daß man die falsche Wahl treffen, sich falsch entscheiden kann. Wir hoffen, daß wir Ihnen in diesem Kapitel hinreichend klargemacht haben, daß sehr viel davon abhängt, mit welcher Methode Sie alles durchdenken, wenn Sie eine Wahl bzw. eine Entscheidung treffen. Sie haben auch die Wahl, was die Methode angeht. Wenn Sie da einen Fehler machen, bleibt das nicht ohne Folgen.

Schlussfolgerungen

Es ist ganz erstaunlich, wie oft die Riesenschritte, die die Menschheit nach vorn getan hat, vehement verurteilt worden sind. Viele der größten Kunstwerke, der herrlichsten Opern, aber auch Erkenntnisse der Wissenschaft, mit denen ein wichtiger Durchbruch erzielt werden konnte, sind zunächst auf erbitterten Widerstand gestoßen und glattweg abgelehnt worden. Wer weiß, wie viele ganz erstaunliche potentielle Geniestreiche einfach nicht zum Durchbruch gekommen sind.

Unter anderem geht es uns in unserem Buch darum, den Lesern klarzumachen, daß jeder Mensch seine Leistung steigern und verbessern kann, wenn er sich seine Denkart klar vor Augen hält. Das scheint immer wichtiger zu werden, wenn es gilt, sich auf Änderungen einzustellen, diese vorauszusehen oder etwas Neues zu erreichen.

Dieses Kapitel enthält nicht nur Hinweise für das Management im allgemeinen, sondern insbesondere auch für die Leiter großer und kleiner Unternehmen. Wir denken dabei ganz besonders an das Diamantmodell, den › Entscheidungswürfel ‹ und den Unterschied zwischen Kreativität und Innovation.

Bob Garratt geht es in seinem neuen Buch *(Das denkende Unternehmen – Die Notwendigkeit denkender Direktoren)* um mehrere Themen, die damit zusammenhängen. So sieht er das Unternehmen bzw. den Betrieb als riesige › Denkfabrik ‹. Der erste Schritt beim Lernen könnte darin bestehen, daß man sich die Dinge bewußt macht. Garatt bringt auch die Idee des › Gehirns der Firma ‹ aufs Tapet. Er weist diese Schlüsselrolle dem Topmanagement und den Firmenleiter – die Handhabung der strategischen Grenzen zwischen Funktionen innerhalb des Betriebs sowie zwischen der Außenwelt und dem Betrieb. Bob Garratt weist jedoch darauf hin, daß die wichtigste Tätigkeit überall im Betrieb das Denken ist. Er sieht das Know-how als strategische Überlebensquelle. Die Rolle des Direktors vergleicht er mit der des Dirigenten, der die Richtung bestimmt und das Tempo angibt – der die Perspektiven neu absteckt, so daß man neue Projekte auf verschiedenen Ebenen auf eine ganz neue Art und Weise angehen kann.

Bei anderer Veranlagung kann der Begriff der › Neuen Leistung ‹ Anlaß dazu sein, daß man die Rolle eines Generals spielt, der liest, was sich auf dem Schlachtfeld tut, der weiß, welche Anstrengung oder Unterstützung nottut und der die Kavallerie mobilisiert, wenn die Lage kritisch wird. Man muß sich über alle Vorgänge im klaren sein und den Überblick behalten. Für die hervorstechenden Abschnitte eines Feldzugs braucht man gute Pläne, aus denen auch ersichtlich ist, wohin es führt, wenn man einen Weg zu weit verfolgt. Auch der Mannschaftsführer eines Teams kann als Vergleich herhalten. Im Geiste sind Sie in der Tat der Mannschaftsführer. Sie haben sechs verschiedene Arten von Spielern – die drei Farben in ihren Hart- und Weichvarianten. Es liegt ganz bei Ihnen, wie Sie sie einsetzen und wie Sie darüber verfügen. Welche sollten Sie in einer ganz bestimmten Situation zum Einsatz bringen, und wie unterstützen die fünf anderen Ihre Wahl? Außerdem sind Sie vielleicht das Mitglied eines Teams von Leuten, die ein Projekt erfolgreich abschließen wollen. Sie müssen Ihren Beitrag leisten, damit die Farben aller Beteiligten bei den verschiedenen Aspekten der Aufgabe miteinander harmonieren und wirksam zum Einsatz kommen. Das bezeichnet man als Teamwork.

Wobei ist Ihre Denkart von Nutzen? Was erregt und begeistert Sie am Innovationsprozeß? Wann haben Sie das Gefühl, daß es Ihr gutes Recht ist zu sagen: »Jetzt bin ich an der Reihe. Das möchte ich bitte machen, denn darin bin ich gut.« Ist das der Fall, wenn die Aufgabe Grün, Blau oder Rot, wenn sie Hart oder Weich ist? Sie könnten natürlich auch die Frage stellen, was Ihre Denkart bei anderen bewirkt und inwieweit Sie sich in Ihrem Denken von anderen leiten lassen. Wir hoffen, daß Sie manche der Spieler jetzt begreifen und auch respektieren, die Sie vielleicht bisher ignoriert haben. Das gilt genauso für die sechs imaginären Spieler, die in Ihnen stecken wie für die Leute, mit denen Sie im wirklichen Leben zu tun haben.

In dem Buch geht es uns auch darum, den Lesern begreiflich zu machen, daß es ganz normal ist, wenn man will, daß sich die Dinge bessern.

Das ist natürlich nur eine Behauptung. Es gibt ja durchaus Firmen, die kurz vor dem Bankrott stehen, wo es aber trotzdem nicht den Anschein hat, als wolle noch irgend jemand etwas bessern. Vielleicht ist das auch überflüssig, weil keine Nachfrage mehr nach den Produkten oder der Arbeit dieser Firma besteht. Es kann natürlich auch sein, daß ihre Produkte so weit entwickelt sind, daß jede kleinste Verbesserung jetzt immer größere Mühe kosten würde. Aber wie dem auch sei – jedenfalls ist die Firma zum Untergang verurteilt. Bevor so etwas in

Ihrem Verantwortungsbereich geschieht, sehen Sie sich wohl am besten nach etwas Neuem um.

Es dürfte klar sein, daß es bei einer › Neuen Leistung ‹, einem neuen Werk, auch darum geht, alte Dinge besser zu machen und nicht nur darum, eine bessere (neue) Sache aus der Taufe zu heben. Es geht gleichermaßen um die kreative Erfindungsgabe wie um die Handhabung der Innovation. Wir hoffen, daß es Ihnen jetzt bei beidem besser gelingt, das richtige Team zusammenzustellen und Ihrer Aufgabe durch die bestmögliche Nutzung Ihrer Farben gerecht zu werden.

10. KAPITEL

ZU BEGINN

Dieses Kapitel könnte stellenweise sehr persönlich ausfallen, denn hier soll – wenn auch nur kurz – darüber berichtet werden, wie es zu diesem Buch gekommen ist. Dabei scheint auch hin und wieder durch, welche Lebensphilosophie uns dazu bewogen hat. Man kann sagen, daß wir so ziemlich die gleiche Lebensphilosophie vertreten, und das ist auch gut so, denn wir sind nicht nur beruflich Partner, sondern auch noch Mann und Frau! Die Anfangsstadien des Werkes gehen jedoch noch auf die Zeit zurück, als wir uns noch nicht kannten, also auf die Jahre vor unserer Heirat. Folgendes ist ausschließlich aus der Sicht von Jerry Rhodes dargestellt.

Er schreibt: Das Lernen gehört zu unseren gemeinsamen Interessen. Ich habe meine berufliche Laufbahn als Lehrer begonnen. Als ich 1975 meine Tätigkeit als Unternehmensberater aufnahm, geschah das in der Absicht, den Unternehmen beim › Lernen ‹ behilflich zu sein. Wie bringt man neue Ideen hervor? Wie können es die Menschen lernen, häufiger Gebrauch von ihrer Kreativität zu machen und diese auch an ihrer Arbeitsstelle einzusetzen? Die Menschen dabei zu unterstützen, erschien mir als die lohnendste Aufgabe, die ich mir vorstellen konnte. Unter Einsatz der gesamten mir zur Verfügung stehenden Energie stürzte ich mich sofort auf die Erforschung der Kreativität. Als Manager war das schon jahrelang mein Steckenpferd gewesen. Jetzt wollte ich mir meinen Lebensunterhalt damit verdienen.

Die › Theorie ‹ ist für mich nichts Schmähliches, Verwerfliches, das in krassem Gegensatz zur › Praxis ‹ steht. Unternehmen, die etwas lernen wollen, wären schlecht beraten, wenn sie sich nicht alle Erfahrungen und Erkenntnisse zunutze machen wollten, deren sie nur habhaft werden können. Sie sollten folgendes herausfinden: Wodurch erzielen Menschen die gewünschten Resultate, und was haben sie wohl falsch gemacht, wenn die Ergebnisse enttäuschend sind? Das ist die so häufig in Mißkredit gebrachte › Theorie ‹. Alle Versuche, die Leistung zu steigern, sollten darauf basieren – ganz gleich ob das nun Manager oder Fachabteilungen versuchen oder ob zu diesem Zweck Schulungskurse abgehalten werden. Die Theorie entspricht der › erfolgreichen Praxis ‹ und verbreitet sie weiter.

Die Theorie hat jedoch auch noch einen andere Seite, den eher spekulativen oder hypothetischen Aspekt, und es kann natürlich sein, daß manche Menschen, die sehr der Praxis verhaftet sind, sich gegen alles zur Wehr setzen, was ihnen akademisch, also pedantisch und zu abstrakt erscheint. Doch oft läßt es sich nicht vermeiden, eine Sache akademisch anzugehen, um genügend Rote Informationen zusammentragen und analysieren zu können. Die meisten Gesellschaften würden da nichts investieren, und es ist sogar noch unwahrscheinlicher, daß sie ihre Belegschaften weit genug und lange genug in den Grünen Bereich der Hypothesen eindringen lassen. Zeit ist schließlich Geld. In den 60er Jahren, als ich noch für die Ausbildung und Schulung bei Rank Xerox in Großbritannien zuständig war, bin ich mit Freuden der ›Association of Teachers of Management ‹ (Vereinigung der Managementberater) beigetreten, denn sie hatte sich zum Ziel gesetzt, eine Brücke zwischen der akademischen und der Gesellschaftswelt zu schlagen. Damals hätte ich nicht einmal im Traum daran gedacht, daß ich zehn Jahre später das Glück haben würde, fest in ein großes Unternehmen eingebunden zu sein und an einem Projekt zu arbeiten, ob dessen Kühnheit die meisten respektablen Akademiker erbleichen würden.

Bevor das Projekt 1977 in Angriff genommen wurde, war ich noch ein paar Jahre bei einer Beraterfirma namens Kepner Tregoe tätig, die sich auf rationale Problemlösung im Geschäftsleben spezialisiert hatte. Die Ideen und die Arbeit dieser Firma haben mich stark beeinflußt: Ich war dort zunächst als Kunde (für Rank Xerox) und dann als leitender Direktor von Kepner Tregoe. Sie hatten Mittel und Wege gefunden, der nachlässigen Handhabung der unakademischen Realitäten des Geschäftslebens mittels eines gewissen Maßes an intellektueller Strenge und Disziplin Herr zu werden. Sie haben überall so weit wie möglich die Vernunft eingesetzt, haben aber durchaus auch anerkannt, daß bei den Menschen auch andere Faktoren zum Tragen kommen, wenn sie einen Entschluß fassen bzw. eine Entscheidung treffen. Dinge wie Emotionen und Kreativität entsprechen den Anforderungen der Logik vielleicht nicht, sollten jedoch trotzdem berücksichtigt werden.

Ich habe es mir also zur Aufgabe gemacht zu erforschen, wie so etwas Wundervolles wie die › Kreativität ‹ aus mystischen Höhen heruntergeholt und erlernt werden könne. Ich fing an, nach den unsichtbaren Mustern bzw. Modellen Ausschau zu halten, die sich bei Aktionen mit glänzenden Ergebnissen herauskristallisierten. Und zwar nicht nur im Geschäftsleben, beim Marketing und der Produktinnovation, sondern in allen Bereichen menschlichen Handelns, in denen sich die Menschen anscheinend zu ungeahnten Höhen aufgeschwungen hatten: in der Kunst, im Sport, im Krieg, in der Liebe und im Lernen. Es gelang mir auch tatsächlich, bestimmte Denkmuster zu unterscheiden, die einer großen Vielfalt verschiedener Formen von Bestrebungen gemeinsam zu sein schienen. Dann ging es darum, diese abstrakten Verhaltensmuster bzw. deren Komponenten zu benennen und die Ergebnisse in hypothetische › Regeln für die Kreativität ‹ umzuwandeln.

Manager haben im allgemeinen keine Zeit für abstrakte Begriffe und Auffassungen. Ihnen sind praktische Werkzeuge lieber, die sie in die Hand nehmen und sofort benutzen können. Aus diesem Grund sind auch enorme Anstrengungen unternommen worden, um solche Werkzeuge herzustellen und noch zu verbessern. Allerdings handelt es sich hierbei um Denkwerkzeuge bzw. Denkhilfen, also keine Werkzeuge, die man in die Hand nehmen kann. Dieser Grundgedanke führte zur Erfindung einer ganzen Reihe › Kreativer Instrumente ‹, die in konkreter und praktischer Form die abstrakten Untersuchungsergebnisse verkörperten. Der Entwicklungsprozeß hat sich über Jahre hinweg gehalten und hat Verfeinerungen und Verbesserungen hervorgebracht, weil er von Managern verschiedener Kundenunternehmen in die Praxis umgesetzt worden ist. Wie Sie sich vielleicht denken können, verdankt diese Arbeit Grün eine Menge. Andererseits habe ich aber auch begriffen, daß die eingleisige Konzentration auf die Freisetzung der kreativen Kräfte in einem Trainingsprogramm bei Managern zur Folge haben kann, daß diese bei der Rückkehr in ihre gewohnte Umgebung Eingliederungsschwierigkeiten haben. Die durch das gemeinsame Entwicklungsprogramm bei Philips gewonnenen Erkenntnisse haben entscheidend dazu beigetragen, daß im Hinblick auf diese augenscheinliche Schwierigkeit Fortschritte erzielt werden konnten.

Das Farbenprojekt

Einer Gesellschaft war zu Ohren gekommen, was ich im Hinblick auf die Kreativität im Sinn hatte. Sie bat mich nach Eindhoven in den Niederlanden. Die Firma war Philips. Nachdem ich ein wenig dort gearbeitet hatte, bat man mich, einem Projektteam, das Philips gerade zusammenstellte, als außerbetrieblicher Berater zur Seite zu stehen. Ziel des Projekts war es, eine Methodologie zur Lösung von Problemen zu entwickeln, mit deren Hilfe die Leistung des Managements von Philips weltweit gesteigert werden konnte. Natürlich wußten sie über die meisten schon existierenden Methodologien Bescheid, deren sich andere Gesellschaften überall auf der Welt bedienten. Doch Philips wollte, wenn irgend möglich, noch einen Schritt nach vorn tun und etwas entwickeln, das nicht zu idealistisch war, sondern einen Beigeschmack von Authentizität haben sollte. Als ich mein Unternehmen gründete, nannte ich es › Joint Development Resources ‹. Hier bot sich mir ein ideales gemeinsames Entwicklungsprojekt in Zusammenarbeit mit einem weltweit bekannten Unternehmen, bei dem wir in dieser Kunst Fortschritte zum beiderseitigen Vorteil erzielen konnten – im Falle des Erfolgs.

Wir machten uns an die Arbeit. Das Team setzte sich aus mehreren Leuten zusammen, und wir mußten alle auch noch einer anderen Arbeit nachgehen. Die wichtigsten Leute, die bei Philips dafür sorgten, daß es weiterging, waren Dr. Hans Horeman und Dr. Niek Wijngaards. Hans hatte die Oberaufsicht. Nach vier Jahren hatten wir das Projekt als solches abgeschlossen. Wir hatten an mehreren Orten Programme laufen und lernten an Ort und Stelle › Mentoren ‹ an, um sie durchzuführen. Lernmaterial stand uns zur Verfügung, im Hause selbst gedruckt, einschließlich einer ganzen Reihe von Büchern und Broschüren, Handbüchern und verschiedensten Hilfsmitteln. Wir hatten das sogenannte Deva-System erdacht. Deva ist die Abkürzung eines holländischen Begriffs, der soviel wie › kluges Denken ‹ bedeutet. Die enorme Aufgabe der allumfassenden Innovation bei Philips stand noch in den Sternen. Wir befinden uns immer noch im Anfangsstadium – mit Ausnahme der Forschungs- und Entwicklungstätigkeit. Daran haben wir jahrelang stetig gearbeitet.

Dank meiner Sondervereinbarung mit Philips hat Joint Development Resources die Arbeit an dem Projekt in verschiedenen anderen Gesellschaften fortgeführt. Seit ich mich mit Sue zusammengetan habe, haben wir das Projekt durch mehrere Entwicklungsstadien gebracht. Um eine dieser Entwicklungsstufen geht es in diesem Buch. Während wir in den Anfangsjahren dem Markt zu weit voraus waren, als daß man das Potential unseres Produkts erkannt hätte, zeigt der Markt in den letzten Jahren Anzeichen dafür, daß er allmählich aufholt. Und wir haben jetzt mehr Übung darin, Brücken zurück zu schlagen zu den Hauptpfeilern des anerkannten Wissens. Wer neue Ideen hervorbringt, muß immer Brücken schlagen, wenn er sich zu weit vorwagt!

Was unser Projektteam in diesen vier aufregenden Jahren von 1977 bis 1981 erreicht hat, setzt zumindest uns noch immer in Erstaunen. (Das ist eine Rote Aussage, keine Blaue Prahlerei!) Wir haben diese neue Sprache, um das Denken zu beschreiben, ziemlich frühzeitig entdeckt. Hier wird die Person mit der Aufgabe vereinigt, da man beide mit den gleichen Termini belegt. Bei den meisten Menschen ist die Fähigkeit, die Aufgabe mit der Denkenergie in Einklang zu bringen, wirklich unterentwickelt (siehe Abb. 10.1).

Wenn Sie außerordentlich leistungsfähig sind, spüren Sie das für gewöhnlich auch. Sie sind nicht zu bremsen, Ihre Energie ist unerschöpflich, Ihr Timing ausgezeichnet. Was Sie nur

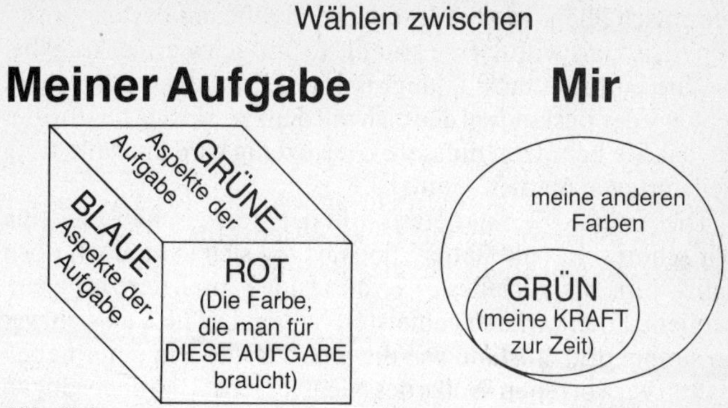

Abb. 10.1

anfassen, verwandelt sich in Gold. Sie stoßen kaum je auf Widerstand, selbst dann nicht, wenn es um ein schwieriges Problem geht. Es ist, als hätten Sie immer wieder sechs Richtige im Lotto oder als hielten Sie Ihr Publikum in Ihrer Hand. Was immer die Situation auch verlangen mag, Sie können es liefern. Wir alle kennen aber auch das Gegenteil! Abb. 10.1 stellt die Möglichkeit in Aussicht, bei der Ihnen die Denkart sehr zustatten käme, in der Sie nicht gerade stark sind. Wenn das der Fall ist, fällt es Ihnen schwer, der Aufgabe gerecht zu werden. Wenn Sie das Problem anhand seiner Farben erfassen können, haben Sie zumindest etwas, worauf Sie bauen können. Und dann haben Sie die Wahl. Ihnen stehen mehrere Möglichkeiten zur Verfügung. Sie können sich an einen anderen Aspekt der Aufgabe halten, der zu Ihrer gegenwärtigen Farbe paßt. Oder sich an anderen, artverwandten Aufgaben orientieren. Sie können aber auch der geeigneten Farbe Zugang zu sich verschaffen. Sollte das nicht möglich sein, könnten Sie sich auch nach jemandem umsehen, der die Aufgabe übernimmt.

Soviel wir wissen, gibt es auf der ganzen Welt noch keine andere Sprache, mit der sich Mensch und Aufgabe unter einen Hut bringen lassen. Die Sprache der Farben ermöglicht es Ihnen zumindest vom Konzept her, Ihre Situation nach Ihren eigenen Kriterien zu erfassen. Und da es bei › Ihren eigenen Kriterien ‹ um Ihre › geistigen Muskeln ‹ geht, können Sie besser entscheiden, wie Sie Ihre Geisteskräfte am besten einsetzen. Es ist, als würde eine komplexe und schwierige Aufgabe, die Sie zu lösen haben, graphisch in Einzelteilen dargestellt, wobei jeder Bestandteil deutlich mit dem Werkzeug beschriftet ist, das Sie benutzen müssen. Gleichzeitig wird die Anleitung geliefert, wie man es benutzt.

Diese Analogie zeigt etwas von der strategischen Idee, die wir schon sehr bald hatten; doch es zog sich dann doch noch Jahre hin, bis wir alles, was diese Idee impliziert und einschließt, auch wirklich gemeistert hatten. Die Idee an sich war so simpel und entstand wie die meisten Ideen in einer nebelhaften verworrenen Wolke des Nichtwissens. Und doch gingen daraus die Grundelemente hervor, die später zu den Farben wurden, um die es in dem Buch geht. Diese Grundelemente haben viele Entwicklungsphasen durchlaufen und haben verschiedenen Formen angenommen, mit deren Hilfe wir dann wiederum unsere Ergebnisse erzielten. Daraus ergaben sich die fünfundzwanzig Denkintentionen, die für alle wichtigen Operationen des Verstandes verantwortlich sind. Wir mußten einen kurzen Ausdruck, eine Kurzform dafür finden. Da fiel uns die liebenswürdige Beziehung »Thunks« ein. So ist es zu alledem gekommen:

Ursprung der Farben

Als wir niederschrieben, was wir uns von dem Projekt erhofften, stellten wir selbstverständlich auch anschaulich dar, wie die Menschen mit Hilfe unserer Methode bessere Ergebnisse erzielen würden. Denn damit rechneten wir fest. Wie konnten wir die Menschen lehren, zu erkennen, was unsere Methode bewirkt? Wir hielten fest, was für eine Art von › Produkt ‹ wir uns zum Ziel setzen wollten. Wir einigten uns auf eine Art Werkzeugkasten mit Werkzeugen für verschiedenartige Herausforderungen an das Management. (Später entschlossen wir uns dann, solche Herausforderungen an das Management, aber auch Probleme, Sorgen oder schwierige Situationen mit dem praktischen kleinen Wörtchen › Aufgabe ‹ zu bezeichnen.) Wir hielten es für möglich, oder jedenfalls erforderlich, die verschiedensten Formen solcher ›Aufgaben‹, auf die man überall stößt, zu identifizieren und in irgendeiner Form eine Art Leitfaden dafür zu liefern, wie man die verschiedensten Aufgaben am besten meistert. Das bedeutete, daß ein Ordnungssystem von Aufgaben angenommen oder aufgestellt werden mußte, basierend auf den Unterschieden ihrer konzeptionellen Struktur. Aber anfänglich war das gar nicht so klar.

Als wir versuchten, uns den › typischen Manager ‹ vor Augen zu halten, mußten wir uns sagen, daß es so etwas gar nicht gibt, daß wir aber auf einer bestimmten Ebene des Denkens so tun würden, als gäbe es ihn doch. Dann konnten wir uns verschiedene Ebenen und Funktionen getrennt vornehmen, die es erforderlich machen konnten, daß man genauer auf sie einging und sich die Zielsetzung deutlicher vor Augen hielt. Ganz offensichtlich konnten bestimmte Arten von Aufgaben besonders auf die Resultate gemünzt sein, die man in ganz bestimmten Berufen braucht.

Alle Situationen waren eigentlich Denkaufgaben. Man hatte ja nur den Verstand, um sie zu bewältigen. Die Funktionen feststellen, die tiefgreifenden Strukturen sowohl der Aufgabe als auch des Verstandes ergründen und die Elemente eruieren, die beide gemeinsam haben. Wenn uns das gelang, würden wir in der Lage sein, sie irgendwie miteinander zu vermählen, so daß der Mensch seine Leistung anhand der Aufgabe steigern konnte und somit an seiner Aufgabe wuchs oder die Aufgabe von dem Menschen besser bewältigt werden konnte. Es konnte eine Sache des gegenseitigen Verstehens und der Zusammenarbeit sein.

Unsere Untersuchung gabelte sich also in zwei Hauptzweige: Aufgabe und Verstand. Vielleicht sollte ich auch noch erwähnen, daß unsere Arbeit zunächst stark kognitiv ausgerichtet war, um zu vermeiden, daß man wieder in ein affektives oder soziales Räderwerk geriet, denn das Projekt hatte sein festen Platz in der Sektion konzeptionelle Fertigkeiten der Concern Training Services bei Philips. Erst später stellte sich heraus, daß die Ergebnisse auch von großer Tragweite im Hinblick auf das Verhalten waren und daß das Ganzheitsdenken sowieso nicht einfach nur kognitiv sein kann.

Planung von Aufgaben

Beim Analysieren von Aufgaben haben wir versucht, jede einzelne anhand der gewünschten Resultate zu definieren. Das führte schließlich zu den Begriffen › Denkziel ‹, › Denktagesordnung ‹ und › Plan ‹. Wir haben beobachtet, was sich abzuspielen schien, wenn die gewünschten Ergebnisse erzielt wurden und einen Vergleich zu dem gezogen, was geschah, wenn es zu einem Fehlschlag kam. Obwohl die konzeptionelle Struktur von Denkaufgaben unser Endziel war, hieß das nicht etwa, daß wir unsere Beobachtungen auf das beschränken wollten, was sich auf dem Stuhl, am Schreibtisch oder am runden Tisch abspielt. Nein, wir haben jegliche Aktivität betrachtet und die konzeptionellen Elemente darin gesucht. Zu einer körperlichen Tätigkeit gehört mehr Denken, als man sich träumen läßt.

Beim Analysieren von Tätigkeiten sind wir vorgegangen, als müßten wir ganz von vorn beginnen. Wir haben versucht, so zu tun, als hätte das vor uns noch niemand je versucht. Auf welche Regelmäßigkeiten würden wir dabei wohl stoßen? Wie konnte man voraussagen, ob man mit der einen Art, etwas zu tun, im Endeffekt erfolgreicher sein würde als mit einer anderen Methode, das Problem zu lösen? Welche Verbindungen und Beziehungen konnten wir feststellen? Wir achteten auch darauf, ob es bei gut eingeführten Betriebsverfahren und Methoden zu Verhaltensmustern kam, von denen man Regelmäßigkeiten ableiten konnte und von denen man wußte, daß sie funktionierten. Wir wollten immer wissen, *warum* sie funktionierten. Gab es dafür Regeln und Gesetze wie in der Physik oder Mathematik? Gab es beim Denkvorgang gemeinsame Elemente – Komponenten, die man in einer Situation anwenden konnte, um dann den gleichen Denkprozeß auf eine andere Situation zu übertragen?

Während wir uns noch fragten, wie wir die Fähigkeiten des Geistes ergründen konnten, stießen wir auf die linguistische Auffassung, daß die Sprache von den Menschen ins Leben gerufen wurde, um alles ausdrücken zu können, was ihnen wichtig ist. Wofür es ein Wort oder einen allgemein gebräuchlichen Satz gibt, das muß auch wichtig sein. Manche Stämme oder Zivilisationen haben ein reiches Vokabular für Dinge entwickelt, mit denen sie auf vielfältige Weise umgehen und verfahren. Aber sie haben vielleicht nur ein Wort oder überhaupt kein Wort für Dinge, die in ihrem Kulturkreis ohne Bedeutung sin. Der Schnee hat für den Eskimo eine viel größere Bedeutung als für die meisten Menschen unseres Kulturkreises, also gibt es in der Eskimosprache auch mehrere Wörter dafür. Ebenso hat sich im Hinblick auf das Skilaufen und das Skispringen eine ganz neue Sprache herauskristallisiert, um die feinen Nuancen der Beschaffenheit des Schnees besser benennen zu können. Wir haben so argumentiert, daß wir durch das Analysieren von Worten, Sätzen und Dialektausdrücken in Erfahrung bringen könnten, wie die Menschen ihren Verstand tatsächlich benutzen. Grammatik und Syntax könnten als Äquivalent der Bestandteile der Aufgaben gelten. Wenn das der Fall war, würden wir vielleicht auch für das Denken etwas finden in der Art der Moleküle der Chemie, aus denen man Ketten und chemische Verbindungen bilden kann. Man kann die Muster ihrer Interaktionen voraussagen.

Es machte uns große Freude, alle möglichen Wörter und Sätze hervorzubringen, wobei wir aus Gründen der Zeitersparnis ganz intuitiv auch Sprünge machten. Wir gruppierten Wörter zu Wortfeldern und fügen ganze Wortfelder mit ähnlichen Bedeutungen, aber verschiedenen Formen wiederum zu neuen Gruppen zusammen. Schließlich hatten wir eine große Auswahl in allen möglichen Formen und Größen beisammen. Wir erfanden Kodes aus unsinnigen Silben, ganze Batterien von Fragen, graphische Symbole usw. Ganz allmählich stießen wir auf Regelmäßigkeiten, was das Verhalten der Menschen beim Sprechen oder Schreiben angeht, bis ein echter Zusammenhang sichtbar wurde. Wir stellen einige Grundkonzeptionen fest – wie wir gehofft hatten. Es waren sogar ziemlich viele.

Konnten wir die Ergebnisse unserer einen Arbeit mit den Ergebnissen der anderen kombinieren? Nun begann ein faszinierender Prozeß. Es ging darum, Annäherungen und sogar Wechselbeziehungen zwischen den Komponenten der Aufgabe und den grundlegenden Molekülen des Geistes auf die Spur zu kommen. Wenn ich so zurückblicke, erscheint mit alles sonnenklar. Aber damals steckten wir noch mittendrin. Was wir jetzt begreifen, ist soviel klarer und zusammenhängender als vor Jahren, denn wir haben die Erkenntnisse schon so oft angewandt. Damals sind wir auf unserer Entdeckungsreise noch fröhlich durch den Morast gewatet.

Das Einbringen der Ernte

Zuerst mußten wir vereinfachen und Ergebnisse zusammentragen, mit denen der Manager in der Praxis auch etwas anzufangen wußte. Bei unserer Forschungs- und Entwicklungsarbeit mußten wir uns immer kommerzielle Ziele vor Augen halten. Diese erwiesen sich als ausgezeichneter Maßstab. Wir konnten das Projekt anhand dieser Ziele immer wieder testen und mußten realistisch bleiben. Wir arbeiteten ja schließlich nicht an einer Universität, sondern in einem großen Unternehmen. Die in das Projekt investierte Zeit, jedes Budget und die Arbeit eines jeden Jahres mußten den Leuten bei Philips gerechtfertigt erscheinen, die die Resultate kauften und verwendeten. Sie brauchten Werkzeuge, die ihnen beim Lösen der Probleme halfen, und zwar Werkzeuge, mit denen umzugehen nicht allzu schwierig war, Werkzeuge, auf die man sich bei der Arbeit fest verlassen konnte. Wir ließen uns das › Doppelmodell ‹ einfallen, wobei jede Hälfte auch unabhängig von der anderen funktionierte, das jedoch eine enorme potentielle Synergie besaß. Aufgrund der Art und Weise, in der wir gearbeitet hatten, würden Manager diese beiden Modelle auf mehreren Ebenen benutzen können. Für die Aufgaben haben wir ein System von Plänen erstellt, für die Menschen hingegen das Farbenmodell.

Die erste Hälfte unserer Strategie bestand darin, Pläne für eine begrenzte Anzahl geistiger Aufgaben zu erstellen, die bei allen Managern immer wieder anfielen und weitverbreitet waren. Ein paar davon sind in diesem Buch ganz einfach dargestellt. Jeder Plan ist Bestandteil einer Hierarchie größerer oder kleinerer Pläne. In jedem stecken Modelle von Modellen (wie bei chinesischen Schachteln). Der Benützer kann nach einem greifen und es auf jeder beliebigen bzw. erforderlichen Ebene anwenden. In diesem Buch haben wir Pläne nicht so tiefschürfend dargestellt, weil wir uns ja nur zum Ziel gesetzt hatten, zu demonstrieren, wie Sie sie anwenden können, um zu steigern, was die Farben Ihnen bringen. Sie können sie allerdings auch ohne die Farben anwenden, doch wir hoffen, Sie sehen ein, daß die Farben den Vorgang leichter machen und bereichern.

Die Farben waren unsere zweite, wenn auch vielleicht fundamentalere Strategie. Wir haben sie zunächst benutzt, um uns Gruppierungen grundlegender Moleküle die Pläne zu erschaffen. Sie waren Werkzeuge zur Herstellung von Werkzeugen. Das deckte sich mit unserem Vorhaben, den Managern Dinge in die Hand zu geben, die sie sich je nach Bedarf zurechtbiegen können. Als wir sie immer häufiger benutzten, stellten wir fest, daß wir das System vereinfachen konnten. Zuerst blieben uns noch fünfundzwanzig, dann die drei Farben. Jahre später wurden daraus wieder sechs, nämlich die in diesem Buch genannten Harten und Weichen Farben. Theoretisch ist die Zahl unbegrenzt, aber in der Praxis (die liegt uns am meisten am Herzen) bieten die 25 »Thunks«, die sehr spezifisch sind, eine unglaublich große Vielfalt an Kombinationen. Mehr ist gar nicht nötig. Wenn Sie der Name irritiert, müssen Sie bedenken, daß sie eher Denkintentionen als Gedanken widerspiegeln. Da es hier um ein neues Konzept geht, mußten wir sie zur Unterscheidung ganz genau bezeichnen, den Bedeutungsumfang aber trotzdem aufrechterhalten. Wenn die Physiker Quarks haben dürfen, muß man uns auch unsere Thunks gönnen! Und sie sind natürlich die unsichtbaren Kräfte, die in Ihrem Geist arbeiten, ob Ihnen das bewußt ist oder nicht. Wir haben vor, in einem weiteren Buch mehr über sie zu enthüllen.

Das erste große Projekt im Zusammenhang mit Thunks und Farben, das Sue und ich gemeinsam in Angriff nahmen, starteten wir auf Wunsch von David Steel, damals noch Ausbildungsleiter bei Dunlop und jetzt Leiter von Human Resources Development bei Marconi. David hatte erkannt, wie wichtig die Farben im Hinblick auf die Leistungssteigerung bei Managern waren. Er machte ausgiebigst Gebrauch von Fragebögen, um den Managern besser vor Augen zu führen und bewußter zu machen, wie sie sich verhalten und wie sich ihr Verhalten auf ihre Leistung auswirkt. Er wollte einen Fragebogen, mit dessen Hilfe Manager erkennen, wie sie denken. Er gab Joint Development Resources den Auftrag, einen solchen Fragebogen zu erstellen. Durch Nutzung der Thunks als spezifische und gründliche Basis für die Farben war es möglich, einen ausgefeilten Fragebogen zu erstellen, das Thinking Intentions Profile (TIP) oder Profil der Denkintentionen. Es erwies sich von Anfang an als nützlich. Nachdem es mehrmals revidiert worden war und es ein paar hundert Manager angewandt hatten, zeigte sich der Nutzen bei mehreren großen Unternehmen in Großbritannien und auch wieder bei Philips. Wir haben alle Daten in unseren Computer eingespeichert. Analysen (zum Beispiel Vergleiche zwischen den einzelnen Firmen, individuelle oder Gruppenprofile, Normen für alle möglichen Arbeiten etc.) stehen den beteiligten Gesellschaften zur Verfügung. (TIP kommt in diesem Buch nicht zur Anwendung.)

Unser Ziel bei Joint Development Resources war es, unsere Forschungsergebnisse möglichst rasch zu verarbeiten. Wir sind eine recht kleine Firma. Deshalb gestatten wir es sowohl firmeninternen Lehrkräften als auch unabhängigen Beratern, TIP in ganzen Unternehmen zur Anwendung zu bringen. Wir sorgen dabei für die Schulung und die Unterstützung, die für ihre Qualifikation vonnöten ist. Wir haben auch festgestellt, daß Einzelmenschen bzw. die breite Öffentlichkeit genauso daran interessiert sind, zu erforschen, was ihre Art zu denken impliziert. Wir haben nichts dagegen einzuwenden, wenn uns Leser schreiben, die unser Buch so angeregt hat, daß sie mehr erfahren möchten. Unsere Adresse lautet: 24 Cecil Park, Pinner, HA 5 5 HH, England.

Schluß

Die Aufforderung zum Feedback sowie zu Vorschlägen und weiterer Erforschung der Farben ist ernst gemeint. Wir haben sicher viele Ideen überhaupt nicht berücksichtigt, die viel wichtiger sind als andere, von denen in diesem Buch die Rede ist. Außerdem haben wir wahrhaftig den Unterschied zwischen einem lebendigen Publikum und einem unbekannten Leser wahrgenommen, als wir uns bemühten, mit Konzepten zu arbeiten.

Ein Aspekt unseres dualistischen Modells von Geist bzw. Verstand und Aufgabe könnte bei manchen Leuten Fragen aufwerfen, vor allem da in diesem Buch eher gefragt wird, was man am *liebsten macht* und nicht so sehr, was man am *besten kann*. In gewissem Sinne haben die Pläne mehr mit der Fähigkeit und auch damit zu tun, daß gewährleistet sein muß, daß man einer Aufgabe gerecht wird. Der geistige Stil hingegen hat mehr mit der Bereitschaft, der Motivation zu tun sowie auch damit, daß man seine Energie nach Kräften nutzt. Wegen ihrer augenscheinlichen Struktur scheinen Pläne denjenigen, die sie befolgen, Disziplin und Zwänge aufzuerlegen, wohingegen die Farben bei zwischenmenschlichen Interaktionen nützlicher sind und auch, wenn es darum geht, genauestens hinzuhören oder Feingefühl zu beweisen. Wer sich der Farben bewußt ist, die in ihm arbeiten, versteht es entschieden besser, die Pläne zu benutzen und läßt sich nicht an der Nase herumführen.

Was ändert sich, wenn die Menschen diese Farben anwenden? Wir hoffen zumindest eines: Daß die Menschen der Farbe mehr Respekt zollen, die sie bisher heruntergespielt haben. Das könnte sich nicht nur darauf auswirken, wie sie andere Leute sehen, die diese anwenden. Bei Grün ist das vielleicht mehr als nötig, denn Grün hat seine besonderen Verbindungen zur Kreativität. Das Farbmodell könnte dazu beitragen, das Gleichgewicht wieder herzustellen, das durch den übermäßigen Druck von Blau und Rot in unserer Zivilisation verlorengegangen ist. Andererseits gilt das vielfach auch für die anderen Farben. Durch das Schreiben dieses Buches liegt uns beiden Rot jetzt sehr am Herzen.

Eine weitere Änderung könnte durch die Erkenntnis bewirkt werden, daß die Intention ein sehr wichtiger Faktor ist, dem man Rechnung tragen muß, wenn man sich ein Urteil über das Handeln anderer Leute bildet.

Aber das muß der Leser entscheiden. Wenn die Frage in Rot gestellt wird: Immer mehr Menschen wenden die Farben am Arbeitsplatz an. Sie können Ihnen die Frage beantworten. Ist die Frage aber Blau, so sollten Sie ein paar Kapitel dieses Buches noch einmal durchlesen. Dann müßten Sie sich selbst ein Urteil bilden können. Aber einmal angenommen, es handelt sich um Grün. In diesem Fall haben Sue und ich die Vision, daß jeder Mensch in Großbritannien (und jetzt auch im deutschsprachigen Raum) seine Farben noch nützen wird, bevor das Jahrhundert zu Ende geht. In der übrigen Welt wird es vielleicht länger dauern. Was die Politik angeht, so machen wir uns keine große Hoffnung. Ein Zweiparteiensystem ist mit drei Farben überfordert. Diese gegnerischen Parteien würden das Farbmodell nicht anerkennen. Doch was das Geschäftsleben betrifft, träumen wir von einer anderen Einstellung Ideen und Innovationen gegenüber, bevor es in Großbritannien dafür zu spät ist. Und auf lange Sicht stellen wir uns sehr gern vor, was wir im Hinblick auf die Erziehung bewirken könnten, wenn wir die Farben allen Kindern bringen.

Wir stehen wirklich erst am Anfang . . .

Weitere Literatur

Alexander, F. M.: Die Grundlagen der Alexander-Technik. Heidelberg 1985 (Arbor)

Berne, E.: Spiele der Erwachsenen. Psychologie der menschlichen Beziehungen. Reinbek 1988 (Rowohlt)

Boisot, M.: Information and Organization. 1987 (Fontana)

de Bono, E.: Laterales Denken für Führungskräfte. Hamburg u. a. 1986 (McGraw-Hill)

Bruner, J.: The Conditions of Creative Thinking. 1971 (University of Colorado)

Buzan, T.: Kopf Training. Anleitung zum kreativen Denken. Tests und Übungen. München 1987 (Goldmann)

Fabun, D.: Three Roads to Awareness. (Kaiser Aluminium Corp.)

Garrat, R.: The Learning Organization: the need for directors who think. 1987 (Fontana)

Guilford, J.: The Nature of Human Intelligence. Hamburg u. a. 1967 (McGraw-Hill)

Hochschild, A. R.: The Managed Heart. 1983 (University of California Press)

Hudson, L.: Contrary Imaginations. 1966 (Methuen)

Koestler, A.: The Art of Creation. 1964 (Hutchinson)

Ornstein, R. E.: Die Psychologie des Bewußtseins. Frankfurt a. M. 1976 (Fischer)

Osborn, A.: Applied Imagination. 1957 (NY Scribner)

Pirsig, R. M.: Zen und die Kunst ein Motorrad zu warten. Frankfurt a. M. 1987 (Fischer)

Polanyi, Michael: Implizites Wissen. Frankfurt a. M. 1985 (Suhrkamp)

Polya, Georg: Schule des Denkens. Bern 1980 (Francke)

Steiner, R.: Die Philosophie der Freiheit. Grundzüge einer modernen Weltanschauung. Dornach 1987 (Rudolf Steiner Verlag)

Stenhouse, D.: The Evolution of Intelligence. 1974 (Allen & Unwin)

Yates, F.: The Art of Memory. 1970 (Penguin)

Register